AF237958

CAMPOS, FÁBRICAS Y TALLERES

Piotr Kropotkin

Título:
Campos, Fábricas y Talleres
La indústria combinada con la agricultura y el trabajo manual con el intelectual

Autoría: Piotr Kropotkin

1a edición inglesa, 1898, Londres

3a edición en castellano, septiembre 2025, Barcelona

Colección *Idees Negres*
Descontrol Editorial

C/ Constitució n° 19, Can Batlló, nau 80, 08014 Barcelona
www.descontrol.cat   Telf. 93 4223787

ISBN: 978-84-18283-97-0
Depósito Legal: B 18707-2025

Edición: Descontrol Editorial // editorial@descontrol.cat
Maquetación: Descontrol Editorial
Impreso en: Descontrol Impremta // impremta@descontrol.cat
Distribuye: Descontrol Distribució // distribucio@descontrol.cat
Corrección: L'Entrellat SCCL

CAMPOS, FÁBRICAS Y TALLERES

O

LA INDÚSTRIA COMBINADA CON LA AGRICULTURA Y EL TRABAJO MANUAL CON EL INTELECTUAL

POR,

EL PRINCIPE PEDRO KROPOTKIN
1898

Traducida del inglés por

FERMÍN SALVOECHEA
1899

BARCELONA
DESCONTROL EDITORIAL

IMPREMTA TIPOGRAFICA DIGITAL
impremta@descontrol.cat

FERMÍN SALVOCHEA,

TRADUCTOR DE LA PRESENTE OBRA

Fermín Salvochea y Álvarez (Cádiz, 1 de marzo de 1842 -27 de septiembre de 1907) llegó a ser alcalde de Cádiz y presidente de su cantón durante la Primera República. Fue uno de los principales propagadores del pensamiento anarquista en esa zona en el siglo XIX. Siendo un destacado federalista, en 1871 se afilia en la I Internacional Obrera. En 1873, durante la época del cantonalismo, fue elegido presidente del comité administrativo del Cantón de Cádiz.

Su formación ideológica estaba influenciada por gentes como Charles Bradlaugh, Owen o Paine, cuyas obras conoce durante su estancia en el Reino Unido. También se sentiría influenciado por el comunista libertario Piotr Kropotkin, a quien leería más tarde. En España mantuvo contactos con los pensadores anarquistas y miembros de la "Alianza" de Mijaíl Bakunin, como Anselmo Lorenzo o Francisco Mora.

Nació en la Plaza de las Viudas, de una familia de origen navarro. Su abuelo paterno se había establecido en Cádiz, procedente de Navarra, para dedicarse al comercio. Su madre, Pilar Álvarez, era prima de Juan Álvarez Mendizábal.

A los 15 años su padre, siguiendo las tradiciones de la burguesía mercantil gaditana a la que pertenecían, le envía a Inglaterra para que se familiarice con las técnicas comerciales, permaneciendo en Londres y Liverpool cinco años. Pero al parecer se dedicó más a estudiar los problemas sociales de la época que los mercantiles. Leyó las obras de Owen, Paine y Berdlow. Regresa a Cádiz con 21 años, con ansias de reformar la sociedad, influido por las doctrinas del socialismo utópico. Se hace conocer por su tolerancia y generosidad.

Después de La Gloriosa, es nombrado jefe de uno de los Batallones de los Voluntarios de la Libertad de Cádiz. Participa activamente en los sucesos del 68, por lo que es encarcelado. Puesto en libertad el 69, organiza partidas armadas contra el gobierno en la Sierra de Cádiz, siendo derrotadas por las tropas gubernamentales, por lo que se refugia en Gibraltar. En 1871, gracias a la amnistía promulgada por Amadeo de Saboya, regresa a Cádiz. Se cree que es en esta época cuando se afilia a la Internacional, aunque sigue apoyando las ideas federalistas y republicanas.

Líder indiscutible del Cantón de Cádiz, al finalizar el episodio del cantón, es apresado por las tropas del general Pavía, juzgado en Sevilla y condenado a cadena perpetua, permaneciendo varios años detenido en el Peñón de Vélez de la Gomera y en Ceuta, plazas de soberanía españolas en el norte de África. Renuncia al indulto que le ha conseguido el Ayuntamiento de Cádiz en 1883, escapándose a Marruecos. Desencantado de la vía política y del parlamentarismo, será durante sus años en presidio y en el exilio (tras su fuga, que le llevará a Francia), cuando se haga firmemente anarquista, de la tendencia anarcomunista.

Al fallecer Alfonso XII es nuevamente amnistiado, y vuelve a Cádiz, donde funda el periódico *El Socialismo*, en el que publica, entre otros, artículos del conocido anarcocomunista Piotr Kropotkin, introduciendo de esta manera el pensamiento anarcocomunista en los ambientes ácratas españoles, todavía apegados en su mayoría al anarcocolectivismo y fomentando el debate interno. Organiza los primeros actos por el Primero de Mayo en Cádiz en 1890, motivo por el que es detenido preventivamente al año siguiente. Estando en la cárcel tiene lugar el Motín Agrario de Jerez de la Frontera de 1892 en el que es implicado por falsos testimonios y por el que es condenado a 12 años de prisión. Una nueva amnistía le permite salir de la cárcel en 1899, y marcha de nuevo a Cádiz (donde conoce a Pedro Vallina), de donde pronto partirá hacia Madrid. Allí colaborará con la Revista Blanca de los libertarios Joan Montseny y Soledad Gustavo y, en general participará en las actividades anarquistas de la capital. Estará presente y apoyará la huelga general de 1902.

Renuncia a su herencia y a las posesiones familiares, que entrega a los más necesitados, decidiendo llevar una vida lejos de todo lujo material, cercana a la indigencia.

De vuelta a Cádiz, fallece el 28 de septiembre de 1907, tras caer de la tabla que le hacía las veces de cama. Su entierro fue una gran manifestación de duelo popular. Durante el entierro, empezó a llover a cántaros cuando la comitiva pasaba al lado del ayuntamiento. El alcalde ofreció que entrasen en el ayuntamiento diciendo: Esta es su casa. Que no salga de ella hasta que no acabe la lluvia.

Proyección de Salvochea

El escritor valenciano Vicente Blasco Ibáñez creó un trasunto de Salvochea en su novela "La Bodega", llamado Fernando Salvatierra. Durante la Segunda República, mientras en Cádiz se discutía la erección de un monumento en su honor, el pueblo de El Campillo, en la provincia de Huelva, cambió su nombre por el del anarquista gaditano. Ya en la Guerra Civil Española, una de las columnas de la CNT que luchó en Aragón contra las tropas sublevadas, tomó el nombre del alcalde gaditano. El ayuntamiento democrático de los años 80, en Cádiz, le dedicó calle y busto. Su figura sale de manera recurrente y, desde una perspectiva localista, en los Carnavales de la ciudad. Una facción de la hinchada del Cádiz CF se denomina a sí misma "Columna Salvochea". En la actualidad, el Ateneo Libertario de la ciudad, un instituto de Enseñanza Secundaria y una asociación de vecinos llevan su nombre. Todavía hay en Cádiz quien deposita flores en su tumba.

Tras su muerte, fue conocido popularmente, en antítesis con el catolicismo dominante, como: "El Santo de la Anarquía".

PROLOGO de 1898

Bajo el nombre de utilidades, renta, interés sobre el capital, valor sobrante y otros parecidos, los economistas han discutido con vehemencia los beneficios que los dueños de la tierra o el capital, o algunas naciones privilegiadas, pueden derivar, ya del bajo precio de los salarios, ya de la inferioridad de la posición de una clase social con relación a otra, o bien del menor desarrollo económico de una nación respecto a otra. Distribuyéndose estos beneficios en una proporción muy desigual entre los diferentes individuos, clases y naciones ocupadas en la producción, ha costado un trabajo considerable el estudiar el actual modo de repartir las utilidades y sus consecuencias morales y físicas, así como los cambios que en el presente estado de la sociedad puedan

---

1 Actualmente se está traduciendo esta obra en cinco idiomas, siendo la versión española la primera en ver la luz.

determinar la distribución más equitativa de una riqueza que cada vez se está acumulando con más rapidez, siendo la cuestión referente al derecho a ese aumento de riqueza la causa de las encarnizadas batallas que ahora se libran entre los economistas de distintas escuelas.

Entre tanto, la gran cuestión de «¿Qué hemos de producir, y cómo?» queda necesariamente postergada. A medida que la economía política surge gradualmente de su estado semicientífico, tiende más y más a convertirse en una ciencia dedicada el estudio de las necesidades de la humanidad, y de los medios de satisfacerlas con la menor perdida de energía, esto es, en una especie de fisiología de la sociedad. Pocos economistas, sin embargo, han reconocido hasta ahora que este es el dominio propio de la economía, tratando de considerar a su ciencia bajo este aspecto. El punto fundamental de la economía social, esto es, la economía de la energía necesaria para la satisfacción de las necesidades humanas, es, por consiguiente, lo último que uno debe esperar hallar tratado en forma concreta en obras de economía.

Las siguientes páginas van encaminadas a tratar de una parte de este vasto asunto. Contienen una discusión de las ventajas que las sociedades civilizadas pudieran obtener de una combinación de los procedimientos industriales con el cultivo intensivo, y del trabajo cerebral con el manual.

La importancia de tal combinación no ha pasado inadvertida para algunos de los dedicados al estudio de la ciencia social. Fue discutida apasionadamente, hará unos cincuenta años, bajo los nombres de «trabajo armonizado», «educación integral», y otros por el estilo, habiéndose observado en aquella época que la mayor suma total de bienestar puede obtenerse si se combinan una variedad de trabajos agrícolas, industriales e intelectuales en cada comunidad, y que el ser humano da más de sí cuando está en condiciones de poder aplicar sus capacidades, por lo general variadas, a diferentes ocupaciones en la granja, el taller, la fábrica, el gabinete o el estudio, en vez de verse condenado por toda la vida a uno solo de esos trabajos.

En una época mucho más reciente, en 1870, Herbert Spencer, con su teoría de la evolución, dio origen en Rusia a un trabajo notable, La Teoría del Progreso, de M. Mikhailousky. La parte que corresponde en la evolución progresiva a la diferenciación, y la que pertenece a la integración de aptitudes y capacidades, fueron discutidas por el autor ruso con profundidad de pensamiento, quedando así completa la fórmula de Spencer sobre diferenciación.

Y, finalmente, entre otros pequeños fonógrafos, deseo hacer mención de un librito muy sugestivo de J. R. Dodge, estadístico de los Estados Unidos, titulado *Granja y Fábrica: ayuda derivada por la Agricultura de la Industria* (Nueva York, 1886), analizándose en él la misma cuestión, bajo ese aspecto práctico, peculiar de los americanos.

Hace medio siglo, una unión armónica entre los procedimientos agrícolas e industriales, así como entre el trabajo intelectual y el manual, sólo hubiera sido un remoto desideratum. Las condiciones bajo las cuales el sistema industrial se sostenía, como igualmente las antiguas formas de cultivo que prevalecían en aquella época, hacían imposible tal unión. No había que pensar en la producción sintética, y, sin embargo, la maravillosa simplificación de los procedimientos y prácticas entre ambas, industria y agricultura, debida en parte a una división del trabajo que va continuamente en aumento -en analogía con lo que vemos al terreno biológico,- han hecho la simplificación posible, y una clara tendencia hacia una síntesis de la actividad humana resulta ahora aparente en la moderna evolución económica. Esta tendencia está analizada en el curso de esta obra, dándole particular importancia a los actuales recursos de la agricultura, ilustrando esta opinión con ejemplos tomados de diferentes países, y a los de la pequeña industria, a la que se ha dado un gran impulso con los nuevos sistemas de transmisión de fuerza motriz.

La parte fundamental de estos estudios se publicó, desde el 88 al 90, en el *Nineteenth Century*, y de uno de ellos en el Forum. Las tendencias indicadas en ellos han sido confirmadas, durante los últimos años, por tan numerosos ejemplos prácticos, que ha sido necesario introducir mucho material nuevo, teniendo que rehacerse los capítulos sobre la agricultura y la industria al pormenor.

Aprovecho esta oportunidad para dar mis más expresivas gracias a los editores del *Nineteenth Century* y el Forum por su amabilidad al permitir la reproducción de estos estudios en una nueva forma, así como también a aquellos amigos y corresponsales que me han ayudado a coleccionar información sobre la agricultura y la pequeña industria.

P. Kropotkin, Bromley, Kent, 1898.

CAMPOS, FÁBRICAS Y TALLERES

Piotr Kropotkin

LA DESCENTRALIZACION
DE LA INDUSTRIA

CAPÍTULO PRIMERO

LA DESCENTRALIZACION
DE LA INDUSTRIA 1ªParte

División del trabajo e integración. –La difusión del perfeccionamiento industrial. –Cada nación tiende a producir las manufacturas que necesita. –El Reino Unido. –Francia. – Alemania. –Rusia. –Competencia alemana.

¿Quién no recuerda el notable capítulo con que Adam Smith abre su investigación respecto a la naturaleza y causa de la riqueza de las naciones? Aun aquellos de nuestros economistas que rara vez vuelven la vista hacia las obras del padre de la economía política, y con frecuencia olvidan las ideas que las inspiraron, saben ese capítulo de memoria, tan a menudo ha sido copiado una y otra vez, llegando a convertirse en artículo de fe. La historia económica del siglo que ha transcurrido, desde que Adam Smith lo escribió, ha sido, por decirlo así, sólo su comentario.

«La división del trabajo» fue su bandera; y la división y subdivisión permanente de funciones -esta última sobre

todo- se han llevado tan lejos, hasta conseguir dividir a
la humanidad en castas, que están casi tan fuertemente
constituidas como las de la antigua India. Tenemos, primero,
la amplia división en productores y consumidores: de una
parte, productores que consumen poco, y consumidores que
producen poco, de la otra. Y después, entre los primeros,
una serie de nuevas subdivisiones: el trabajador manual y el
intelectual, profundamente separados entre sí, en perjuicio
de ambos; el trabajador de campo y el de la fábrica; y entre la
masa de los últimos, de nuevo innumerables subdivisiones,
tan verdaderamente minúsculas, que la idea moderna del
trabajador parece ser la de un hombre o una mujer, y hasta
una niña o un muchacho, sin el conocimiento de ningún
oficio, sin la menor idea de la industria en que se emplea, no
siendo capaz de hacer en el curso del día, y de la vida entera,
más que la misma infinitésima parte de una cosa: empujando
una vagoneta de carbón en una mina, desde los trece años
a los sesenta, o haciendo el muelle de un cortaplumas o «la
decimoctava parte de un alfiler[2]». Meros sirvientes de una
máquina determinada, meras partes de carne y hueso de
alguna maquinaria inmensa, no teniendo idea de cómo y por
qué la máquina ejecuta sus rítmicos movimientos.

La destreza del artesano se ve despreciada, como resto
de un pasado condenado a desaparecer. El artista, que
antiguamente hallaba un placer estético en sus obras,
ha sido sustituido por el esclavo humano unido a otro de
hierro. Y, qué más? Hasta el trabajador del campo, que antes
acostumbraba a encontrar un consuelo de las penalidades
de su vida en la casa de sus antepasados -futuro hogar de

---

2   Juan Bautista Say en *"La división del trabajo social"* de Emile Durkheim

sus hijos- en su amor al terruño, y su íntima relación con
la naturaleza; hasta él ha sido condenado a desaparecer,
para bien de la división del trabajo. Él es un anacronismo,
se nos dice: debe ser sustituido en el cultivo extensivo, por
un sirviente temporal tomado para el verano y despedido
al venir el otoño; un desconocido, que no volverá más a
ver el campo que regó una vez en su vida. «El reformar la
agricultura, de acuerdo con los verdaderos principios de la
división del trabajo y la organización industrial moderna
-dicen los economistas- es cuestión de poco años».

Deslumbrados por los resultados obtenidos por
nuestro siglo de maravillosas invenciones, especialmente
en Inglaterra, nuestros economistas y hombres políticos
fueron todavía más lejos en sus sueños de división del
trabajo. Proclamaron la necesidad de dividir a la humanidad
entera en talleres nacionales, teniendo cada uno de ellos
su especialidad particular. Se nos decía, por ejemplo, que
Hungría y Rusia están predestinadas por la naturaleza a
dar trigo, a fin de alimentar a los países manufactureros;
que Inglaterra tiene que proveer a todos los mercados de
algodones tejidos, ferretería y carbón; Bélgica de géneros de
lana, y así sucesivamente. Y aun hasta dentro de cada nación,
cada región debía tener su especialidad particular. Así ha
sucedido durante algún tiempo, y así debe continuar. De
este modo se han hecho fortunas y se seguirán haciendo de
igual forma.

Habiéndose proclamado que la riqueza de las naciones
ha de medirse por la cantidad de beneficios obtenidos
por una minoría, y que las mayores utilidades se realizan
por medio de la especialización del trabajo, no era posible
concebir hasta que existiese la cuestión, respecto a si los

seres humanos se someterían siempre a tal especialización; si se podría especializar a las naciones como se hace con los obreros. Siendo la teoría buena para hoy, ¿por qué hemos de preocuparnos del mañana? ¡Que el mañana traiga también la suya!

Y así lo ha hecho: la estrecha concepción de la vida, que consiste en pensar que el negocio, ha de ser el único y principal estímulo de la sociedad humana, y la obstinada idea que supone que lo que existió ayer ha de existir siempre, se hallan en desacuerdo con las tendencias de la vida humana, la cual ha tomado otra dirección. Nadie negará el alto grado de producción a que puede llegarse por medio de la especialización. Pero, precisamente, a medida que el trabajo que se exige al individuo en la producción moderna se hace más simple y fácil de aprender, y por consiguiente, también más monótono y cansado, la necesidad que siente el individuo de variar de trabajo, de ejercitar todas sus facultades, se hace cada vez más imperiosa. La humanidad percibe que ninguna ventaja aporta a la comunidad el condenar a un ser humano a estar siempre en el mismo lugar, en el taller o la mina, y que nada gana con privarle de un trabajo tal, que lo pusiera en libre contacto con la naturaleza, haciendo de él una parte consciente de un gran todo, un partícipe de los más elevados placeres de la ciencia y el arte, del trabajo libre y de la concepción.

También las naciones se niegan a ser especializadas: cada una es un compuesto agregado de gustos e inclinaciones, de necesidades y recursos, de aptitudes y facultades. El territorio ocupado por cada nación es igualmente un tejido muy variado de terrenos y climas, de montes y valles, de declives, que conducen a variedades aún mayores de territorios y de razas. La variedad es el carácter distintivo, tanto del territorio como de sus habitantes, lo cual implica también una variedad en las ocupaciones.

La agricultura llama a la vida a la manufactura, y ésta sostiene a aquélla: ambas son inseparables, y su mutua combinación e integración produce los más grandes resultados. A medida que el conocimiento técnico se hace del dominio general; a medida que se hace internacional, y no es posible tenerlo oculto por más tiempo, cada nación adquiere los medios de aplicar toda la variedad de sus energías a toda la variedad de empresas industriales y agrícolas.

El entendimiento no distingue los artificiales límites políticos: lo mismo le ocurre a la industria, y la presente tendencia de la humanidad es la de tener reunidas en cada país y en cada región la mayor variedad posible de industrias colocadas al mismo nivel que la agricultura. Las necesidades de la aglomeración humana corresponden así a las del individuo, y mientras que una división *temporal* de funciones sigue siendo la más segura garantía de éxito en cada empresa particular, la división *permanente* está condenada a desaparecer, siendo sustituida por una variedad de ocupaciones intelectuales, industriales y agrícolas, correspondientes a las diferentes aptitudes del individuo, así como a la variedad de las mismas dentro de cada agregación de seres humanos.

Cuando nosotros, pues, separándonos de los escolásticos de nuestros libros de texto, examinamos la vida humana en su conjunto, pronto descubrimos que, mientras que todos los beneficios de una división temporal del trabajo deben conservarse, es ya hora de reclamar los que corresponden a la *integración del mismo.*

La economía política ha insistido hasta ahora principalmente en la división. Nosotros proclamamos la integración, y sostenemos que el ideal de la sociedad, esto es, el estado hacia el cual marcha ésta, es una sociedad de trabajo integral, una sociedad en la cual cada individuo sea un productor de ambos, trabajo manual e intelectual. En la que todo ser humano que no esté impedido sea un trabajador, y en la que todos trabajen, lo mismo en el campo que en el taller industrial. Donde cada reunión de individuos, bastante numerosa para disponer de cierta variedad de recursos naturales, ya sea una nación o una región, produzca y consuma la mayor parte de sus productos agrícolas e industriales.

Pero inútil es decir que mientras que la sociedad permanezca organizada de tal modo que permita a los dueños de la tierra y el capital apropiarse para sí, bajo la protección del Estado y de derechos históricos, el sobrante anual de la producción humana, no será posible que se efectúe por completo semejante cambio. Pero el presente sistema industrial, basado sobre la especialización permanente de funciones, lleva ya en sí mismo los gérmenes de su propia ruina.

Las crisis industriales, que cada día se hacen más agudas y extensas, agravándose y empeorándose más aun por los armamentos y las guerras que implica el sistema actual. Éstas son causa de que su sostenimiento se haga cada vez más difícil.

Ya los trabajadores manifiestan claramente su intención de no soportar pacientemente por más tiempo las miserias que cada crisis origina, y cada una de éstas acelera el momento en el cual las presentes instituciones de propiedad individual y producción sean por completo derribadas por medio de luchas internas, cuya violencia e intensidad dependerán del mayor o menor grado del buen sentido de las que ahora son clases privilegiadas.

Pero nosotros sostenemos también, que cualquier intento, socialista encaminado a restaurar las actuales relaciones entre el capital y el trabajo, fracasará por completo si no se han tenido presentes las tendencias antes mencionadas hacia la integración. Éstas no han recibido aún, en nuestra opinión, la atención debida de parte de las diferentes escuelas socialistas; cosa que, forzosamente, tendrá que suceder.

Una sociedad reorganizada, tendrá que abandonar el error de pretender especializar las naciones, ya sea para la producción industrial o la agrícola, debiendo cada una contar consigo misma para la producción del alimento, y de mucha parte, o casi toda, de las primeras materias, teniendo al mismo tiempo que buscar los mejores medios de combinar la agricultura con la manufactura, el trabajo en el campo con una industria descentralizada, y viéndose obligada a proporcionar a todos una «educación integral», la cual, por sí sola, enseñando ciencia y oficio desde la niñez, dote a la sociedad de las mujeres y los hombres que verdaderamente necesita. Que cada nación sea su propio agricultor y manufacturero; que cada individuo trabaje en el campo y en algún arte industrial; que cada uno combine el conocimiento científico con el práctico: tal es, lo afirmamos, la presente tendencia de las naciones civilizadas.

El prodigioso crecimiento de la industria en la Gran Bretaña, y el desarrollo simultáneo del tráfico internacional, que ahora permite el transporte de la materia prima y de los artículos alimentarios en una escala gigantesca, han motivado la creencia de que dos o tres naciones de la Europa Occidental estaban destinadas a ser la únicas manufactureras del mundo, no necesitando más, según se argüía, que abastecer el mercado de artículos manufacturados y sacar de todos los pueblos de la tierra el alimento que ellas no pueden producir, así como las primeras materias necesarias para su fabricación. La continua y creciente rapidez de las comunidades transoceánicas y las facilidades siempre en aumento del embarque, han contribuido a fortalecer dicha opinión.

Si contemplamos los cuadros seductores del tráfico internacional, pintados tan admirablemente por Neumann Spullart -el estadístico y casi el poeta del comercio del mundo- nos vemos inclinados a caer en un profundo éxtasis ante los resultados obtenidos. «¿Por qué hemos de cultivar el trigo, criar ganado vacuno y lanar, dedicarnos a cuidar árboles frutales, labrar la tierra y sufrir a todas las penalidades a que se halla sujeto el agricultor, teniendo que mirar siempre con temor hacia el cielo, temiendo una mala cosecha, cuando podemos obtener con mucha menos fatiga montañas de grano de la India, América, Hungría o Rusia; carne de Nueva Zelanda, legumbres de las Azores, manzanas del Canadá, pasas de Málaga, y así sucesivamente?» -exclaman los europeos occidentales-. «Ya hoy -dicen- nuestro alimento se compone, aun entre las familias poco acomodadas, de productos traídos de todas las partes del mundo; nuestras telas están tejidas con fibras que han nacido y con lanas que se han esquilado en todo el globo; las praderas de América y Australia, las montañas y estepas de Asia, los desiertos helados de las regiones árticas, los cálidos de África y las profundidades de los Océanos, los trópicos y las tierras donde se ve el sol a media noche, son nuestros tributarios. Los seres humanos de todas las razas contribuyen, con su participación, a suministrarnos nuestros principales alimentos y artículos de lujo, telas sencillas y géneros ricos, en tanto que nosotros les enviamos, a cambio, el producto de nuestra superior inteligencia, nuestro conocimiento práctico y nuestras poderosas facultades de organización, industriales y comerciales. ¿No es un gran espectáculo este activo y complicado cambio de productos entre todos los pueblos que tan rápidamente se ha desarrollado en pocos años?»

Concedemos que lo pueda ser, ¿Pero acaso no será una quimera? ¿Es, por aventura, una necesidad? ¿A qué precio se ha obtenido, y cuánto durará?

Volvamos la vista ochenta años atrás. Francia se hallaba desangrada al terminar las guerras napoleónicas. Su naciente industria, que había empezado a crecer al terminar el siglo dieciocho, fue aniquilada. Alemania e Italia eran impotentes en el terreno industrial; los ejércitos de la gran República habían dado un golpe mortal a la servidumbre en el continente. Pero con la vuelta de la reacción se hacían esfuerzos para reanimar a la decadente institución, y la servidumbre implica la ausencia de toda industria digna de este nombre. Las terribles guerras entre Francia e Inglaterra, las cuales se han explicado con frecuencia como hijas de meras causas políticas, tenían un origen más profundo: la cuestión económica. Ellas eran promovidas para alcanzar la supremacía del mercado del mundo, iban contra el comercio y la industria francesa, y la Gran Bretaña ganó la batalla haciéndose dueña suprema de los mares. Burdeos dejó de ser rival de Londres, y la industria francesa pareció muerta en flor. Favorecida por el poderoso impulso dado a las ciencias naturales y a la tecnología por la gran era de los inventos, no encontrando competencia seria en Europa, la Gran Bretaña empezó a desarrollar su poder industrial. Producir en gran escala, en inmensa cantidad, fue el lema escrito en su bandera. Las fuerzas humanas necesarias se encontraban a la mano entre los campesinos, en parte arrojados por fuerza de la tierra y en parte atraídos a las ciudades por la elevación de los salarios. Se creó la maquinaria necesaria, y la producción británica de artículos manufacturados marchó con una rapidez gigantesca; en el transcurso de menos de setenta años -desde 1810 a 1878- el rendimiento de las minas de carbón aumentó desde 10 a 133 millones de toneladas; las importaciones de la materia prima se elevaron de 30 a 380 millones de toneladas, y las exportaciones de género manufacturero de 46 a 200 millones de libras esterlinas. El tonelaje de la flota comercial casi se triplicó, construyéndose quince mil millas de ferrocarriles.

Es inútil repetir a que precio se obtuvieron los anteriores resultados. Las terribles revelaciones de las comisiones parlamentarias de 1840 al 42 respecto a las inhumanas condiciones de los trabajadores industriales, las relaciones de «territorios despoblados» y los robos de niños están aún frescos en la memoria. Serán eternos monumentos que demuestren por qué medios la gran industria se implantó en este país.

Pero la acumulación de la riqueza en manos de las clases privilegiadas marchaba con una velocidad en la que jamás se había soñado. Las increíbles riquezas que ahora sorprenden al extranjero en las casas particulares de Inglaterra se acumularon durante ese período; las excesivamente dispendiosas condiciones de vida que hacen que una persona considerada rica en el continente aparezca sólo como de una posición modesta en Inglaterra, fueron introducidas en aquélla época.

Sólo la propiedad imponible se duplicó durante los últimos treinta años del anterior período, en tanto que en el curso de esos mismo años (1810 a 1878), no bajó de 27.800 millones de francos -cerca de 50.000 millones en la actualidad- el capital colocado por los capitalistas ingleses en industrias o empréstitos extranjeros.

Pero el monopolio de la producción industrial no podía ser de Inglaterra eternamente, ni el conocimiento industrial ni el espíritu de empresa podían conservarse para siempre como un privilegio de estas islas. Necesaria y fatalmente empezaron a cruzar el canal y a extenderse por el continente. La Gran Revolución había creado en Francia una numerosa clase de propietarios territoriales, quienes gozaron cerca de medio siglo de un relativo bienestar, o al menos de un trabajo seguro, y las filas de los trabajadores de las ciudades sólo aumentaban lentamente. Pero la revolución de la clase media de 1789-1793 había ya hecho una distinción entre el campesino propietario y el proletario de la aldea, y al favorecer al primero en detrimento del segundo, obligó a los trabajadores que no tenían ni tierra ni hogar a abandonar sus pueblos, formando así el primer núcleo de las clases trabajadoras entregadas a merced de los industriales. Además, los mismos pequeños propietarios territoriales después de haber disfrutado de un período de indiscutible prosperidad, empezaron a su vez a sentir la presión de los malos tiempos, viéndose obligados a buscar ocupación en la industria. Las guerras y la revolución habían contenido el desarrollo de ésta, pero empezó a crecer de nuevo durante la segunda mitad de nuestro siglo, desarrollándose y mejorándose. Ahora mismo, a pesar de haber perdido la Alsacia, Francia ya no es tributaria de Inglaterra en cuanto a productos manufacturados, como lo era hace cuarenta años. Hoy sus exportaciones de artículos manufacturados se evalúan en cerca de la mitad de los de la Gran Bretaña, y las dos terceras partes de ellos son textiles, mientras que sus importaciones de los mismos consisten principalmente en hilo torcido de algodón y lanas de las clases más superiores, que en parte son reexportados después de tejidos, y una pequeña cantidad de género de lana. En lo referente a su consumo interior, Francia manifiesta una tendencia bien marcada a llegar a ser completamente un país que se baste a sí mismo, y en cuanto a la venta de sus manufacturas inclina a confiar, no en sus colonias, sino especialmente en su propio y rico mercado interior[3].

Alemania sigue la misma marcha. Durante los últimos veinticinco años, y especialmente desde la última guerra, su industria ha experimentado verdadera reorganización. Su maquinaria ha mejorado por completo, y sus nuevas fábricas están provistas de máquinas que, casi puede decirse, representan la última palabra del progreso técnico. Tiene muchos operarios y obreros dotados de una educación técnica y científica superior, encontrando su industria un auxiliar poderoso en un ejército de ilustrados químicos, médicos e ingenieros. Considerada en su totalidad, Alemania ofrece hoy el espectáculo de una nación en un período de *Aufschwung*[4], con todas las fuerzas de uno nuevo impulso en todos los terrenos. Hace treinta años era tributaria de Inglaterra: ahora es ya

---

3 Véase apéndice A.
4 Despegue, expansión.

su competidora en los mercados del Sur y del Este, y dada la rapidez con que actualmente su industria camina, su competencia ha de hacerse sentir aún más vivamente.

La ola de la producción industrial, después de haber tenido su origen en el Noroeste de Europa, se extiende hacia el Este y Sudoeste, cubriendo cada vez un círculo mayor; y a medida que avanza hacia Oriente y penetra en países más jóvenes, implanta allí todas las mejoras debidas a un siglo de inventos mecánicos y químicos. Toma de la ciencia todo lo que ésta puede prestar a la industria, encontrando pueblos deseosos de utilizar los últimos resultados del progreso humano.

Las nuevas fábricas de Alemania empiezan a donde llegó Manchester después de un siglo de experimentos y tanteos; y Rusia arranca donde Manchester y Sajonia han llegado en la actualidad. Rusia, por su parte, trata de emanciparse de la tutela de la Europa occidental, y empieza rápidamente a fabricar todos aquéllos géneros que anteriormente acostumbraba a importar, ya de la Gran Bretaña, ya de Alemania.

Los derechos de importación pueden, tal vez, en ciertas ocasiones, favorecer el nacimiento de nuevas industrias, pero siempre a expensas de otras que se hallen en el mismo caso, y evitando el mejoramiento de las existentes, pues la descentralización de la industria se efectuará con derechos protectores o sin ellos. Yo hasta diría que a pesar de ellos.

Austria-Hungría e Italia siguen la misma senda, desarrollando sus industrias nacionales, y hasta España y Serbia van a unirse a la familia de los pueblos manufactureros. Y aún hay más: hasta la India, Brasil y México, apoyados por capitales e inteligencias inglesas y alemanes, empiezan a establecer industrias propias en su suelo. Finalmente, un terrible competidor, los Estados Unidos, se ha presentado últimamente a todos los países industriales de Europa. A medida que allí la educación técnica se va extendiendo más y más, la industria crece en los Estados, y, en efecto, lo hace con tal velocidad -una velocidad americana- que, dentro de muy pocos años, los mercados que ahora son neutrales se verán invadidos por los géneros americanos.

El monopolio de los que primero ocuparon el campo industrial, ha dejado de existir, y no retornará a la vida, por grandes que sean los movimientos espasmódicos que se hagan para volver a un estado de cosas que ya pertenece al dominio de la historia. Hay que buscar nuevos senderos, orientaciones nuevas: el pasado ha vivido, pero no puede seguir viviendo más.

***

Antes de pasar adelante, me permito ilustrar la marcha de la industria hacia Oriente, con algunos guarismos: y para empezar, tomaré por ejemplo Rusia, no porque la conozca mejor, sino porque ella es la última que ha llegado al campo industrial. Hace cuarenta años, se la consideraba como el tipo ideal de la nación agrícola, destinada por la naturaleza misma a suministrar el alimento a otras naciones, y a traer sus géneros manufactureros del Oeste. Así era, en verdad, hace cuarenta años; pero ya no es.

En 1861 -el año de la emancipación de los siervos- Rusia y Polonia sólo tenían 14.060 fábricas, que producían cada año por valor de 296 millones de rublos (unos 900 millones de francos). Veinte años después, el número de aquellas se elevó a 35.160, y su producción anual llegó a cuatro veces la anterior; esto es, a 1.305 millones de rublos (unos 3.275 millones de francos); y en 1894, aunque el censo dejó de incluir a las pequeñas fábricas y a todas las industrias que pagan contribución indirecta (azúcar, alcoholes y fósforos), el conjunto de la producción llegó ya en el Imperio a 1.759 millones de rublos, o sean 4.500 millones de francos. El rasgo más notable de la industria rusa es, que, mientras el número de los trabajadores empleados en las fábricas no ha llegado ni aun a duplicarse, desde 1861 (llegó a 1.555.000 en 1894) la producción por persona ha hecho más que duplicarse: se ha triplicado en las principales industrias. Su término medio fue de menos de 1.750 francos anuales en 1861, llegando ahora a 4.075. Se ve, pues, que el aumento de la producción es debido principalmente al perfeccionamiento de las máquinas.

Y si nos fijamos en ramas determinadas de la industria, especialmente las textiles y las de maquinaria, el progreso resulta más apreciable todavía. Así, si consideramos los dieciocho años que precedieron a 1879 (cuando los derechos de importación se aumentaron en cerca de un 30 por 100 y una política proteccionista se adoptó definitivamente), encontramos que, aun sin derechos protectores, la masa de producción algodonera se triplicó, y, sin embargo, el número de obreros empleados en ella sólo se elevó 25 por 100. La producción anual, pues, de cada trabajador, aumentó de 1.125 a 2.525 francos. Durante los nueve años siguientes (1880- 89) el rendimiento anual fue más que duplicado, alcanzando la respetable cantidad de 1.235 millones francos en efectivo, y 3.200.000 quintales métricos[5] en peso; debiendo tenerse presente que, con una población de 130 millones de habitantes, el mercado interior para los algodones del país es casi ilimitado, y que parte de este artículo se exporta a Persia y Asia Central[6].

Verdad es que las clases más finas de torzales, así como el hilo de coser, tienen que ser importados todavía, pero pronto los fabricantes del condado de Lancaster pondrán a eso remedio; ya empiezan a establecerse en Rusia. Dos grandes filaturas para torzales de algodón, de las clases más superiores, se abrieron el año pasado en dicho país, con ayuda de capitalistas e ingenieros ingleses, y últimamente se ha abierto en Moscú una fábrica para hacer alambre delgado para cardar el algodón, propiedad de una casa en Manchester El capital es internacional, y con protección o sin ella, cruzará las fronteras.

Y otro tanto puede decirse de las lanas: en este punto, Rusia está relativamente atrasada; sin embargo, fábricas de cardar, hilar y tejer, provistas de los adelantos más modernos, se edifican todos los años en Rusia y Polonia por industriales ingleses, alemanes o belgas, de tal modo, que el año pasado cuatro quintas partes de la lana común y otro tanto de la de las clases más finas que se encuentran allí, fueron cardadas e

---

5   Quintal Métrico, equivalente a 100 quilogramos

6   Las importaciones anuales de algodón en rama, alcanzan 400.000 quintales métricos, de los cuales 300.000 quintales métricos, son del Asía Central y la Transcaucasia: estas últimas son de origen reciente, siendo los rusos los que primero introdujeron la planta de algodón americano en el Turkestán, así como los primeros establecimientos de escogido y prensado. La relativa baratura del algodón corriente, en Rusia, y las buenas cualidades del estampado, llamaron la atención del comisionado inglés en la Exposición de Nijni Novgorod, en 1897, quien se ocupó extensamente de ello en su Memoria.

hiladas en la nación, exceptuándose sólo una quinta parte, que se mandó al exterior. Los tiempos, pues, en que Rusia figuraba como exportadora de lana en bruto, se fueron para siempre[7].

En obras de maquinaria, ni aun la comparación es posible entre el momento actual y 1861, y aun 1870, habiendo nacido y desarrollado esa industria en los últimos quince años. En un informe muy extenso dice el profesor Kirpitcheff, que el mejor modo de apreciar el progreso realizado es considerar el grado de perfección a que han llegado las construcciones de las máquinas de vapor y tubería para agua, capaces de poder, en un todo, competir con las procedencias de Glasgow. Gracias, en primer lugar, a los ingenieros ingleses y franceses, y después al progreso técnico realizado en el país mismo. Rusia no tiene ya necesidad de importar ninguna parte de su material de ferrocarril. Y respecto a las máquinas agrícolas, sabemos, por las Memorias de varios cónsules británicos, que las segadoras y arados rusos pueden, sin temor, competir con los de procedencia inglesa o americana.

Durante los últimos ocho o diez años, esta rama de la industria se ha desarrollado mucho en los Urales del Sur, como sucede en una aldea industrial creada por la Escuela Técnica de Krasnoufimsk del Consejo de distrito local o remstuo, y especialmente en las llanuras inclinadas hacia el mar Azov. Respecto a esta última región, comunica el vicecónsul Green, en 1894, lo que sigue «Además de ocho o diez fábricas de importancia -dice- todo el distrito consular está sembrado de pequeños talleres de construcción, ocupados

---

7   La producción anual de las 1.085 fábricas de lana de Rusia y Polonia fue evaluada en 1894 en unos 300 millones de francos.

principalmente en hacer máquinas y herramientas agrícolas, teniendo la mayor parte de ellos sus fundiciones propias... La población de Berdynusk -agrega- puede jactarse de tener la mejor fábrica de segadoras de Europa, capaz de suministrar 3.000 máquinas al año»[8].

Sin embargo, las anteriores cifras sólo incluyen fábricas cuyo rendimiento anual sea de más de 500 francos, no incluyendo la inmensa variedad de trabajos domésticos que también han crecido mucho últimamente al mismo paso que las fábricas. Las industrias domésticas -tan características de Rusia y tan necesarias bajo su clima- ocupan ahora más de 7.500.000 campesinos, y el total de su producción fue apreciado hace pocos años en más que el total de producción de todas la fábricas, excediendo de 4.500 millones de francos al año.

Como tendré motivo para volver más adelante sobre este asunto, no seré pródigo en presentar cantidades, limitándome a decir solamente que, hasta en las principales provincias manufactureras de Rusia que rodean a Moscú, el tejido doméstico para el comercio da un tipo anual de 112,5 millones de francos, y que, aun en el Cáucaso del Norte, donde la pequeña industria es de origen reciente, hay en

---

8   Informe del vicecónsul Green, The Economist, 9 de junio de 1894: «Segadoras de un tipo especial, vendidas a 375 y 425 francos, son de duración y más fuertes que las inglesas o americanas». En el año 1893 se vendieron sólo en ese distrito 20.000 máquinas segadoras, 50.000 arados, y así sucesivamente, representando un valor de 20,5 millones de francos. Y a no ser por los derechos que pesan sobre el hierro en lingotes (dos veces y media su precio en el mercado de Londres), esta industria hubiera tomado mayor desarrollo aún. Pero, a fin de proteger la industria del hierro en el país, que, debido a eso mismo, permanece allí estacionaria, se ha impuesto un derecho de lingote de hierro de 76,25 francos por tonelada. Las consecuencias de esta política para la agricultura, los ferrocarriles y el presupuesto del Estado se han discutido extensamente en una obra de A. A. Radzig, *La industria del hierro en el mundo*, San Petersburgo, 1896.

las casas de los campesinos 45.000 telares, arrojando una producción anual de 5 millones de francos.

En cuanto a la industria minera, no obstante el exceso de protección y la competencia del combustible de madera y nafta[9], el rendimiento de las minas de carbón del Don se ha duplicado en los últimos diez años, y en Polonia ha llegado a cuadriplicarse. Casi todo el acero, tres cuartas partes del hierro y dos terceras partes del hierro en lingotes que se usa en Rusia son productos del país, y las ocho fábricas de carriles de acero con que cuenta pueden lanzar al mercado 6 millones de quintales métricos de carriles todos los años[10].

No es, pues, de extrañar que la importación de géneros manufactureros sea tan insignificante en Rusia, y que desde 1870 -esto es, nueve años antes de que se efectuara el aumento general de derechos- la proporción de los géneros manufacturados, comparada con el conjunto de las importaciones, haya estado disminuyendo constantemente. Los géneros manufacturados sólo constituyen una quinta parte de los impuestos; y mientras las importaciones que procedían de Inglaterra fueron evaluadas en 407 millones de francos en 1872, sólo llegaron a 172 millones de francos en 1894[11]. De ellas, los géneros manufactureros fueron evaluados en poco más de 50 millones de francos; siendo lo restante, bien artículos de alimentación, o material en bruto, o a medio fabricar (metales, hilo torcido y otros). En una palabra: las importaciones de géneros y productos ingleses descendieron

---

9   De los 1.246 vapores que surcan los ríos rusos, la cuarta parte consume nafta y la mitad leña; esta última es también el principal combustible de los ferrocarriles y talleres de fundición en los Urales.

10   Véase Apéndice B.

11   En 1896, 179 millones de francos.

en el curso de diez años de 220 millones a 125 millones de francos, quedando así reducida la referida importación a lo siguiente, que es verdaderamente insignificante: maquinaria, 50 millones de francos; lana y torzal de lana, 7 millones de francos, y así sucesivamente. Y aun todavía la depreciación de esos mismos artículos resulta más notable: así, en 1876 Rusia importó 800.000 quintales métricos de metales de dicho país, pagando por ello 150 millones de francos, en tanto que en 1884, aunque se importó igual cantidad, lo pagado sólo fue 85 millones de francos. Y la misma depreciación se observó en todos los artículos de importación, aunque no siempre en la misma proporción.

Sería un gran error el suponer que el descenso de la importación sea debido principalmente a la elevación de los derechos protectores: su explicación se encuentra más claramente en el desarrollo de la industria nacional. Es indudable que los derechos referidos han contribuido (en unión de otras causas) a atraer fabricantes alemanes e ingleses a Polonia y Rusia. Lodz -el Manchester de Polonia- es completamente una ciudad alemana, y la lista de los principales comerciales está plagada de nombres ingleses y alemanes. Capitalistas de ambos países, ingenieros y jefes de talleres ingleses han introducido en Rusia todos los adelantos de la industria algodonera de sus respectivos países, y se hallan ocupados haciendo lo mismo con las industrias de la lana y de la maquinaria, mientras que los belgas están mejorando rápidamente el comercio del hierro en el Sur de Rusia. No hay ahora la menor duda -y de esta opinión participan, no sólo los economistas, sino también muchos fabricantes rusos- que una política de librecambio no afectaría al futuro desenvolvimiento de la industria en el país, no haciendo más que reducir las grandes utilidades de aquellos fabricantes que no mejoran sus fábricas, fiándolo todo a lo bajo de los salarios y a las muchas horas de trabajo.

Además, tan pronto como Rusia consiga obtener más libertad, el crecimiento inmediato de su industria será su consecuencia. La educación técnica -que, aunque parezca extraño, ha encontrado hasta hace poco una gran resistencia en el Gobierno- se desarrollaría y extendería rápidamente, y en pocos años, con sus recursos naturales y su juventud estudiosa, que, aun hoy día, trata de combinar la destreza y la ciencia, vería pronto diez veces aumentada su potencia industrial.

Ella *fará da sé*[12] en el terreno industrial: fabricará cuanto necesita, y sin embargo, seguirá siendo una nación agrícola. En la actualidad, sólo 1 millón de hombres y mujeres, de los 80 millones de población que tiene la Rusia europea, trabajan en las fábricas, y 7,5 millones combinan la agricultura con la industria. Estas cifras pueden triplicarse, sin que por eso deje ella de ser una nación agrícola; más si tal sucede, no habrá lugar para la importación de géneros manufacturados, pues un país agrícola puede producirlos más baratos que los que vienen de la importación.

Lo mismo puede decirse, con más razón aún, con referencia a otras naciones europeas mucho más adelantadas en su desarrollo industrial, y en particular con relación a Alemania. Tanto se ha hablado en estos últimos tiempos de la competencia que Alemania hace al comercio inglés aun en su propio mercado, y tantos conocimientos pueden

---

12 *Fará da sé,* expresión italiana equivalente a "se valdrá por si misma". *Italia fará da sé* es la frase con que Carlos Alberto, rey de Sardeña, daba a entender que Italia se valía por si misma para luchar por su reunificación, contra Austria, sin la ayuda de otros países.

adquirirse sobre el particular con sólo una mera inspección de las tiendas de Londres, que omito el entrar en largos pormenores. Varios artículos de revistas; la correspondencia cambiada sobre el particular en *The Daily Telegraph* en agosto de 1886; numerosas Memorias consulares, catalogadas regularmente en los principales diarios, y más instructivas aún al ser consultadas directamente; y, por último, los discursos políticos, han familiarizado la opinión pública de este país con la importancia y las proporciones de la competencia alemana[13]. Además, las fuerzas que la industria alemana recibe de la educación técnica de sus obreros, ingenieros y numerosos hombres científicos, han sido tan frecuentemente discutidas por los promovedores de la educación técnica en Inglaterra, que le repentina constitución de Alemania en país industrial no puede negarse por más tiempo.

Mientras que antes se necesitaba medio siglo para desarrollar una industria, ahora se consigue lo mismo en pocos años: en el año 1864, sólo 160.000 quintales métricos de algodón en rama se importaron de Alemania, y únicamente 16.000 quintales métricos de algodón tejido se exportaron; el hilado y tejido de algodón eran allí industrias casi insignificantes. Veinte años después, la importación del algodón en rama se elevó a 3,6 millones de quintales métricos, y dos años más tarde a 5,5 millones de quintales métricos; mientras que las exportaciones de dicho artículo, tejido e hilado, se evaluaron en 90 millones de francos en

---

13   Muchos hechos referentes a este punto se han coleccionado últimamente en un pequeño libro titulado *"Hechos en Alemania"*, por E. E. Williams. Desgraciadamente, los hechos referentes al reciente desenvolvimiento industrial de Alemania están tan a menudo tratados de modo tan parcial, a fin de promover un movimiento proteccionista, que su verdadera importancia se desfigura con frecuencia.

1883, y en 191 millones de francos en 1893.

En menos de treinta años se creó una gran industria; se desarrolló el conocimiento técnico necesario, y, al presente, Alemania sólo es tributaria del condado de Lancaster en lo que al torzal superior se refiere. Y sin embargo, Herr Framke cree[14] que hasta esta desventaja pronto desaparecerá. Se han construido últimamente hermosas filaturas, y la emancipación de Liverpool por medio de una Bolsa dedicada al algodón, establecida en Bremen, está en vías de progreso[15].

En la industria lanera, el número de las filaturas se duplicó rápidamente, y en 1894 el valor de la exportación de géneros de lana alcanzó a 205,5 millones de francos, de los cuales 22,5 fue el valor de las remitidas al Reino Unido[16]. La industria del lino ha crecido con mayor rapidez todavía; y respecto a sedas, Alemania, con sus 87.000 telares y una producción anual evaluada en 225 millones de francos, ocupa el primer lugar después de Francia.

El progreso en el comercio de productos químicos alemanes es bien conocido. Sus efectos se hacen sentir bastante en Escocia y Northumberland; en tanto que las Memorias sobre las industrias del hierro y el acero que se encuentran en las publicaciones del Instituto del Hierro y el Acero, y en las investigaciones hechas por la Asociación Británica de la Industria del Hierro, muestran el formidable crecimiento de la producción de lingotes de hierro y hierro

---

14 *Die nesute Entrocckelung der Textil-industriein in Deutrchulund.*

15 Cf. Schulze Gümersutz, *Der Grosshetrih,* etc. (Véase apéndice E).

16 La importación de géneros de lana alemanes a este país ha ido creciendo constantemente de 15 millones de francos a 22 millones de francos en 1894, siendo evaluadas las exportaciones a Alemania, de género e hilos, en 69 millones de francos en 1890 en, y 75 millones de francos en 1894.

labrado que ha habido en Alemania en los últimos veinte años (véase Apéndice C). No es, pues, maravilla que los derechos de importación se redujeran, en lo que al hierro y al acero se refiere, a la mitad en dicho período de tiempo, mientras que las exportaciones llegaron a casi cuatro veces más. Y respecto a la construcción de máquinas, si los alemanes han cometido el error de copiar servilmente los modelos ingleses en vez de buscar nuevos horizontes y crear nuevos tipos, como hicieron los americanos, debemos, sin embargo, reconocer que sus copias son buenas y que compiten ventajosamente en precio con las herramientas y maquinas inglesas (Véase apéndice D). Creo inútil mencionar la superior calidad de los aparatos científicos alemanes: pues es bien conocida de los hombres de ciencia, hasta en la misma Francia.

A consecuencia de esto, las importaciones de productos industriales de todas las clases disminuyen en Alemania. El conjunto de la importación de textiles (incluyendo el hilado) ha descendido tanto, que puede compensarse con un valor igual de exportación. Y no cabe dudar de que, no sólo el mercado alemán de textiles se habrá perdido pronto para los otros países industriales, sino que la competencia alemana se hará sentir cada vez con más fuerza, tanto en los mercados neutrales como en los de la Europa occidental. Es muy fácil hacerse aplaudir por un auditorio poco enterado del particular, diciendo, con más o menos énfasis, que ¡los productos alemanes no igualarían *nunca* a los ingleses! Pero la verdad es que compiten en precios, y algunas veces también -cuando hace falta- en buena calidad, lo cual se debe a muchas causas.

La cuestión de «el bajo precio del jornal», a la que tanto se alude en las discusiones sobre «la competencia alemana» que se deja sentir en Inglaterra y Francia, debe descartarse esta vez, puesto que se ha demostrado de un modo innegable, por muchas investigaciones recientes, que salarios bajos y jornada largo no implican necesariamente un producto económico.

Trabajo poco retribuido y derechos protectores, sólo significan la posibilidad, para un número determinado de industriales, de seguir trabajando con máquinas antiguas y malas; pero en industrias importantes y de un elevado desarrollo, tales como las del algodón y del hierro, la baratura en la producción se obtiene con jornales elevados, jornada corta y máquinas de primera calidad. Cuando el número de operativos que necesita por cada 1.000 husos puede variar desde diecisiete (en algunas fábricas rusas) a tres (en Inglaterra), no hay reducción en los jornales que pueda compensar tan inmensa diferencia. Así que en las mejores fábricas de algodón y talleres de construcción de maquinaria alemanes, los jornales (lo sabemos directamente, respecto a la industria del hierro, por la investigación antes mencionada de la Asociación de la Industria del Hierro Británica), no son inferiores a los de Inglaterra. Y hasta puede decirse que allí son más elevados que aquí -a pesar de ser este el paraíso de los intermediarios-; estado que se conservará mientras este país siga viviendo, en primer término, de la importación de productos alimenticios.

La principal razón del éxito de Alemania en el terreno industrial, es la misma que para el de los Estados Unidos: ambos países entran justamente ahora en la fase industrial de su desarrollo, y lo hacen con todas las energías propias de la juventud y la novedad. En ambos se disfruta de una educación científicamente técnica -o por los menos concretamente científica- muy extendida y desarrollada; en los dos se construyen las fábricas según los mejores modelos que funcionan en otras partes, y los dos se hallan en el momento de despertar y abrir sus energías a todos los ramos de la actividad: literatura y ciencia, industria y comercio. Entran en el mismo período en que se encontraba Inglaterra en la primera mitad de este siglo, en el cual tanto inventaron sus trabajadores en la maravillosa maquinaria moderna.

Lo que sencillamente tenemos ante la vista no es ni más ni menos que un hecho, desprendido del *desarrollo consecutivo de las naciones*. Y en lugar de gritar y oponernos a él, sería mucho mejor que viéramos si hay medio de que los dos pueblos iniciadores de la gran industria -la Gran Bretaña y Francia- tomase un nuevo derrotero. Si no, hay necesidad de buscar otro campo de acción al genio creador de estas dos naciones, el cual pudiera ser la utilización, tanto de las facultades agrícolas como de las industriales del ser humano, para asegurar el bienestar de la nación entera, en vez del de una minoría solamente.

CAPÍTULO SEGUNDO

LA DESCENTRALIZACION
DE LA INDUSTRIA   2ªParte

Italia y España. –India. –Japón. –Estados Unidos. –Las industrias de algodón, lana y seda. –La creciente necesidad, para cada país, de tener como base el consumo interior.

Sin embargo, el influjo del crecimiento industrial se ha hecho sentir no sólo hacia el Oriente, sino en dirección del Sudoeste y del Sur.

Austria y Hungría avanzan diariamente en la carrera emprendida por los pueblos, tras la preponderancia industrial. La Triple Alianza[17] se ha visto ya amenazada por la creciente tendencia de los industriales austriacos a proteger contra la competencia alemana, y hasta la de la monarquía ha visto

---

17   La Triple Alianza (Dreibund, en alemán) fue el nombre que recibió la coalición inicialmente integrada por el Imperio alemán y el Imperio austrohúngaro por iniciativa de Otto von Bismarck, a la que posteriormente se uniría Italia, aunque también se invitó al Imperio ruso a formar parte de ella.

recientemente a sus dos naciones hermanas cuestionar sobre derechos de Aduana.

Aunque la industria austriaca es relativamente moderna, produce un rendimiento anual de 2.500 millones de francos. Bohemia, en pocos años, se ha convertido en un país industrial de considerable importancia, y la excelencia y originalidad de la maquinaria aplicada a los nuevos molinos harineros reformados de Hungría, muestra que la joven industria húngara va por buen camino, no sólo para poder competir con sus hermanas mayores, sino para contribuir por su parte también a aumentar nuestros conocimientos respecto al empleo de las fuerzas naturales. Y si se me permite agregar de paso, que otro tanto puede decirse, hasta cierto punto, con relación a Finlandia. Hay falta de datos respecto al estado actual de la industria de Austria-Hungría; pero lo relativamente pequeño de las importaciones de artículos manufacturados, es digno de tenerse en cuenta. El consumo que este país hace de géneros ingleses es insignificante, y se va emancipando con rapidez de su antigua dependencia alemana. (Véase Apéndice F.)

El mismo progreso de la industria se extiende sobre las Penínsulas del Sur. ¿Quién hubiera hablado hace veinte años de las fábricas italianas? Y, sin embargo, bien lo ha demostrado la Exposición de Turín de 1884. Italia figura ahora entre los países manufactureros.

«En todas partes se observa un considerable movimiento comercial e industrial -escribió un economista francés al *Temps*-. Italia aspira a valerese sin productos extranjeros. El lema patriótico es: *¡Que Italia se baste para todo!* Él inspira a la masa entera de los productores; y no hay un solo fabricante o industrial que, aun en lo más insignificante, no haga todo lo posible por emanciparse de la tutela extranjera.» Los mejores modelos franceses e ingleses son imitados y mejorados con un toque de genio nacional y tradición artística.

Se carece de estadísticas completas, así que, el *Anuario Estadístico* recurre a indicaciones indirectas; pero el rápido aumento de las importaciones de carbón (9 millones de toneladas en 1896, contra 779.000 toneladas en 1871), el crecimiento de la industria minera, que ha triplicado su producción durante los últimos quince años; la creciente producción de acero y maquinaria (cerca de 75 millones de francos en 1886) que, para usar las palabras de Bovio, muestran de qué modo un país sin combustibles ni mineral propio, puede, sin embargo, tener una notable industria metalúrgica, y, finalmente, el desarrollo de la industria textil, revelado por las importaciones de algodón en rama, y por haberse casi doblado el numero de husos en el transcurso de cinco años[18]. Todo esto demuestra que la tendencia hacia convertirse en un país industrial, capaz de satisfacer sus necesidades con su industria propia, no es un mero sueño. Y en cuanto a los esfuerzos hechos para tomar una parte más activa en el movimiento universal, ¿quién no conoce las aptitudes tradicionales de los italianos en semejante dirección?

Debo también mencionar a España, cuyas industrias textil, minera y metalúrgica crecen rápidamente. Pero me apresuro a ocuparme de pueblos que, hasta hace pocos años, eran considerados como eternos y obligados consumidores

---

18   El importe neto de algodón en rama llegó a 291.680 quintales en 1880, y a 594.118 en 1885. En 1885 había 1,8 millones de husos, contra 1 millón en 1877. La industria entera ha nacido desde 1859 a la fecha. La importación neta de hierro en lingotes fue de 700.000 a 800.000 quintales durante los cinco años, desde 1881 a 1885.

de las naciones manufactureras de la Europa occidental.
Tomemos, por ejemplo, al Brasil. ¿No estaba condenado
por los economistas a sembrar algodón, a exportarlo en rama
y a recibirlo ya tejido, a cambio? Hace veinte años, sus nueve
miserables fábricas, sólo podían sumar en conjunto unos
385 husos, pero ya en 1887 había allí 46 fábricas de algodón,
y cinco de ellas tenían hasta 40.000 husos, en tanto que,
considerado todo en conjunto, sus cerca de 10.000 telares
arrojan cada año al mercado brasileño más de 33 millones
de yardas[19] de géneros de algodón. Y hasta Vera Cruz, en
México, bajo la protección del fisco, ha empezado a elaborar
el algodón, jactándose en 1887 de tener 40.200 husos, haber
producido 287.700 piezas de tejido y 212.000 de hilado.
Desde entonces se ha seguido progresando regularmente,
y en 1894 el vicecónsul Chupmann comunicó que en las
fábricas de hilados de Orizaba se encuentran instalaciones
con todos los adelantos modernos, «y en cuanto al estampado
-decía- se hace tan bueno, sino mejor, que el importado[20]».

La India, sin embargo, es la que más completamente
ha contradicho la teoría de la exportación. Se la había
considerado siempre como la más firme consumidora del
algodón británico, y así lo ha sido hasta ahora. Del total de
géneros de algodón exportado por Inglaterra, acostumbraba
a comprar más de la cuarta parte, casi una tercera (de 425
millones a 550 millones de francos, de un total de 1.875
millones, hace diez años, y de 402 millones a 455 millones
de francos durante los años 1893 y 1894). Pero las cosas han

---

19 1 yarda= 0.9144 metros

20 *The Economist*, 12 de mayo 1894, pág. 9: «Hace pocos años las fábricas de Orizaba
no usaban más que algodón en rama importado, pero ahora usan el del país todo lo
posible».

empezado a cambiar. Las fábricas de algodón de la India, que -por causas no bien conocidas aún- fueron tan poco afortunadas en sus principios, han echado de repente hondas raíces.

En 1860 sólo consumieron 23 millones de toneladas de algodón en rama, pero en 1877 esa cantidad se había casi cuadriplicado, triplicándose otra vez en los últimos diez años. En 1887-1888 se emplearon 283 millones de toneladas de algodón en rama. El número de fábricas varió de 40 en 1877 a 147 en 1895; el número de husos se elevó de 886.100, a 3.844.300 en el mismo año y mientras que en 1887 se empleaban 57.188 trabajadores, siete años después el número de éstos llegaba a 146.240, en tanto que el capital empleado en fábricas, por compañías formadas al efecto, se elevó de 7 millones de decenas de rupias en 1882 a 14.600.000 en 1895[21]. Y en cuanto a la calidad de las mismas, baste decir que los libros azules del Gobierno las elogian; las Cámaras de Comercio alemanas hacen constar que las mejores filaturas de Bombay «no se hallan ahora muy distantes de las mejores de Alemania». Dos grandes autoridades en la materia, Mr. James Platt y Mr. Hanry Lee, convienen en decir «que en ningún otro país del mundo, excepto en el Condado de Lancaster, poseen los operarios tan favorables disposiciones naturales para la industria textil como en la India[22]».

La exportación de algodón torcido de India se doblóen cinco años (1882-1887), y ya en este último pudo leerse en el *Statement* (pág. 42) que «cada vez se importaba menos algodón torcido de las clases inferiores y aun de la media,

---

21 Diez rupias equivalen apróximadamente a 25 francos.
22 SCHULZ, Gäneernitz, *The Cotton Trade*, etc., pág. 123.

lo cual indicaba que las filaturas indias iban gradualmente apoderándose del mercado interior.»

De este modo, mientras que la India continúo importando casi la misma cantidad de géneros de algodón ingleses (muy poco reducida desde entonces) ya en aquella época (en 1887) lanzaba a los mercados extranjeros una cantidad que no bajaba de 90,8 millones de francos de sus algodones, de la misma clase que los del condado de Lancaster, exportando 33 millones de yardas de muselina morena, fabricada en la India con trabajadores del país. Y la exportación ha continuado creciendo desde entonces; así que, en los años 1891-93, se exportaron de 73 millones a 80 millones de yardas en piezas de algodón[23], y de 161 millones a 189 millones de torzal. Finalmente, en 1897 el valor del torzal y textiles exportados alcanzó la respetable cantidad de 14 millones de rupias.

Las fábricas de yute de la India han crecido con mayor rapidez aún[24], y esta industria, que antes florecía en Dundee, vino a decaer, no sólo por las altas tarifas de las potencias continentales, sino también por la competencia indiana. Hasta fábricas de lana se han montado últimamente, y la industria del hierro tomó allí un rápido desenvolvimiento desde que se encontró el medio, después de muchos años

---

23   812 balas se exportaron a China y el Japón en 1893, en vez de las 112.100 en diez años antes.

24   En 1882 tenían 5.633 telares y 95.937 husos: dos años después (1884-85) ya tenían 6.926 telares y 131.740 husos, dando ocupación a 51.900 personas. Ahora, o mejor dicho, desde 1895, las veintiocho fábricas de yute de la India tienen 10.580 telares y 216.140 husos (duplicado en doce años) y emplean, por término medio, diariamente 78.889 personas. Las siguientes cifras muestran bien claramente el progreso realizado en la maquinaria: la exportación de telas de yute fue en la India de 38 millones de francos en 1884-85, y de 103 millones de francos en 1895. (Véase Apéndice H.)

de ensayos y contratiempos, de alimentar los hogares con carbón del país. Dentro de pocos años, nos han dicho los especialistas, la India producirá el hierro que necesite. Y no sin falta de temor ven los fabricantes ingleses el constante crecimiento de la importancia de textiles manufacturados en aquel país, en tanto que en los mercados del extremo Oriente y de África, la India se convierte en una terrible competidora para la madre patria. ¿Y por qué no había de serlo? ¿Qué puede impedir el aumento de la industria indiana? ¿Sería la falta de capital? No, porque el capital no tiene patria; y si resulta un buen negocio el utilizar a los trabajadores indios, cuyos salarios no son más que la mitad, y algunas veces hasta de menos, de los de los obreros ingleses, el capital acudirá a la India, del mismo modo que ha ido a Rusia, aunque esto suponga el hambre para el condado de Lancaster y Dundee. ¿Será, acaso, la falta de conocimientos? Las distancias no son ya un obstáculo para su desarrollo; sólo los primeros pasos son los difíciles. Y respecto a la superioridad de la mano de obra, nadie que conozca al trabajador indio dudará de sus disposiciones. Seguramente que no resultarán inferiores, si se las compara con las de las 86.500 criaturas de menos de trece años de edad, o con las de los 363.000 jóvenes de ambos sexos de menos de dieciocho, que trabajan en la industria textil de la Gran Bretaña[25].

---

25   El número de muchachos, de más de trece y de menos de dieciocho, que trabajaban la jornada completa, fue en el año 1890 de 86.998; el de las muchachas no se tiene; se las considera como «mujeres» y trabajan la jornada completa. Más, como la proporción de las mujeres con respecto a los hombres es de dos a uno en la industria referida al Reino Unido, el número de muchachas de esa edad (trece a diez y ocho) puede considerarse como el doble del de los varones, esto es, sobre 190.000, lo que da una cifra de lo menos 363.000 jóvenes de menos de dieciocho años, de un total de 1.084.630 operarios empleados en toda la industria textil del país. Más de un tercio. (*Statesman's yearbook* para 1898, pág. 7).

Diez años no son muchos en la vida de las naciones; y sin embargo, en el último decenio otro competidor poderoso ha aparecido en Oriente: me refiero al Japón. En octubre de 1888, el *Textil Recorder* menciona brevemente que la producción anual de torzales en las fábricas japonesas llegó a 9.498.500 toneladas, y que quince fábricas más, capaces para 156.100 husos, se hallaban en vías de construcción[26]. Dos años después, 25 millones de toneladas de torzal fueron hiladas en dicho país; y mientras que en 1886-88 el Japón importaba cinco o seis veces tanto torzal del exterior como el hilado allí, al año siguiente sólo dos terceras partes del consumo total del país fueron importadas[27]. Desde esa época la producción ha ido creciendo regularmente. De 6,5 millones de toneladas en 1896, alcanzó a 91,9 millones de toneladas en 1893, y 153,4 millones toneladas en 1895. En nueve años ha aumentado, pues, veinticuatro veces. El total de la producción de tejidos, evaluada en 30 millones de francos en 1887, se elevó rápidamente a 356,7 millones de francos en 1895; representando el algodón las dos quintas partes de dichas cantidades. En su consecuencia, la importación de géneros de algodón descendió en 1884, de 41 millones de francos a 21,2 en 1895, mientras que la exportación de géneros de seda subió a 81,1 millones de francos. Y, además, las industrias del carbón y del hierro crecieron con tal rapidez, que el Japón pronto dejará de depender de Europa, en cuanto a los artículos de hierro se refiere; porque la ambición de ese país es la de construirse sus

---

26   Textil Recorder, 15 de octubre, 1888.

27   17.778 k. de torzal se importaron en 1886 contra 2,9 millones de kilogramos fabricados en el país. En 1889, el movimiento fue de 25,6 millones de kg. de importación y 12,1 millones de kg nacionales.

propios buques, y el verano anterior trescientos ingenieros dejaron los talleres de Elswick de M. Amstrong, a fin de montar astilleros allí. Pero su contrato era sólo por cinco años: en ese tiempo esperaban los japoneses haber aprendido lo bastante para construirse sus barcos ellos mismos[28].

Y en cuanto a artículos tan sencillos como los fósforos, esta industria, después de la crisis de 1884, ha vuelto a levantarse, y en 1895 la exportación fue de más de 15 millones de gruesas, valoradas en 31,1 millones de francos.

Todo esto demuestra que la tan temida invasión del oriente a los mercados europeos progresa rápidamente. Los chinos duermen todavía; pero estoy firmemente persuadido, por lo que he visto en su país, que el día que empiecen a trabajar con ayuda de la maquinaria europea -y ya se han dado los primeros pasos en ese sentido- lo harán con mejor éxito, y naturalmente, en mucha mayor escala que los japoneses.

Pero, ¿qué diremos de los Estados Unidos, a los que no se puede acusar de emplear jornales bajos, o de mandar a Europa productos «baratos e inferiores»? Su gran industria puede decirse que data de ayer; y sin embargo, ya mandan a la vieja Europa cantidades de maquinaria que crecen por momentos, y en este año han empezado a enviar hasta hierro en lingotes.

En el curso de veinte años (1870-90) el número de personas empleadas en las fábricas americanas se ha duplicado

---

28   La industria minera ha crecido del modo siguiente: extracción de cobre, 2.407 toneladas en 1875; 11.064 en 1887. De carbón: 567.200 toneladas en 1875; 1,6 millones , doce años después; 4,2 millones de en 1894. De hierro: 3.447 toneladas en 1875; 15.268 en 1887; más de 20.000 en 1894. (K. RATHGEN, *Japonés Volkwirthschaftimd-Stoathaishaltung*, Leipzig, 1891; Informes Consulares).

con exceso, y el valor de su producción casi se ha triplicado[29]. La industria algodonera, provista de una maquinaria excelente hecha allí[30], se desarrollo rápidamente, y la exportación de algodón labrado en el país llegó el año pasado a unos 70 millones de francos aproximadamente. Y respecto a la producción anual de lingotes de hierro y acero, ya excede a la de la Gran Bretaña[31], y la organización de esa industria es también superior a aquella, como hizo notar Mr. Berkeley en noviembre del 91, en su Memoria de Ingenieros Civiles[32].

Todo lo cual es, puede decirse, la obra de los últimos veinte o treinta años, habiéndose creado casi por completo industrias enteras desde el año 1860[33].

¿Cuál será, pues, el estado de la industria americana de aquí a veinte años, ayudada como está por un maravilloso desenvolvimiento de destreza técnica, por escuelas excelentes, por una educación científica que corre pareja con la técnica, y por un espíritu emprendedor que no tiene rival en Europa?

Se han escrito volúmenes sobre la crisis de 1886-87, la cual, usando los términos de Comisión parlamentaria, duró desde 1875, interrumpida únicamente por «un corto período

---

29   Trabajadores empleados en la industria: 2,6 millones en 1870, 4,7 millones en 1890.Valor producido: 16,9 millones de francos en 1870, y 46,8 millones 1890. Producción anual por trabajador, 8.240 francos en 1870 h 9.945 en 1890.

30   *Textil Recorder*

31   Fue de 7,2 millones a 9,8 millones de toneladas de3 lingotes de hierro durante los años 1890-94; obteniéndose 4 millones de toneladas de «acero Bessemer y Clapp-Griffiths» en 1890.

32   El mayor rendimiento de un horno de fundición en la Gran Bretaña no excede de 750 toneladas en la semana, mientras que en América ha llegado a 2.000 toneladas. (Nature, 19 de Noviembre de 1991, pág. 65).

33   J. R. Dogde, *Farm and Factory: Aids to Agriculture from other Industries*, Nueva York y Londres, 1884, pág. 111. Cuya lectura recomiendo encarecidamente a los amantes de estos estudios.

de prosperidad de que disfrutaron algunas ramas industriales en los años 1880 a 1883»; crisis, agregaré, que se extendió por todos los países industriales del mundo.

Y después de examinar todas las causas posibles de ella, aunque pudiera haber algunas diferencias en la forma, en cuanto al fondo todos convinieron con el dictamen de la Comisión parlamentaria, que puede resumirse en estas palabras: «Los países industriales no encuentran compradores que les permitan realizar grandes beneficios.» Y como la utilidad es la base de la industria capitalista, su disminución explica todas sus ulteriores consecuencias. Ella hace que los patronos rebajen los jornales o el número de obreros, o el de los días de trabajo a la semana, o bien les induce a acudir a la confección de otras clases de géneros más inferiores, que, por regla general, se pagan peor que los de mejor calidad. Como decía Adam Smith, la disminución de los beneficios trae consigo la de los salarios, y esto implica una reducción de consumo por parte del trabajador. También supone alguna reducción en el consumo por parte del patrono, y ambas reunidas significan menos utilidades y menos consumo, por parte de esa inmensa clase de intermediarios que ha aparecido en todo el país industrial; lo cual, a su vez, representa una nueva disminución en las utilidades del fabricante.

Un país cuya industria tenga por principal objeto la explotación y, por consiguiente, viva casi por completo de su comercio exterior, se halla en una posición muy parecida a la Suiza, que vive, hasta cierto punto, de las utilidades que les reportan las visitas de los extranjeros que van a ver sus lagos y glaciares. Una buena «temporada», quiere decir una entrada de 25 a 50 millones de francos importados por los viajeros; y una mala, produce los efectos de la pérdida de la cosecha en un país agrícola, resultando, como consecuencia inevitable, el empobrecimiento general. Y otro tanto sucede con todo país que fabrique para la exportación: si la «temporada» es mala, y los artículos exportados no pueden venderse a doble precio del que tenían en el interior, el país que viva principalmente de este tráfico sufrirá sin remedio. Pocos ingresos para los forasteros de los Alpes, suponen un período de estrechez en una gran parte de Suiza, y pocas utilidades para los fabricantes ingleses y escoceses, y los exportadores al por mayor, representan también un período de estrechez para la Gran Bretaña. La causa es la misma en ambos casos.

Hacía muchos años que no habíamos visto precios tan bajos en el trigo y en los artículos manufacturados como los que existían últimamente, y, sin embargo, el país atravesaba una crisis. Las gentes, por supuesto, achacaban el mal a una crisis por exceso de producción. Pero semejante frase carece de sentido, a menos de que no se pretenda manifestar con ella que los que se hallan necesitados de toda clase de productos no tienen medios de adquirirlos a causa de lo reducido de los salarios. Nadie se atreverá a afirmar que sobran los muebles en las casas desmanteladas de los agricultores; que abundan las camas y los cobertores en la morada del trabajador; que hay luces además en las chozas, y que tienen demasiada ropa no sólo aquellos que acostumbraban a dormir (en 1886) entre dos periódicos en la plaza de Trafalgar, sino muchas de esas personas que se presentan los domingos vestidas con cierta pulcritud. Nadie tendrá valor para decir que sobra el alimento en casa del campesino que gana quince pesetas a la semana, o en la de la mujer que gana cincuenta o sesenta céntimos al día en los talleres de costura o en una de esas pequeñas industrias que tanto abundan en los barrios exteriores de todas las grandes ciudades. Exceso de producción significa mera y simplemente la falta de medios de poder adquirir por parte de los trabajadores; falta que se sintió en todos los pueblos del contienen durante los años 1885-87.

Después que los años malos pasaron se presentó una animación repentina del comercio internacional, y como la exportación británica se elevó en cuatro años (1886 a 1890) a cerca del 24 por 100, se empezó a decir que no había razón para temer la competencia extranjera. Que la baja en las exportaciones en 1885-87 fue sólo temporal, y general en Europa, y que Inglaterra, ahora, como siempre, mantenía por completo su posición dominante en el comercio internacional.

Es indudablemente verdad que si consideramos exclusivamente el valor real de las exportaciones correspondientes a los años 1876 al 1895, nos vemos una declinación permanente, notándose sólo fluctuaciones. El comercio de exportación británico, como el tráfico general, parecen indicar una inclinación hacia la intermitencia: bajaron de 5.025 millones de francos en 1876 a 4.800 millones en 1879, elevándose después otra vez a 6.025 millones en 1882; bajando de nuevo a 5.325 millones en 1886, volviéndose a elevar a 6.600 millones en 1890, y cayendo más tarde hasta llegar a un mínimo de 5.400 millones de francos en 1894, para ser seguido el año siguiente por un ligero movimiento de elevación.

Siendo un hecho semejante periodicidad, Mr. Giffen pudo quitarle importancia a la «competencia alemana», mostrando que la exportación del Reino Unido no había disminuido; pudiendo hasta decirse que por cabeza de población había permanecido tal como estaba hace veinte años, a pesar de todas las fluctuaciones[34].

Sin embargo, cuando consideramos las cantidades exportadas y comparadas con su valor efectivo, hasta el mismo Mr. Giffen debe reconocer que los precios de 1883 fueron tan bajos, comparados con los 1873, que para alcanzar el mismo valor efectivo, el Reino Unido hubiera tenido que exportar cuatro piezas de algodón en vez de tres, y ocho o diez artículos metálicos en lugar de seis. «El conjunto del comercio exterior británico, si se hubiese evaluado a los precios de hace diez años, habría llegado a 21.525 millones de francos en vez de 16.675» se nos dijo por voz autorizada como la de la comisión encargada del estudio de la depresión comercial.

Puede decirse, sin embargo, que el año 1873 fue una excepción, debido al exceso de demanda que hubo después de la guerra franco-alemana. Luego, el movimiento descendente no ha dejado de continuar; por último, si aceptamos los datos presentados en el último *Tatesman's Year-Book*, veremos que mientras que este país exportó en 1883 4.957 millones

---

34 Por cabeza de población aparece en pesetas como sigue:

1876	francos	151,25	1886	francos	146,25
1877	»	148,75	1887	»	151,25
1878	»	142,50	1888	»	158,75
1879	»	140,00	1889	»	167,50
1880	»	161,25	1890	»	176,25
1881	»	167,50	1891	»	163,75
1882	»	171,25	1892	»	147,75
1883	»	168,75	1893	»	142.50
1884	»	162,50	1894	»	138,75
1885	»	147,50	1895	»	140,00

de yardas en piezas de géneros (algodón, lana y lino) y 316 millones de torzal, a fin de alcanzar un valor de exportación de 2.612 millones de francos, el mismo país tuvo que exportar en 1895 nada menos que 5.478 millones de yardas de los mismos tejidos y 330 millones de torzal, para realizar 2.498 millones de francos solamente.

Respecto al año 1894, que fue de los mínimos, la proporción resulto aún peor; y parecería más mala todavía si nos ocupáramos sólo del algodón, o hiciéramos una comparación con el año 1860, en el cual 2.776 millones de yardas de géneros de algodón y 197 millones toneladas de algodón torcido fueron evaluadas en 1.300 millones de francos, en tanto que treinta y cinco años después, casi el doble de millones de yardas (5.033 millones) y 252 millones de toneladas de torzal hicieron falta para representar 1.707 millones de francos[35]. Y no debemos olvidar que la mitad (en valor) de las exportaciones inglesas e irlandesas la constituyen productos textiles.

Así vemos, pues, que mientras el valor de la exportación del Reino Unido permanece, hablando en términos generales, sin alteración durante los últimos veinte años, los altos precios que antes de esa época se obtenían por los artículos exportados, y con ellos las grandes utilidades que proporcionaban, han desaparecido para siempre.

Y no habrá cálculo aritmético que persuada a los industriales británicos de lo contrario. Ellos saben perfectamente que el mercado interior se hace cada día más pletórico; que los mejores del extranjero se le van de las manos, y que en los neutrales la competencia se hace sentir.

---

35   Statesman's year-book, 1896, pág. 78.

Esta es la inevitable consecuencia del desarrollo de la industria en el mundo entero. (Véase Apéndice G.) Grandes esperanzas se fundan en Australia, considerada como mercado para los géneros británicos; pero ese país hará lo que ya está haciendo el Canadá, fabricará también. Habiendo contribuido poderosamente a ello la última Exposición Colonial[36], al enseñar al «colono» lo que puede y debe hacer, a acelerar el día en que cada colonia *fara da se* a su vez. Ya el Canadá y la India imponen derechos de entrada a los géneros británicos. Y respecto a los mercados del Congo, de los que tanto se ha hablado, y los cálculos y promesas de Stanley, ofreciendo un consumo de 650 millones de francos al año si los francos al año si los fabricantes del condado de Lancaster proveían a los africanos de fajas, me parecen de la misma índole y tan ilusorio como los famosos gorros de dormir de los chinos, que debían enriquecer a Inglaterra después de la guerra con aquel Imperio. Pero los chinos prefieren los gorros hechos en el país; y en cuanto a las gentes del Congo, cuatro pueblos por lo menos luchan entre sí por el suministro de sus pobres trajes: la Gran Bretaña, Alemania, los Estados Unidos, y la última de todas, aunque no la menos importante, la India.

Hubo un tiempo en que Inglaterra tenía casi el monopolio de la industria algodonera; pero, ya en 1880 sólo poseía el 55 por 100 de todos los husos que funcionaban en Europa,

---

36   Las exposiciones coloniales se organizaban en el siglo XIX y en la primera mitad del siglo XX en los países europeos. Tenían por objeto mostrar a los habitantes de la Metrópolis las distintas facetas de las colonias. Las exposiciones coloniales daban lugar a reconstrucciones espectaculares del medio ambiente natural y monumentos de África, de Asia o de Oceanía. La puesta en escena de habitantes de las colonias, a menudo desplazados a la fuerza desde sus lugares de origen, les otorgará más tarde la calificación de Zoológicos Humanos.

los Estados Unidos y la India, (40 millones de 72), y muy poco más de los telares (550.000 de 972.000). En 1875, la proporción se vio de nuevo reducida a 41 por 100 en los husos (45,3 millones de 91,33)[37], perdiendo así terreno mientras las demás lo ganaban, hecho que debe hallarse muy natural, y que podía haberse previsto. No hay motivo para que la Gran Bretaña sea siempre la gran fábrica algodonera del mundo, cuando el algodón en rama tiene que ser importado aquí como en otro país cualquiera. Era muy natural que Francia, Alemania, Italia, Rusia, India, Japón, los Estados Unidos, y hasta México y el Brasil, empezasen a hilar su propio hilo y a tejer sus propios géneros de algodón. Pero la aparición de la industria algodonera en un país, o, mejor dicho, de una industria textil cualquiera, se convierte inevitablemente en punto de partida para el nacimiento de una serie de otras industrias, siendo la química y la mecánica, la metalúrgica y la minera, las que primero reciben el impulso engendrado por una nueva exigencia. Toda la industria nacional, así como toda educación técnica, deben mejorar a fin de poder satisfacer esa necesidad desde el momento que se ha hecho sentir.

Lo que a pasado respecto al algodón, ocurre también con relación a otras industrias. La Gran Bretaña y Bélgica no tienen ya el monopolio de la industria lanera; muchas fábricas de Verviers están paradas; los tejedores belgas son víctimas de la miseria, en tanto que Alemania aumenta anualmente su producción de lana, y exporta nueve veces más de este artículo que Bélgica. Austria tiene sus lanas propias y las exporta. Riga, Sodz y Moscú, suministran a Rusia telas finas

---

37 The Economist, 13 de Enero de 1894.

de lana, y el crecimiento de esta industria en cada uno de los países a que últimamente nos hemos referido da nacimiento a centenares de otras, relacionadas con ella.

Durante muchos años ha tenido Francia el monopolio de la industria de la seda. Criándose el gusano de ésta en el sur del país, era muy natural que Lyon se convirtiese en centro de esa manufactura. El hilado, el tejido domestico y las tintorerías se desarrollaron en grande escala, llegando esta industria a tomar tales vuelos, que el suministro de la primera materia, producto del país, se hizo insuficiente, habiendo necesidad de importarla de Italia, España, el Sur de Austria, Asia Menor, el Cáucaso y Japón, por la cantidad de 220 millones a 275 millones de francos, en 1875 y 1876, mientras que el valor de la francesa elaborada, sólo fue de 20 millones francos.

Miles de jóvenes de ambos sexos fueron atraídos de los distritos rurales hacia Lyon y sus inmediaciones. La industria prosperaba, pero, poco a poco, nuevos centros de esa industria surgieron en Basel, y en las casas de los aldeanos, en los alrededores de Zurich. Los emigrados franceses la importaron, y se desarrolló especialmente después de la guerra civil de 1871. La administración del Cáucaso invitó a trabajadores y trabajadoras de Lyon y Marsella a que enseñasen a los georgianos y a los rusos el mejor modo de criar el gusano de seda y todo lo referente a tal industria, viniendo a convertirse Stouropol en un nuevo centro de tejido de seda. Austria y los Estados Unidos hicieron otro tanto, ¿y cuáles son ahora los resultados? Durante los años que median de 1872 a 1881, Suiza ha duplicado con exceso el producto de esa industria; Italia y Alemania lo aumentaron en un tercio, y la región de Lyon, que anteriormente fabricaba por valor de 454 millones de francos al año, presentó en 1887 un estado en que no pasaba de 378 millones. Su exportación, que alcanzó un término medio de 425 millones de francos en los años de 1855 al 59, y 460 millones en 1870-74, descendiendo en 1887 a 233 millones. Y es un hecho reconocido por los especialistas franceses, que, en la actualidad, no baja de un tercio de la cantidad de géneros de seda que se gasta en Francia, lo que representa el importado de Zurich, Crefeld y Barmen. Hasta la misma Italia, que tenía 2 millones de husos y 30.000 telares en 1880 (contra 14.000 en 1870), manda a Francia sus sedas y compite con Lyon. Los fabricantes franceses pueden gritar tan alto como quieran pidiendo protección, o acudir al recurso de producir géneros más baratos de inferior cálidas; pueden vender 3,2 millones de kg de seda labrada al mismo precio que antes vendieron 2,5 en 1855-59, pero no recuperarán jamás la posición que ocupaban entonces.

Italia, Suiza, Alemania, los Estados Unidos y Rusia, tienen sus fábricas de seda propias, y no importarán de Lyon más que las clases superiores. Respecto a las otras, los pañuelos de seda son de uso tan corriente entre las sirvientas de San Petersburgo, porque la industria nacional de Cáucaso del Norte los proporciona a un precio que arruinaría a los tejedores lioneses. La industria se ha descentralizado, y aunque en Lyon es todavía un centro en cuanto a los tejidos más superiores, no volverá nunca volverá a ser otra vez el foco principal de esa industria como lo fue hace treinta años.

Ejemplos parecidos pudieran presentarse a cada paso. Ya Greenock no abastece a Rusia de azúcar, porque ésta tiene en su suelo todo el que necesita, a los mismos precios que se encuentran en Inglaterra. La industria relojera ha dejado de ser una especialidad de Suiza: ahora se hacen relojes en todas partes. La India extrae de sus noventa minas de carbón las dos terceras partes de su consumo anual. La industria de productos químicos, que creció en las márgenes de Clyde y Tyne, debido a las ventajas especiales que ofrecían la importación de piritas españolas, y al aglomeración de tanta variedad de industrias, paralela al curso de esos ríos, se halla hoy en decadencia. España, con ayuda de capitales ingleses, empieza a utilizar su pirita en provecho propio, y Alemania, no sólo ha venido a ser un gran centro para la fabricación del ácido sulfúrico y la soda, sino que ya se queja del exceso de producción.

¡Pero, basta ya! Son tantos los datos que tengo ante mi vista en apoyo de la misma tesis, que se podrían multiplicar los ejemplos hasta lo infinito. Hora es de terminar, y para todo el que no esté dominado por un prejuicio, la conclusión se evidencia por sí misma. Las industrias de todas clases se descentralizan y reparten por el mundo entero, y en todas partes una variedad completa de industrias crece, en el lugar que antes ocupaba la especialización nacional. Tales son los rasgos más característicos de los tiempos que corremos.

Cada pueblo se convierte a su vez en manufacturero, y no está lejos del día en que cada nación de Europa, así como los Estados Unidos y hasta las más atrasadas de Asia y América, fabriquen casi todo lo que les haga falta. Las guerras y otras causas accidentales podrán por algún tiempo contener la propagación de la industria, pero no impedirla. Eso es inevitable. Para todo el que empieza, los primeros pasos son los únicos difíciles; pues en cuanto una industria ha conseguido arraigarse, trae en pos de sí centenares de otras; y desde el momento que se ha empezado a trabajar y se han vencido los primeros obstáculos, el desenvolvimiento industrial marcha con rapidez.

El hecho se hace tan evidente, aunque no se igualmente tan fácil de comprender, que el afán de colonizar se ha convertido en el rasgo más característico de los últimos veinte años. Cada nación pretende tener sus propias colonias; pero no bastarán para salir del apuro. No hay otra segunda India en el mundo, y las antiguas condiciones no se volverán más a repetir. Por el contrario, algunas de las colonias británicas amenazan ya con una seria competencia a la madre patria, y otras, como Australia, se disponen a seguir la misma senda. Y respecto a los mercados que aún permanecen neutrales, China nunca será un consumidor importante de Europa: ella puede producir más barato; y cuando sienta la necesidad de gastar artículos europeos, se los fabricará por si misma. ¡Ay Europa si el día que la máquina de vapor invada China sigue confiando en el consumidor exterior! Y en cuanto a los semisalvajes africanos, su miseria no puede servir de base al bienestar de una nación civilizada.

El progreso se encuentra en otra dirección: en producir para satisfacer las necesidades internas. Los compradores para los algodones del condado de Lancaster y la cuchillería de Sheffield, las sedas de Lyon y los molinos harineros húngaros, no están en la India ni en África, sino entre los productores nacionales. Es inútil mandar almacenes flotantes a la Nueva Guinea con géneros de fantasía alemanes o ingleses, cuando lo que sobran son gentes que quisieran poder comprarlos en ambos países.

En vez de quebrarnos la cabeza ensayando medios de buscar compradores fuera, sería mejor tratar de responder a la cuestión siguiente: ¿Por qué el trabajador británico,

cuyas aptitudes industriales son tan altamente elogiadas
en los discursos políticos, por qué el agricultor escocés y
el campesino irlandés, cuyos esfuerzos por hacer producir
terrenos estériles son algunas veces tan encomiados, no son
consumidores para los tejedores del condado de Lancaster, los
cuchilleros de Sheffield y los carboneros de Northumberland
y de Gales? ¿Por qué los tejedores lyoneses no solo no usan
telas de seda, sino que suelen carecer hasta de alimentos? ¿Por
qué los agricultores rusos venden el trigo y, durante cuatro,
seis y algunas veces hasta ocho meses al año, se ven obligados
a mezclar cortezas y hierbas a un puñado de harina para
cocerse pan? ¿Por qué es el hambre tan frecuente entre los
cultivadores de trigo y arroz de la India?

Bajo las presentes condiciones de división de la
sociedad en capitalistas y trabajadores, en propietarios y
masas, viviendo de jornales inseguros; la expansión de la
industria sobre nuevas regiones viene acompañada siempre
con los mismos hechos de inhumana opresión: matanza de
niños, pauperismo, y mayores dificultades para atender la
subsistencia.

Las Memorias del inspector de fábricas de Rusia, las del
Plaven Handelskammer, y las investigaciones italianas, están
llenas de las mismas revelaciones que se encuentran en los
informes de las Comisiones Parlamentarias de 1840 al 42, o
en las modernas revelaciones referentes al llamado «sistema

del sudor»[38], a que se someten los pobres, tanto en Glasgow como en Londres. Así, el problema del capital y del trabajo se universaliza, pero se simplifica al mismo tiempo. Como volver a un estado de cosas en que se siembre trigo y se fabriquen géneros para el uso de los mismo que lo cultivan y producen, tal es, indudablemente, el problema que se habrá que resolver. Cada región vendrá a ser su propia productora y su propia consumidora de artículos industriales; pero eso implica forzosamente que sea, al mismo tiempo, su propia productora y consumidora de los productos agrícolas; y de eso es precisamente de lo que voy a ocuparme ahora.

---

38 O *Sweating System,* método de explotación de la mano de obra mediante el suministro de los materiales a los trabajadores y el pago por la pieza por el trabajo realizado con esas materias en los hogares de los trabajadores o en pequeños talleres. El sistema (a veces conocido como industria artesanal) se desarrolló sobre todo en aquellas industrias que no requerían de maquinaria costosa, como en la confección de prendas. Los empleados normalmente eran las mujeres, niños, ancianos e inválidos. Los peores aspectos asociados a este sistema eran las largas horas (a veces 15 a 18 h al día), salarios muy bajos, y las condiciones inseguras e insalubres.

LOS RECURSOS DE LA AGRICULTURA

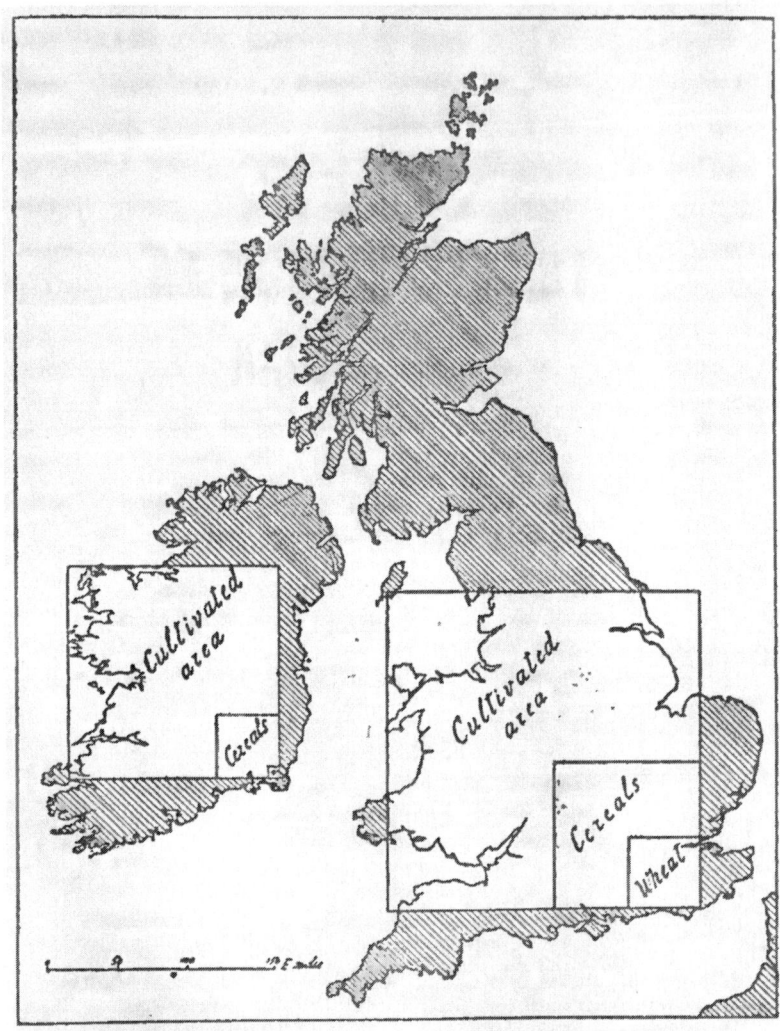

Figura 1. Proporción de la superficie cultivada que se da a los cereales en conjunto, y al trigo, en Gran Bretaña y en Irlanda

CAPÍTULO TERCERO

LOS RECURSOS
DE LA AGRICULTURA   1a Parte

El desarrollo de la agricultura. −El prejuicio del exceso de población. −¿Puede el suelo de la Gran Bretaña alimentar a sus habitantes? − Agricultura británica comparada con la francesa y la belga. −Horticultura: sus adelantos. −¿Es provechoso el cultivo de trigo en Inglaterra? − Agricultura americana: cultivo intensivo en los Estados.

La historia industrial y comercial del mundo, durante los últimos años, ha sido la de la descentralización de la industria. No se trata de un mero cambio de centro de gravedad del comercio, como los que Europa ha presenciado en otro tiempo, cuando la hegemonía comercial emigró de Italia a España, a Holanda, y, finalmente, a la Gran Bretaña. Tiene más profundo significado, pues excluye toda posibilidad de hegemonía comercial o industrial. Lo ocurrido demuestra la aparición de condiciones nuevas, las cuales, a su vez, reclaman nuevas adaptaciones. Toda tentativa de reanimar el pasado sería estéril: las naciones civilizadas necesitan emprender otro camino.

Es indudable que se han de elevar muchas voces, clamando por que se mantenga a todo trance la primitiva supremacía de los iniciadores: éstos siempre acostumbrados a decir lo mismo. Se argüirá que los fundadores del progreso deben alcanzar una superioridad tal de conocimientos técnicos y organización, que les permita sobreponerse a sus jóvenes competidores; y que, para seguirlo, debe recurrirse a la fuerza si fuera necesario.

Pero la fuerza es recíproca; y si el dios de la guerra se pone siempre al lado de los batallones más nutridos, resultarán también los más fuertes los que combatan por nuevos derechos contra los privilegios anticuados. Y en cuanto a la noble aspiración a una educación más técnica, no vacilamos en proclamar su conveniencia; ella será un gran bien para la humanidad; para todos, entiéndase bien, no para una nación determinada. Porque la inteligencia no puede cultivarse sólo para uso interno. La Ilustración y los descubrimientos, la fuerza del pensamiento y lo emprendedor del carácter, las conquistas del genio y las mejoras en la organización social, son eminentemente internacionales. Y ninguna clase de progreso -intelectual, industrial o social- puede mantenerse encerrado dentro de las barreras políticas. Él cruza los mares, perfora las montañas, y las estepas no bastan a contener su paso.

La Ilustración y las facultades inventivas son ahora tan completamente internacionales, que sin un solo ejemplar de periódico anunciase mañana que el problema de almacenar energía, de imprimir sin tinta, o de la navegación aérea había recibido una solución práctica en cualquiera país del mundo, podemos tener la seguridad de que, en el transcurso de algunas semanas, el mismo problema sería resuelto, casi en la misma manera, por varios inventores de diferentes nacionalidades. Continuamente llega a nuestro conocimiento que el mismo descubrimiento científico o invención técnica ha sido realizado con pocos días de intervalo en países muy aparatados entre sí, como si hubiera una especie de atmósfera que favoreciese la germinación de una idea particular en un momento determinado. Y la verdad es que tal atmósfera existe: el vapor, la imprenta y el común caudal de conocimientos la han creado.

Los que sueñan con monopolizar el genio técnico están, por lo tanto, cincuenta años atrás de la hora presente. El mundo -el grande y ancho mundo- está en la actualidad bajo el verdadero dominio de la ciencia. Y si cada nación manifiesta alguna aptitud determinada para el cultivo en una rama en especial de conocimientos, ésta se compensa con las otras mutuamente, y la ventaja que pudiera producirle aisladamente no podría ser más que pasajera.

La gran habilidad y destreza británicas en las artes mecánicas; la entereza americana para empresas gigantescas; el pensamiento sistemático francés y la pedagogía alemana, se están convirtiendo en aptitudes internacionales. Sir William Amstrong, en sus talleres de Italia y del Japón, comunica a los italianos y japoneses las aptitudes que habían sido amamantadas a orillas de Tyne en Alemania, para manejar enormes masas de hierro. El bullicioso espíritu de empresa americano inunda el viejo mundo; el gusto francés por la armonía se hace gusto europeo, y la pedagogía alemana -y hasta mejorada, puede decirse- se encuentra aclimatada en Rusia. Así que, en lugar de pretender conservar la vida en los antiguos moldes, sería mejor examinar qué clase de

condiciones son las modernas, y qué deberes imponen a
nuestra generación.

Los caracteres de las nuevas condiciones son sencillos,
y sus consecuencias fáciles de comprender. A medida que
las naciones manufactureras de la Europa occidental vayan
encontrando dificultades siempre crecientes para poder
vender el producto de su industria en el exterior, y obtener,
en cambio, substancias alimenticias, tendrán necesidad
de confiar sólo en los consumidores nacionales para el
sostenimiento de su industria, y en los productores de la
misma índole para la adquisición del alimento; y mientras
más pronto lo hagan así, tanto mejor para todos.

Dos grandes objeciones se presentan, sin embargo,
tratando de cerrar el paso en el camino que conduce a la
aceptación de tales conclusiones. Se nos ha hecho creer,
tanto por los economistas como por los políticos, que el
territorio de los Estados Europeos occidentales están tan
sobrecargados de habitantes, que no es posible que produzcan
todo el alimento y las primeras materias necesarias para el
sostenimiento de una poblaciones que se hallan siempre en
constante crecimiento. De ahí, pues, la obligación de exportar
manufactureras e importar artículos de alimentación. Y se
nos dice, además, que aunque fuera posible hacer producir a
los países de que hablamos todo el alimento necesario para
sus habitantes, no sería ventajoso el hacerlo, puesto que en el
exterior podría adquirirse más barato. Tales son las enseñanzas
actuales y las ideas más corrientes de la sociedad en general:
y, sin embargo, nada más fácil que probar que ambas son
totalmente erróneas. Mucho alimento podría producirse en
el suelo de esas naciones, y para más de su población actual,
de lo que se derivaría un inmenso beneficio. Y de estos dos

puntos voy a ocuparme a continuación.

Empecemos, pues, por el caso más desventajoso posible: ¿sería dable que el suelo de la Gran Bretaña, que al presente sólo proporciona alimento para una tercera parte de sus habitantes, pudiera producir toda la necesaria cantidad y variedad de alimento para 33 millones de seres humanos, cuando su extensión es sólo de 5,6 millones de acres, comprendiéndolo todo, -bosques y rocas, marismas y tierras estériles, ciudades, ferrocarriles y el campo en general- de las cuales sólo 33 millones se consideraban laborables[39]?

La opinión corriente es, que no es posible de ninguna manera; y esta idea ésta tan arraigada, que vemos hasta hombres de ciencia, quienes son generalmente cautos, al ocuparse de opiniones universalmente aceptadas, aprobarla, sin tomarse siquiera la molestia de someterla a comprobación: se acepta como un axioma. Y, sin embargo, tan pronto como intentamos encontrar algún argumento en su favor, descubrimos que se halla desprovista de fundamento, lo mismo respecto a los hechos, que a los juicios basados sobre verdades conocidas.

Tomemos, por ejemplo, las apreciaciones de J. B. Lawes respecto a las cosechas, que se publican todos los años en *The Times*. En la del año 1887 hace la observación de que, durante los ocho años de 1853-60, «cerca de las tres cuartas partes del trigo consumido en el Reino Unido habían sido producidas en el país, y sólo poco más de la cuarta parte era de origen extranjeros». Pero veinticinco años después, los

---

39 Veintitrés por ciento del área total de Inglaterra, 40 por 100 en Gales, y 75 por 100 en Escocia, si componen de bosques, monte bajo, sierras, zarzales, lagunas, etc., el resto es, 32.,7 millones de acres que se hallan dedicados al pastoreo, pueden considerarse como el área «cultivable» de la Gran Bretaña.

términos se hallaban invertidos, esto es, «durante los ocho años de 1879-86, poco más de una tercera parte habían sido cosechadas en el país, y cerca de dos terceras partes importadas.» Pero ni el aumento de población de 8 millones, ni el del consumo de trigo, de seis décimas de fanega por cabeza, podían justificar tal cambio. En los años 1853-60, el suelo de la Gran Bretaña alimentó un habitante por cada dos acres de cultivo. ¿Por qué se necesitaron tres en 1887? La contestación es sencilla: mera y simplemente, porque la agricultura había sido destruida.

Es un hecho, que el área dedicada al trigo se había reducido desde 1853-60 en 1,6 millones de acres cumplidos, y, por consiguiente, el término medio de la cosecha de 1883-86 fue inferior al de la de 1853-60 en más de 40 millones de fanegas; y sólo este déficit representa el alimento de más de 7 millones de habitantes. Al mismo tiempo el área destinada a la cebada, avena, judías y otros frutos de primavera, había sido también reducida en 560.000 acres más, que tomando el bajo tipo de apreciación de 30 fanegas por acre, representaría los cereales necesarios para completar la alimentación de esos 7 millones de personas. Pudiendo decirse que, si el Reino Unido importó cereales para 17 millones de habitantes en 1887, en vez de hacerlo para 10 millones como en 1860, fue simplemente porque más de 2 millones de acres se habían dejado de cultivar[40].

---

40   Término medio del área sembrada de trigo en 1853-60, 4.092.160; término medio de lo recolectado, 14,3 millones de cahices; término medio de la misma en 1884-87, 2,5 millones de acres; término medio de la cosecha (años buenos), 9.,1 millones de cahices. Véase los Rothamstead experimenrs del profesor W Feam (Londres, 1888, pág. 83), Me he servido para lo antes manifestado, de los cálculos de Sir Jhon Lawes, de 5.63, fanegas por cabeza al año; lo cual sea aproxima mucho al de 5,57 de los estadísticos franceses. Los rusos fijan el tipo de 5.67 fanegas también de frutos invernales (principalmente centeno), y 2.5 de los de primavera (cebada, etc.)

Estos hechos son bien conocidos; pero generalmente se pretende atenuarlos con la observación de que el carácter de la agricultura ha variado; que en vez del trigo, se le había dado la preferencia a la producción de carne y leche. Sin embargo, los datos de 1887, comparados con los de 1860, muestran que el mismo movimiento de descenso se efectuó en lo referente a las hortalizas y verduras. El área destinada a las patatas fue reducida en 280.000 acres; el de los nabos, en 180.000. Y aunque hubo aumento en el de las zanahorias, etc., el total del área dedicada a todos esos productos se vio reducida en 330.000 más. Sólo se halló un aumento en el pasto permanente (2,8 millones de acres) y prados artificiales (1,6 millones); pero sería en vano que se buscara un aumento correspondiente en las cabezas de ganado, pues el que se efectuó durante esos veintisiete años no fue suficiente para cubrir ni aun el área designada a los terrenos improductivos[41].

Desde el año 1887, el asunto fue de mal en peor. Si consideramos sólo a la Gran Bretaña, veremos que en 1885 el área sembrada de toda clase de granos fue de 8,3 millones de acres: lo cual, en verdad, es muy poco, comparado con el área que hubiera podido cultivarse; y aun ese poco fue reducido más aún, hasta quedar en 7,4 millones de acres en 1895. El área ocupada por el trigo fue de 2,4 millones de acres en 1885, contra 3,6 millones de en 1874; fue reduciéndose

---

41 Hubo un aumento de 1,8 millones de cabezas de ganado vacuno, y una disminución de 4 ¼ millón de carneros (6 2/3millones, si comparamos el año de 1886 con el de 1868), que correspondería a un aumento de 1 ¼ millón de unidades de reses, porque ocho carneros se consideran como equivalentes a una res. Pero, siendo de cinco millones de acres la cantidad de terrenos considerados como improductivos desde 1860, el aumento anterior apenas serviría para cubrir esa área; así que, los 2 ¼ millones de acres que habían dejado de cultivarse, dejaron de ser utilizados, siendo una pérdida para la nación.

todavía más, hasta llegar a 1,4 millones de en 1895, mientras que el área de los otros cereales sólo aumento muy poco -de 5,1 a 5,4 millones- siendo la pérdida total, incluyendo todos los cereales, de cerca de ¡1 millón de acres en diez años! Así, pues, 5 millones de personas más, se veían obligadas a proporcionarse el alimento del exterior.

¿Aumentó durante esos diez años el área destinada a las hortalizas y verduras? No, por cierto. Fue, por el contrario, reducida en cerca de 300.00 acres (3,5 millones en 1885, y 3,2 millones en 1895). ¿O acaso la de los prados artificiales aumentó en proporción a todas estas reducciones? Tampoco. Permaneció casi estacionaria (4,6 millones de acres en 1885, y 4,7 millones en 1895). Por último, tomando el conjunto de todo terreno roturado (17,2 millones de acres en 1885 y 16,1 millones en 1895), vemos que, en los últimos diez años, otro millón de acres dejó de cultivarse, sin compensación de ninguna clase, yendo a engrosar la ya enorme área de más de 16 millones de acres -la mitad del área cultivable- comprendida bajo la denominación de «dehesas», en general, y de las cuales ¡apenas bastan tres acres para alimentar a una sola vaca de leche!

¿Necesitaré agregar después de eso, que, completamente en oposición a lo que se nos viene diciendo, respecto a convertirse el agricultor británico en «granadero» en vez de «labrador», ningún aumento en la cantidad del ganado ha habido en los últimos diez años? ¿Y dónde había éste de encontrar el alimento? Lejos de dedicar la tierra libre de cereales a «hacer de carne», la ganadería experimento una nueva reducción. Tenía 6,6 millones de cabezas de ganado vacuno en 1885, y sólo 6,3 millones en 1895; 26,5 millones de carneros en 1885, y en 1895 25,8 millones. En verdad que el número de caballos había aumentado; todos los carniceros y tenderos tienen ahora uno «para ir a recibir ordenes a las casas de los parroquianos». En Suecia y Suiza, dicho sea de paso, lo hacen por teléfono. Y en su consecuencia, la Gran Bretaña tiene 1,5 millones de caballos, en vez de 1,4 que tenía en 1885. Pero estos animales son importados, así como la avena y una gran parte del heno necesario para su alimentación.

Y si el consumo de carne ha aumentado realmente en este país, eso es debido a la baratura de la importada, y no a la que se hubiera producido en la nación[42]. En suma, la agricultura no había cambiado de dirección, como se nos ha dicho con frecuencia; lo que verdaderamente ha hecho es descender en su total. Las tierras se van dejando de cultivar con una rapidez peligrosa, mientras que los últimos adelantos en horticultura, cultivo de frutales y cría de gallináceas, son muy poca cosa, si lo comparamos con lo hecho en la misma dirección en Francia, Bélgica y América.

La causa de este movimiento general de declinación es bien clara: es la deserción, el abandono del terruño. Todo cultivo que ha necesitado la ayuda del bracero, ha visto su área reducida, y una tercera parte de los campesinos han sido, desde 1861, enviados a las ciudades a reforzar las filas de los parados[43]. Así que, en vez de hallarse exageradamente poblados los campos de Inglaterra, estos se mueren por falta de brazos, como James Cair solía decir. La nación británica no cultiva su suelo; se lo impiden; ¡y los llamados economistas

---

42 No bajó de 5,5 millones de quintales métricos de vaca y carnero, 1 millón de carneros y corderos, y 415.565reses lo importado en 1895.

43 Trabajadores del campo en Inglaterra y Gales: 2,1 millones en 1861; 1,3 millones en 1884; 1,3 millones en 1891.

se quejan de que éste no pueda mantener a sus habitantes!

Una vez tomé un morral a la espalda y salí a pie de Londres, internándome en el país. Había leído la obra de Leonce de Levergne, y esperaba encontrar el terreno muy densamente cultivado; pero ni en los alrededores de Londres, y menos aún en el Sur, encontré gente en el campo. En algunas partes pude recorrer 35 kilómetros sin atravesar más que monte bajo y bosques, arrendados para servir de coto de faisanes, «a caballeros londinenses», como decían los trabajadores. «Tierra ingrata», fue mi primera idea; pero después pasé casualmente por algunas granjas, en el cruce del camino, y pude ver que el mismo suelo presentaba una buena cosecha. Mi segundo pensamiento fue: *«tel seigneur, telle terre»*[44], como dicen los campesinos franceses. Más adelante, vi los ricos campos de los Condados centrales; pero ni aun allí encontré el movimiento y la vida que estaba acostumbrado a admirar en los campos belgas y franceses. Sin embargo, mi asombro cesó al saber que sólo 1,8 millones de personas trabajan en los campos de Inglaterra y Gales, en tanto que, más de 16 millones pertenecen a la clase «profesional, doméstica, indefinida e improductiva», como dicen estos estadísticos sin entrañas. Un millón trescientos mil seres humanos no pueden cultivar ventajosamente un área de 33 millones, a menos de no acudir al método empleado en América para el cultivo extensivo.

Volviendo, pues, a mi excursión, diré que, tomando a Harrow como su centro, podía dirigirme en todas direcciones sin hallar nada a Oriente u Occidente, más que praderas que apenas daban dos toneladas de heno por acre, escasamente

---

44   *"tel seigneur, telle terre"* expresión francesa que significa *"como señor, esas tierras"*.

lo bastante para mantener una vaca de leche en cada dos acres. El ser humano brilla por su ausencia en estos prados; en primavera les pasa un pesado rodillo, y los abona cada dos o tres años, desapareciendo después hasta la época de segar el heno. Y eso, a 10 millas de Charing Cross, próximo a una ciudad de 5 millones de habitantes, provista de patatas de Jersey y de Flandes, ensaladas francesas y manzanas del Canadá. En manos de los horticultores parisienses, cada mil acres situados a igual distancia de la capital, serían cultivados por los menos por 2.000 personas, que obtendrían de ellos verduras por valor de 1.250 a 75.000 francos por acre. Aquí, sin embargo, el terreno, que sólo necesita el concurso del trabajo manual para convertirse en fuente inagotable de doradas cosechas, permanece inactivo, y se nos dice a cada pasa: «¡Arcilla dura!», ignorando que en las manos del ser humano no hay terrenos improductivos; que los más fértiles no se encuentran en las praderas americanas o en las estepas rusas, sino en los eriales de Irlanda, en las dunas de arena de la costa Norte de Francia, y en las escabrosas montañosas del Rhin, donde el ser humano los ha hecho con sus manos.

Y lo más notable de esto es que en algunas partes indudablemente fértiles del país, las cosas se hallan en peores condiciones aún. Sentí una impresión penosa al ver el estado de la agricultura en el Sur del condado de Devon y al saber lo que «pasto permanente» significa. Campo tras campo están cubiertos sólo de hierba de tres pulgadas de alto y cardos silvestres en profusión. Veinte, treinta campos semejantes pueden verse al primer golpe de vista desde lo alto de cada cerro, y miles de acres están en el mismo estado, a pesar de que los abuelos de la generación presente dedicaron una formidable cantidad de trabajo a limpiar esas tierras de piedras, cercarlas, desaguarlas ligeramente y hacerles otras mejoras por el estilo; en todas direcciones se encontraban granjas y arboledas amenazadas de ruina. Una población entera ha desaparecido, y hasta sus últimos vestigios lo harán también si las cosas continúan en el mismo estado. Y esto ocurre en una parte del país, dotada de un suelo fertilísimo y de un clima que indudablemente es más benigno que el de Jersey en primavera y en los comienzos del verano; tierra de la cual, hasta los más pobres labradores, algunas veces arrancan patatas tempranas en la primera quincena de Mayo.

¿Pero cómo ha de poder cultivarse esa tierra, no habiendo quien la labre? «Tenemos campos; los hombres pasan por ellos, pero no entran», me dijo un viejo labrador; y así es, en realidad[45].

Se dirá, por supuesto, que la anterior opinión forma extraño contraste con la reconocida superioridad de la agricultura británica. ¿Por aventura, no sabemos que las cosechas británicas dan, por término medio, 28 fanegas de trigo por acre, mientras que en Francia sólo llegan a 17? ¿No se encuentra en todos los almanaques que la Gran Bretaña obtiene anualmente 4.500 millones de francos de su producción animal, leche, queso, carne y lana de sus campos? Todo eso es verdad, y es indudable que, en muchos conceptos, la agricultura británica es superior a la de muchas naciones. En cuanto a obtener la mayor cantidad de productos con la menor cantidad de trabajo posible, la

---

45   En los alrededores de la casita donde pasé dos veranos había una grande de 370 acres, con cuatro hombres y dos muchachos; otra como de 300, con dos y dos; una tercera de 800, sólo con cinco de los primeros y probablemente igual número de los segundos. En una palabra: el problema de cultivar la tierra con el menor número de brazos posibles, se había resuelto allí dejando sin labrar las dos terceras partes.

Gran Bretaña indudablemente ocupaba el primer lugar hasta que fue vencida por América. Y respecto a lo hermoso de su ganadería, el estado espléndido de sus productos y los resultados obtenidos en determinadas granjas, hay mucho que aprender. Pero un examen más detenido del conjunto de su agricultura pone de manifiesto muchos aspectos de inferioridad; pues por muy espléndido que sea, un prado siempre será un prado, muy inferior, comparado bajo el aspecto de su producción, con sus terrenos de labor; y los hermosos ejemplares de la ganadería aparecen mezquinos desde el momento en que cada res necesita tres acres de tierra para alimentarse.

No cabe duda de que hay motivo justificado de admiración por las 28 fanegas que por término medio se dan en el país; pero cuando nos enteramos de que sólo en 1.417.000 acres, de los 33 millones cultivables, se produce ese resultado, sufrimos una decepción. Cualquiera podría alcanzar semejante resultado si pusiera todo su abono disponible en la veintena parte del área que poseyera. Además, las 28 fanegas dejan de tener la misma importancia cuando se llega a saber que sin abono alguno, y sólo debido a una buena labranza, se ha obtenido en Rothamstead un término medio de 14 fanegas por acre del mismo terreno donde durante cuarenta años consecutivos[46], en tanto que con abonos se obtuvieron 38 fanegas en vez de 28, y bajo el sistema de la distribución se llegaron a recoger hasta 40; y aun en algunas granjas esta cantidad se elevó, en determinados momentos, a 50 y 57 fanegas por acre.

---

46   Los *Rothamstead Experiments*, 1888, por el profesor W. Fream, pág. 35 y siguientes.

Si deseamos tener una exacta apreciación de la agricultura británica, no debemos basarla sobre el resultado obtenido en algunos sitios elegidos y bien abonados, sino en todo el país, considerado en su conjunto[47] . Ahora bien: de cada 1.000 acres de todo el territorio de Inglaterra, Gales y Escocia, 418 están por roturar, destinados a bosques, monte bajo, baldío, edificios, etc.; lo que no criticamos por depender, en gran parte, de causas naturales. En Francia y Bélgica, una tercera parte del suelo está de igual manera considerada incultivable, por más que mucha parte de él se reclama de continuo y se rotura.

---

47   Los datos de que me valgo para estos cálculos se encuentran en el *Statesman's Year-Book*, 1896, y en la *Agricultural Returns of the Board of Agricultura* para 1895. Son como sigue:

	Acres.	Acres.
Área total (Gran Bretaña)....		56.457.500
AREA NO CULTIVABLE:		
Inglaterra............. ..	7.481.000	
Gales.....................	1.885.000	
Escocia	14.314.000	
Gran Bretaña..............	23.680.000	
ÁREA CULTIVABLE:		
Gran Bretaña.........................		32.777.500
De ella, en		
Pastos permanentes...................		16.610.563
Trébol y otras hierbas..................		4.729.801
Cereales y patatas (541.217).............		7.400.227
Verduras............................		3.225.762
De sólo barbecho, etc...................		475.650
Lúpulos		58.940
Fruta pequeña.........................		74.547
Lino		2.023
En cultivo (incluyendo el pasto permanente que da heno).......................		16.166.950

De los 6.879.825 de cereales,1.417.641 estaban de trigo, 2.166.279 de cebada y 3.225.905 de avena.

Pero dejando a un lado lo «incultivable», veamos lo que se ha hecho con los 582 acres de cada 1.000 de la parte «cultivable» (32.777.000 en la Gran Bretaña). Ante todo, ésta se divide en dos partes casi iguales, y una de ellas -295 acres de cada 1.000- se destina a «pastos permanentes», lo que quiere decir que, por lo general, no se cultiva. De ella se obtiene muy poco heno[48], y en ella encuentra su alimento algún ganado. Así, más de la mitad del área cultivable queda sin labrar, y el resto, esto es, 287 acres sólo, de cada 1.000, son cultivados. De estos últimos, 110 están de cereales, 21 de patatas, 57 de legumbres y verduras, y 84 de trébol y hierbas forrajeras alternadas, y, finalmente, de los 110 acres de cereales, los mejores 25 (una cuarentava parte del territorio, o sea una veintitresava del área cultivable) son elegidos y sembrados de trigo, los cuales son bien labrados y abonados, obteniéndose de ellos 28 fanegas por acre, y sobre estos 25 acres de cada 1.000 está basada la universal superioridad de la agricultura británica.

El resultado definitivo de todo esto es que, en cerca de 33 millones de acres de tierra cultivable, sólo se produce alimento para una tercera parte de la población (siendo importadas las dos restantes), y podemos decir, en su consecuencia, que, aunque cerca de dos terceras partes del territorio es cultivable, la agricultura del país sólo provee a las necesidades de cada 125 o 130 habitantes por milla cuadrada (de cada 378): en otros términos, que casi tres acres del se necesitan para alimentar a una persona. Veamos ahora de qué modo se procede en Francia y Bélgica.

Si nos limitásemos a comparar el término medio de 28

---

48 Sólo de cada 85 acres de éstos 295 se obtiene heno: del resto, hierba únicamente.

fanegas de trigo por acre en la Gran Bretaña, con el término medio de 17 fanegas en Francia, el resultado sería favorable a la primera; pero esos datos don de escaso valor, porque los sistemas de agricultura empleados en estos países son distintos.

También tiene el francés sus «veinticinco acres» escogidos y bien abonados en el Norte y en Ile-de-France, de los cuales obtienen cosechas cuyo término medio fluctúa entre 31 y 33 fanegas[49]. Más también dedica al trigo, no sólo los terrenos escogidos, sino otros en el Centro y el Sur que apenas dan diez, ocho y aun hasta seis fanegas por acre, lo que hace reducir el término medio de la producción total del país. El francés cultiva mucho de lo que aquí se deja para pasto permanente, y esto es lo que da motivo a que se hable de su «inferioridad» en agricultura. Y aunque la proporción entre lo que hemos calificado de «área cultivable» y el total del territorio es casi la misma en Francia que en la Gran Bretaña (624 acres por 1.000), el área del trigo es, en proporción, cerca de seis veces mayor que en la Gran Bretaña (146 acres, en vez de 25, por 1.000). Los campos de cereales, reunidos, cubren más de las dos quintas partes del área cultivable, y además hay terrenos extensos dedicados a las legumbres, hortalizas, verduras y frutos industriales.

Tomándolo todo en consideración, aunque el francés se ocupa menos de la ganadería, y ceba especialmente menos

---

49   Este es, de 31 a 33 fanegas por término medio; 40 en granjas buenas y 50 en las mejores. El área de trigo es de 17,5 millones acres; la cultivada de 95 millones, y la total superficie del país 132 millones de acres. Véanse, Lecouteux, Le ble, sa culture extensive at intensive, 1883; RISLER, Physiologie et culture du ble, 1886; Boitet, Herbages et prairies naturelles, 1885; Bandrillart, Les papulations agricoles de la Normandie, 1880; GRANDEAU, La production agricoleen France; Léonce de Lavergne, última edición, etcétera.

número de carneros que los ingleses, obtiene, sin embargo, de sus tierras casi todo el alimento que él y su ganado consumen; importando, por término medio, anualmente, sólo una décima parte del consumo nacional; exportando a Inglaterra cantidades considerables de productos alimenticios (250 millones de francos), no sólo del Sur, sino también, y especialmente, de las orillas del Canal de la Mancha (manteca y verduras de Bretaña, frutas y hortalizas de las inmediaciones de París, y así sucesivamente[50]).

El resultado neto es que, aun cuando una tercera parte es igualmente considerada como «incultivable», el suelo de Francia da alimento para 170 habitantes por milla cuadrada (de cada 188), esto es, para 40 personas más, por milla

---

50 Las exportaciones de Francia en 1894 (año mediano) alcanzaron a: vino, francos 233 millones; espíritus, 54 millones; queso, anteca y azúcar, 114 millones. Enviando a esta país aquel mismo año, francos 68.621.750 en vinos, 55,6 millones en azúcar refinada; 58,7 millones en manteca, 24,2 millones en huevos (40,2 millones en 1893). Y 35 millones en aguardiente, siendo todo de origen francés solamente; y a ello hay que agregar 360 millones en sedas y lanas manufacturadas. Aquí no están incluidas las exportaciones de Argelia.

cuadrada, que en Inglaterra[51].

Resulta, pues, que la comparación con Francia no es tan favorable para Inglaterra como se había dicho que lo era, y lo será aun menos cuando en el próximo capítulo lleguemos a la horticultura. Y en cuanto a la comparación con Bélgica, aparece más notable todavía, tanto más, cuanto que los dos sistemas de cultivo son iguales en ambos países. Diremos, pues, para empezar, que en Bélgica encontramos también un término medio en la cosecha de trigo de 27,8 fanegas por acre; pero el área dedicada al trigo es cinco veces tan grande como en la Gran Bretaña, en comparación con el área de cultivo, y los cereales cubren casi la mitad de la tierra

---

51   Cada 1.000 acres de tierra francesa están distribuidos del modo siguiente: 376 acres están dedicados a bosque, monte bajo, dehesas boyales, etc., y 624 se consideran «cultivables»: de estos últimos, 128 están convertidos en prados artificiales (regados actualmente en su mayor parte), 92 sólo de barbecho y alguna otra cosa, 272 de cereales, 83 de hortalizas, verduras y frutas industriales, y 47 de viñedo. No bajan de 146 los que están de trigo, que dan de 28 a 30 fanegas en los departamentos, y 28 en doce. En junto, el término medio del rendimiento general es de más de 17 fanegas por acre en una mitad del país, y de menos en la otra mitad. Respecto a la ganadería, encontramos en la Gran Bretaña 6,3 millones reses (esto es, 19 cabezas por cada 100 acres del área cultivable) incluyendo en ese número sobre 1,2 millones de terneras de un año en adelante, y 25,7 millones carneros (esto es, 79 por cada 100 acres de los referidos). Mientras que en Francia hallamos 12,8 millones de reses (16 por cada 100 áreas de cultivo) y sólo 20,7 millones de carneros 25 por cada 100 de las mismas). En otros términos, la proporción del ganado vacuno es casi la misma en ambos países (19 y 16 cabezas por cada 100 acres), presentando una gran diferencia a favor de este sólo en cuanto a los carneros se refiere (79 contra 25). No debiendo olvidarse las grandes importaciones de heno, orujo de aceitunas, avena, etc., en este país, pues con lo que se gasta en cada cabeza de ganado que vive de la importación, habría para cebar o alimentar a ocho carneros con forraje del país. Respecto a caballos, ambos países se presentan a la misma altura.

roturada[52].

La tierra está tan bien cultivada, que el término de la cosecha de trigo en algunos años 1889-92 (descontándose el 91, que fue malísimo) arrojó el resultado siguiente: 28,6 fanegas de trigo por acre; cerca de 47 fanegas de avena (de 35 a 41,5 en la Gran Bretaña), y 40 fanegas de cebada de invierno (de 29 a 35 en la Gran Bretaña), mientras que no bajarían de 459.800 acres los que dieron una cosecha suplementaria de nabos (2.226.250 toneladas) y zanahorias (155.000 toneladas). Todo considerado, se observa que Bélgica produce más de 76 millones de fanegas de cereales, esto es, de quince a diez y siete fanegas por acre de área cultivable, en tanto que la proporción correspondiente para la Gran Bretaña es sólo de 8,5 fanegas; criando además casi doble cantidad de ganado por acre de cultivo, que dicho país[53], dedicándose grandes cantidades de terreno también al cultivo de plantas industriales: patatas para aguardiente, remolachas para azúcar, y así sucesivamente.

Sin embargo, no debe creerse que el suelo de Bélgica es más fértil que el de Inglaterra: por el contrario, valiéndonos de las mismas palabras de Javeleye «sólo una mitad, o

---

52 De cada mil acres del territorio, 673 son cultivables y 327 se consideran impropios para el cultivo: de los primeros 317 se dedican a cereales, 182 a verduras, hortalizas y hierbas alternadas; 121 a trigo y trigo mezclado con centeno (noventa y cuatro a trigo solo). Además, en sesenta y tres acres de cada mil, se recogen cosechas suplementarias de zanahorias y otras verduras

53 Contando todos los caballos, reses y carneros en ambos países, y tomando ocho carneros como equivalente a una res vacuna, encontramos que Bélgica tienen veintitrés unidades de ganado y caballos por cada cien acres, contra veinte en la Gran Bretaña. Si consideramos sólo el ganado, la diferencia es aún mayor; hallando treinta y seis unidades en cada cien acres de área cultivable, contra diecinueve en la otra parte. El valor anual de la producción animal en Bélgica está apreciado, según el Annuaire Statisque de la Belgique (1893, página 263), en 1.450 millones de francos, incluyendo las aves (38 millones)

menos, del territorio ofrece condiciones naturales que sean favorables a la agricultura»; la otra mitad consiste en un suelo de cascajo, o arenas, «cuya natural esterilidad sólo era posible vencer con abonos excesivos». El ser humano, pues, y no la naturaleza, es quien ha dado a ese suelo su presente fertilidad; con él, y su trabajo, el belga consigue suministrar casi todo el alimento de una población que es más densa que la de Inglaterra y Gales, contando 544 habitantes por milla cuadrada.

Si se tiene en cuenta el movimiento de exportación e importación de los productos agrícolas, podemos decir que las conclusiones de Javeleye son ciertas, y que sólo un habitante de cada diez a veinte necesita alimento importado. El suelo belga proporciona alimento del país a una cantidad que no baja de *490 habitantes por milla cuadrada*, y todavía queda algo para la exportación; no siendo de menos de 25 millones de francos en productos agrícolas la exportación anual a la Gran Bretaña. Además, no debe olvidarse que Bélgica es nación manufacturera, que exporta géneros del país por valor de 225 francos por habitante (1.400 millones de francos por término medio en los años 1886-92); en tanto que la exportación total del Reino Unido sólo llega a 158.75 de franco por habitante.

En cuanto a considerar las diferentes partes del país aisladamente, podemos decir que la pequeña y estéril por naturaleza provincia de Flandes occidental, no sólo produce el alimento de sus 580 habitantes por milla cuadrada, sino que además exporta productos agrícolas por valor de 106,25 pesetas por persona. Y sin embargo, nadie puede leer la importante obra de Javeleye sin llegar a la conclusión de que la agricultura flamenca hubiera realizado resultados aun mejores si no fuera por la continua y pesada carga de los impuestos. Ante el temor de un aumento de estos cada nueve años, muchos labradores se han abstenido últimamente de introducir nuevas mejoras.

Sin ir tan lejos como a China, podría citar casos semejantes de otras partes, especialmente de Lombardía. Pero lo anterior bastará para prevenir al lector contra las aventuradas conclusiones que suponen la imposibilidad de alimentar 39 millones de personas con 78 millones de acres, y a mí me permitirá deducir las siguientes:

1ª. Si el suelo del Reino Unido se cultivara tan sólo como lo estaba hace treinta y cinco años, 24 millones en vez de 17, podrían vivir de los productos del país; y ese cultivo, al mismo tiempo que daría ocupación a 750.000 personas más, daría cerca de 3 millones de buenos parroquianos nacionales a los fabricantes británicos.

2ª. Si el área cultivable del Reino Unido se labrara como se labra *por término medio* el suelo en Bélgica, el primero tendría alimentos lo menos para 37 millones, y podría, además, exportar artículos de alimentación, sin dejar por eso de fabricar con la misma abundancia para poder atender a todas las necesidades de un pueblo que gozara de prosperidad.

Y, finalmente:

3ª. Si la población de esta país llegara a doblarse, todo lo que necesitaría para producir el alimento para 80 millones sería cultivar todo el suelo, como se hace en sus mejores granjas, en Lombardía y Flandes, y utilizar algunos prados que al presente permanecen casi improductivos, del mismo modo que se hace con los alrededores de las grandes ciudades de Francia respecto a la horticultura. Estas no son puras ilusiones sino verdaderas realidades de lo que vemos en torno nuestro, sin aludir en lo más mínimo a la agricultura del provenir

Si queremos, sin embargo, saber lo que *puede ser* la agricultura, y lo que se puede obtener de una cantidad de terreno determinado, tenemos que acudir en busca de información a tales regiones, como el distrito de Saffelare en la Flandes Occidental, la isla de Jersey, o los regados prados de Lombardía, de las que se hace mención en el capítulo siguiente: pudiendo recurrir también a los horticultores de Inglaterra, a los de las inmediaciones de París, de Holanda, de las «granjas variables», de América y así sucesivamente.

Mientras que la ciencia dedica su principal atención a las empresas industriales, un número limitado de amantes de la naturaleza, y una legión de trabajadores de quienes ni aun los nombres conocerá la posteridad, han creado recientemente una agricultura completamente nueva, tan superior al sistema moderno de labranza, como éste lo es, comparado con el antiguo de los tres campos de nuestros antecesores.

La ciencia rara vez guía sus pasos, y algunas veces los extravía, como ocurrió con las teorías de Liebig, extremadamente desarrolladas por sus partidarios, quienes nos indujeron a tratar las plantas como si fueran recipientes de cristal destinados a contener productos químicos, olvidando que la única ciencia capaz de tratar de la vida y el desarrollo de la materia orgánica es la fisiología[54] y no la química. Aunque pocas veces hayan acudido a la ciencia, procediendo, por lo general, de un modo empírico, así como los ganaderos abrieron nuevos horizontes a la biología, ellos han trazado nuevos derroteros, por medio de la investigación experimental, a la fisiología de las plantas. Han creado una agricultura totalmente nueva. Se sonríen cuando nos oyen ponderar el sistema alternado que nos permite recoger una cosecha anual, o cuatro cada tres años, porque su ambición es coger seis y nueve del mismo terreno en los doce meses del año. No nos comprenden cuando hablamos de terrenos malos o buenos, porque están acostumbrados a producírselos ellos mismo, y, en tanta cantidad, que se ven anualmente obligados a vender una parte, pues de lo contrario, se elevaría el nivel de sus huertas medio pulgada al año. Aspiran a recolectar, no cinco o seis toneladas de hierba por acre, como hacemos nosotros, sino de 50 a 100 toneladas de diferentes frutos en el mismo espacio, no por valor de 125 francos de heno, sino de 2.500 francos de hortalizas de las clases más corrientes: coles y zanahorias. Por esa vía marcha hoy la agricultura.

Sabemos que el más caro de toda la variedad de nuestros principales alimentos es la carne, y los que no son vegetarianos, ya sea por persuasión o por necesidad, consumen, por término medio, 225 libras de carnes -esto es, hablando en términos generales, un poco menos de la

---

54   La fisiología (del griego physis, naturaleza, y logos, conocimiento, estudio) es la ciencia que estudia las funciones de los seres multicelulares (vivos). Es una de las ciencias más antiguas del mundo. Muchos de los aspectos de la fisiología humana están íntimamente relacionadas con la fisiología animal, en donde mucha de la información hoy disponible ha sido conseguida gracias a la experimentación animal, pero sobre todo gracias a las autopsias.

tercera parte de una res- al año. Hemos visto que, lo mismo en este país que en Bélgica, se necesitan de dos a tres acres por cada cabeza de ganado vacuno; de tal modo, que una comunidad de 1 millón de habitantes, tendría necesidad de reservar alrededor de tres millón de acres para el suministro de carne. Pero si vamos a la granja de M. Goppart -uno de los promovedores del *ensilage*[55] en Francia- veremos producir en un campo bien desecado y abonado, un término medio que no bajará de 120.000 libras de hierba de semilla por acre, lo que representa 30.000 libras de heno seco; esto es, el alimento de una res vacuna por acre; de este modo, el producto resulta triplicado.

Y respecto a la remolacha, que también se usa para la alimentación del ganado, Mr. Champion ha conseguido, en Whithy, utilizando las aguas de las alcantarillas, coger 100.000 libras de éstas en cada acre, y en ocasiones hasta 150.000 y 200.000 libras; haciendo así producir a su finca el alimento de dos a tres reses por acre, y estos no son casos aislados. M. Gros cosecha en Autum 600.000 libras de remolacha y zanahoria, lo cual le permitía tener cuatro reses por acre. En cuanto a las cosechas de 100.000 libras, ocurren con frecuencia en las competencias que se entablan entre los agricultores franceses, dependiendo el éxito casi enteramente del buen cultivo y del abono apropiado.

Se ve, pues, que mientras que por el sistema ordinario se necesitarían de 2 a 3 millones de acres para mantener a 1 millones de reses, se podría mantener doble número en la mitad de esa área. Y si la densidad de la población lo exigiese,

---

55 *Ensilage* o ensilado es un proceso de conservación del forraje basado en una fermentación láctica del pasto que produce ácido láctico y una disminución del pH por debajo de 5. Permite retener las cualidades nutritivas del pasto original mucho mejor que el henificado, pero precisa de mayores inversiones y conocimientos para conseguir un producto de calidad. Permitió a la industrialización de la agricultura y la ganadería sobre el suelo denso. Se convirtió en el siglo xx, en un componente esencial de los sistemas de producción mixtos.

el número de reses podría duplicarse otra vez, sin que fuera necesario aumentar el terreno; esto es, la mitad y aun hasta la tercera parte del que ahora se emplea[56].

Los anteriores ejemplos son bastante significativos, y sin embargo, los que ofrece la horticultura son más notables todavía; me refiero al sistema empleado en las inmediaciones de las grandes ciudades, y más especialmente a la *culture maraîchiére*[57] de los alrededores de París. En ese cultivo se trata a cada planta según su tiempo; una vez germinada la semilla, desarrolla aquella sus cuatro primeras hojas en condiciones especialmente favorables de terreno y de temperatura. Entonces se escogen los mejores ejemplares y se trasplantan a un lecho de buena tierra vegetal, bajo cristales o al aire libre, donde se desarrollan libremente sus

---

56 Suponiendo que hagan falta 9.000 libras de heno seco por cada resal año, los guarismos siguientes (tomados de la repartition metrique des impost), de Toubeau, mostrarán que lo que ahora de obtiene por medio del cultivo corriente y del intenso, es lo siguiente:

	Cosecha por acre. — Libras inglesas.	Equivalente en heno seco. — Libras inglesas.	Número de reses alimentada por cada 100 acres.
Pastos...............	»	1.200	13
Praderas de secano.....	»	2.400	26
Trébol, cortado dos veces.	»	4.800	52
Nabos suecos..........	38.500	10.000	108
Grama de centeno......	64.000	18.000	180
Remolacha, cultivo en grande...............	64.000	21.000	210
Maíz................	120.000	30.000	330

---

57 La *maraîchiére* es la horticultura destinada a la producción de frutas y hortalizas de forma profesional con el fin de obtener beneficio.

raicillas, y hallándose reunidas en un espacio determinado, son objeto de un cuidado especial. Y sólo después de este tratamiento preliminar es cuando se transplanta al aire libre, al lugar en que deben permanecer su madurez. En semejante sistema de cultivo, la condición primitiva del suelo es de escasa importancia, porque la marga[58] se hace de los restos de los antiguos lechos, habiendo sido examinada con esmero la semilla, y recibiendo después de sembrada un cuidado particular. No temiendo que la falta de agua sea un obstáculo a la variedad de las cosechas, disponiendo de una máquina de vapor que la suministre en abundancia, y teniendo una almáciga[59] de reserva siempre dispuesta, para reponer aquellos ejemplares que parezcan raquíticos, nada hay que temer; pues de este modo, puede decirse que cada planta es objeto de un trato casi individual.

Hay, sin embargo, con relación a la horticultura, un error que sería bueno desvanecer. Se supone, generalmente, que lo que principalmente atrae la horticultura a los grandes centros de población, es el mercado; así ha debido ser, y puede seguir siendo todavía, pero sólo hasta cierto punto. Muchos de los *maraîchiére* de París, aun de aquellos que tienen sus huertas dentro de los muros de la ciudad, y cuyas principales cosechas se componen de frutas de la estación, lo exportan todo a Inglaterra. Lo que principalmente lleva el horticultor a las grandes ciudades, es el estiércol de las

---

58 La marga es un tipo de roca sedimentaria compuesta principalmente de calcita y arcillas, con predominio, por lo general, de la calcita, lo que le confiere un color blanquecino con tonos que pueden variar bastante de acuerdo con las distintas proporciones y composiciones de los minerales principales.

59 Una almáciga o semillero, es donde se siembran semillas con el fin de obtener plántulas para ser trasplantadas a recipientes mayores, los cuales pueden ser celdas mayores o macetas.

cuadras, el cual se necesita no tanto para aumentar la riqueza del suelo, -una décima parte del que gasta un horticultor francés bastaría para tal objeto- como para conservar éste a una cierta temperatura.

Las frutas y verduras tempranas se pagan mejor, y para obtenerlas hay que calentar no sólo el aire, sino el terreno, y esto se consigue echándole a éste grandes cantidades de estiércol convenientemente mezclado, pues su fermentación da el resultado apetecido. Pero, es evidente que con los actuales progresos industriales la calefacción del suelo se podría realizar más económica y fácilmente por medio de tubos de agua caliente, por cuya razón los horticultores empiezan cada vez más a hacer uso de tubos portátiles o *thermosiphons*, previamente colocados en sus armaduras. Esta nueva mejora se va haciendo de uso general, y según la autorizada opinión del *Dictionaire d'Agriculture* de Barral, con excelentes resultados.

En cuanto a los diferentes grados de fertilidad del terreno -que es siempre el escollo contra el cual se estrellan aquellos que escriben sobre agricultura- puede decirse que en horticultura siempre se hace el suelo, cualquiera que haya sido su primitivo estado. En su consecuencia - nos dice el profesor Dyhowki en el artículo «*Maraîchers*» en el diccionario de Barral antes mencionado- es ahora muy usual en los contratos de arrendamiento de los horticultores de París, el consignar que el colono tiene derecho a llevarse el terreno hasta cierta profundidad, al dejar la finca. Como él es quien lo ha hecho, él se lo lleva al marcarse a otra parte, porteándolo al mismo tiempo que sus armaduras, sus tubos de agua caliente y demás utensilios[60].

Como no me es posible relatar aquí todas las maravillas realizadas en horticultura, tengo que referir al lector a las obras, muy interesantes en verdad, que se ocupan de esta materia, y concretamente a presentar sólo algunos casos[61]. Tomemos, por ejemplo, el huerto -la *marais* de M. Ponce, el autor de la bien conocida obra sobre *culture maraîchiére*. Su finca sólo tiene 2,7 acres de extensión: los gastos del establecimiento, incluyendo máquina de vapor para el riego, llegaron a 28.400 francos; ocho personas, incluso M. Ponce, la cultivan y llevan la hortaliza al mercado, a cuyo efecto tienen caballería. En su viaje de vuelta a París, trae abonos, en lo que se emplean 2.500 francos anuales, e igual cantidad en la renta y la contribución. Pero, ¿cómo aumentar todo lo que se coge anualmente en ese espacio de menos de tres acres, sin llenar dos o más páginas con los maravillosos guarismos? Hay que leerlo en la obra misma, pero estos son

---

60 «El suelo portátil» no es la última palabra en agricultura: lo más reciente es el riego con líquidos especiales que contengan microbios especiales también; es un hecho probado, que el abono químico sin el orgánico, rara vez resulta suficiente; por otra parte, se ha descubierto últimamente que ciertos microbios son necesarios al suelo para el crecimiento de las plantas. De ahí la idea de sembrar los microbios útiles que se desarrollan rápidamente en el terreno y la fertilizan; pronto, seguramente, oiremos decir algo más de este nuevo método que se está experimentando en gran escala en Alemania, con objeto de transformar terrenos malos en praderas magníficas. Véase «Recent Science en Nineteenth Century. Octubre, 1897»

61 PONCE: La culture maraîchiére, 1869; GRESSENT: Le potager moderne, 7ª ed., 1886; COURTOIS GÉRARD: Manuel pratique de culture maraîchiére, 1863; VILMARIN: Le bon jardinière (almanaque). Los lectores que deseen adquirir conocimientos respecto a la productibilidad del suelo hallarán numerosos ejemplos, bien clasificados, en la interesante obra de A. TAUBEAU: Repartición metrique des impost, 2 vols. 1880. No cito mucho excelentes manuales ingleses, pero debe observar que la horticultura ha alcanzado en este país resultados altamente elogiados por los hortelanos del continente y que lo que más se le puede reprochar es su extensión, relativamente limitada.

los datos culminantes: más de 20.000 libras de zanahorias; más de 20.000 libras de cebollas, rábanos y otras hortalizas vendidas al peso; 6.000 coles; 3.000 coliflores; 5.000 canastas de tomates; 5.000 docenas de fruta de primera, y 154.000 pies de ensaladas. En resumen, un total de 250.000 libras de frutas, verduras y hortalizas.

El suelo está hasta tal punto formado de camas estimulantes, que todos los años hay que vender 250 metros cúbicos de marga. Ejemplos como este podrían citarse por docenas, y la mejor prueba de que no ha habido exageración alguna respecto al resultado, es lo elevado del arrendamiento pagado por los hortelanos, que en las afueras de Londres llega de 250 a 375 francos por acre también. No baja de 2.125 acres lo que se cultiva a las puertas de París de este modo por cinco mil personas, y así, no sólo los 2 millones de parisienses se ven provistos de frutas y hortalizas de todas clases, sino que aún queda un sobrante que se remite a Londres.

Los anteriores resultados se obtienen con ayuda de armaduras de calefacción, millares de campanas de cristals y otros utensilios; pero, aun sin recurrir a medios tan costosos, con sólo treinta y seis metros de aparato de calefacción para las almacigas, se crían vegetales *al aire libre* por valor de 5.000 francos por acre[62]. No hay para qué decir que en tales casos los altos precios a que se ha vendido la cosecha no son debidos a su producción anticipada, sino simplemente a su abundancia.

Permitirme, además, añadir que todo este admirable cultivo data sólo de ayer. Hace cincuenta años el *culture maraîchiére* era completamente primitiva; pero ahora el

---

62   *Manuel practique de culture maraîchère*, por Caurtois Génerard, 4ª ed., 1863.

hortelano de París, no sólo desafía al suelo -recogería las mismas cosechas hasta sobre el asfalto de las calles- sino al clima también. Con sus muros elevados, para reflejar la luz y proteger a los árboles fijados sobre ellos en los vientos del Norte, y las cubiertas y bastidores de cristal, dedicados también al mismo objeto, sus aparatos de calefacción y sus *pépinieres*, ha hecho una verdadera huerta, una hermosa huerta meridional de los alrededores de París. Él le ha dado a la capital los «dos grados menos de latitud» por los que suspiraba un hombre de ciencia francés. Él suministra a la ciudad montañas de uvas y frutas en cualquier estación; y en los albores de primavera la inunda y perfuma con sus flores. Pero no son los artículos de lujo los únicos en que fija su atención: el cultivo de hortalizas corrientes en gran escala se va extendiendo todos los años, y los resultados son tan buenos, que ahora hay *maraîchiére* prácticos que se atreven a sostener, que, si todo el alimento animal y vegetal necesario para los 3.500.000 habitantes de los departamentos del Sena y Sena y Oisse, tuvieran que producirse sólo en su territorio (3.250 millas cuadradas), se podría obtener sin acudir a otros métodos de cultivo distintos de los que se usan actualmente, los cuales han sido ya experimentados en gran escala con los mejores resultados.

Y, sin embargo, el hortelano de París no constituye nuestro ideal: en el penoso trabajo de la civilización, nos ha mostrado el camino que hay que seguir; pero el ideal de la moderna civilización se halla en otra parte. Él trabaja casi sin interrupción, desde las tres de la madrugada hasta bastante entrada la noche; no conoce el descanso, no tiene tiempo para vivir la vida de los seres humanos; el bienestar no existe para él; su mundo es su huerta; más aun que su familia. Él no puede ser nuestro ideal; ni él, ni su sistema de agricultura. Nuestra ambición es que llegue a producir aún más todavía con menos trabajo, y pudiendo gozar de todos los placeres que nos brinda la vida: lo cual no tienen nada de imposible.

Por punto general, si dejamos aparte a esos hortelanos, dedicamos principalmente al cultivo de los llamados *primeurs* -peras del tiempo en enero, y otras cosas por el estilo- y sólo nos ocupamos de aquellos que siembran al aire libre, recurriendo a la calefacción sólo en el primer período de la vida de las plantas, y analizamos sus sistema, veamos en que consiste su esencia. Primero, en crear para la planta un suelo nutritivo y poroso, que contenga lo mismo la materia orgánica en descomposición necesaria, que los compuestos inorgánicos; y conservarlo, así como a la atmósfera que lo circunda, a una temperatura y a un grado de humedad superiores a los del medio ambiente. Todo el sistema queda expresado en estas pocas palabras.

Si el *maraîchíére* francés emplea prodigios de trabajo, inteligencia e imaginación en combinar diferentes clases de abonos, a fin de hacerlos fermentar con una velocidad determinada, no lo hace con otro fin que el indicado más arriba, no lo hace con otro fin que el indicado más arriba. Un suelo nutritivo, y la deseada igual temperatura y humedad del aire y del terreno, todo su arte empírico está dedicado a la realización de estas dos aspiraciones; pero ambas pueden llevarse a cabo de otro modo mucho más sencillo. La mano puede *mejorar* el suelo; pero no es necesario que lo *haga*: cualquiera que sea la composición que se desee del terreno, siempre pueda hacerla la máquina. Ya tenemos fábricas de abonos, máquinas para pulverizar las fosforitas y aun los granitos de los Vosgos, y veremos fabricarse la marga tan pronto como haya quien la demande.

Claro es que, en el presente, cuando el fraude y la adulteración se emplea en tan gran escala en la fabricación de abonos artificiales, (la cual se considera como un proceso químico, cuando debía considerarse como proceso biológico), el hortelano prefiere gastar una cantidad increíble de trabajo a exponerse a perder la cosecha con el uso de drogas tan pomposamente anunciadas, y al mismo tiempo tan inútiles. Pero ese es un obstáculo social que depende de una falta de conocimiento y una mala organización social, no de causas físicas[63].

Respecto a la necesidad de crear para el primer período de la vida de la planta un suelo y una atmósfera calientes, hace cuarenta años Léonce de Lavergne predijo que el inmediato paso en el cultivo sería el calentar el suelo. Los tubos de agua caliente dan el mismo resultado que la fermentación del estiércol, pero con mucho menos gasto de trabajo humano, y ya este sistema funciona en grande escala, como se verá en el capitulo siguiente. Por su mediación, la fuerza productiva de un área determinada de terreno puede verse aumentada en más de cien veces.

Claro es que ahora, cuando el sistema capitalista nos hace pagar por cada cosa cuatro o cinco veces su valor de

---

63 Ya se le hecho desaparecer, hasta cierto punto, en Francia y Bélgica, gracias a los laboratorios públicos donde se analizan semillas y abonos. Las falsificaciones descubiertas en estos establecimientos excede a toda ponderación: abonos, conteniendo sólo una quinta parte del elemento nutritivo que se le atribuía, resultaron cosa corriente; mientras que otros, compuestos de materias perjudiciales, y desprovistos de toda partícula nutritiva, se encontraba que habían sido lanzados al mercado por firmas de las más «respetables». Y en cuanto a las semillas, el resultado es aún peor: en el laboratorio de Gante se reconocieron muestras de semillas de hierbas de pasto que contenían un 20 por 100 de plantas perjudiciales o de granos de arena colocados para engañar al comprador, y aun hasta 10 por 100 de plantas venenosas.

trabajo, gastamos a menudo sobre unas 25 pesetas por metro cuadrado de caldeo. ¿Quién puede contar el número de intermediarios que se están enriqueciendo con los bastidores de madera importados de Drontheim? Con que sólo calculáramos lo que representa el valor de nuestro trabajo, veríamos con asombro que, gracias al uso de maquinaria, el metro cuadrado de un invernadero no cuesta más que medio día de trabajo personal. Pronto veremos que el término medio de Jersey y Guernsy por el cultivo de un acre bajo cristales es sólo de tres personas, trabajando diez horas al día. Así que el invernadero, que antes era un artículo de lujo, está penetrando rápidamente en el dominio del cultivo en grande; y ya podemos vislumbrar el día en que el invernadero de cristal sea considerado como apéndice necesario al campo, lo mismo para esas frutas y legumbres que no pueden prosperar al aire libre, como para los cuidados preliminares de casi todas las plantas de cultivo en su primer período de desarrollo.

Las frutas del país son siempre preferibles a los productos a medio madurar que se importan del exterior, y el trabajo adicional que se requiere para tener una planta nueva bajo los cristales queda compensado con exceso con la incomparable superioridad de la cosecha. Y con referencia al trabajo, la verdadera cantidad de éste que se ha gastado en el Rhin y en Suiza para plantar las viñas, hacer sus terraplenes y sus muros de contención, y para subir el terreno sobre la roca pelada, así como el empleado anualmente en el cultivo de esas viñas y huertos de frutales, nos hace preguntar cuál de los dos demanda menos trabajo personal: ¿Una viña (me refiero a la viña sin calefacción) en los arrabales de Londres, u otra en el Rhin o en el lago Lemán? Y cuando comparamos los precios obtenidos por los vinicultores de los alrededores de Londres (no los alcanzados en las fruterías del West-end, sino los corrientes en Septiembre y Octubre), con los usuales de Suiza o del Rhin en esos mismos meses, nos hallamos inclinados a sostener que en ninguna parte de Europa, más allá de los 45º de altitud, se cosecha la uva con menos gasto de trabajo personal, tanto por el capital empleado cuanto por el trabajo anual, como en las viñas inmediatas a Londres y Bruselas.

En cuanto a la exagerada productividad de los países exportadores, bueno será que recordemos que los viticultores del Mediodía de Europa sólo beben un abominable *piquette*; que Marsella fabrica vino para el consumo interior, hecho de pasas traídas de Asia, y que el agricultor de Normandía, que manda sus manzanas a Londres, no bebe verdaderamente sidra más que en las grandes festividades. Tal estado de cosas puede ser eterno, y no está lejano el día en que nos veamos obligados a acudir a nuestros propios recursos para proveer a muchas de las cosas que ahora importamos. Y no por eso estaremos peor. Los recursos de la ciencia son inagotables, lo mismo en el ensanche del círculo de nuestra producción, respecto a nuevos descubrimientos, son inagotables, y cada nueva rama de actividad humana engendra otras que van continuamente aumentando el poder del ser humano sobre las fuerzas de la naturaleza.

Si tomamos todo esto en consideración; si nos hacemos cargo del progreso realizado últimamente en el cultivo hortícola, y la tendencia a extender su acción al campo abierto; si observamos los experimentos agrícolas que ahora se hacen -hoy ensayos y mañana realidades- y apreciamos los recursos que atesora la ciencia, nos veremos obligados a confesar que es completamente imposible prever, en

el momento actual, el límite respecto al máximum de
seres humanos que pudieran extraer de un área de terreno
determinada sus medios de subsistencia, ni la variedad de
frutos que estos pudieran hacer producir ventajosamente
en cualquier latitud. Cada día dilata los anteriores límites
y abre nuevos y anchos horizontes. Todo lo que podemos
decir actualmente es que 600 personas podrían fácilmente
vivir en una milla cuadrada, y que, con sistemas de cultivo
ya experimentados a gran escala, 1.000 seres humanos -que
no fueran holgazanes- que vivieran en 1.000 acres, podrían,
sin hacer ningún trabajo excesivo, obtener de esa área una
alimentación vegetal y animal abundante, así como el lino,
lana, seda o pieles necesarios para sus vestidos. Y en cuanto
a lo que pudiera obtenerse con métodos más perfeccionados
aún -conocidos también, pero no experimentados todavía
a gran escala- mejor será que nos abstengamos de emitir
ningún juicio. Tan grandes son los recientes adelantos del
cultivo intensivo.

Vemos, pues, por lo dicho, que la falaz teoría del exceso
de población no resiste al primer esfuerzo que se hace para
someterla a un examen más detenido.

Sólo podrán horrorizarse de ver aumentar la población
de Inglaterra a razón de un individuo cada 1.000 segundos,
aquellos dispuestos a no ver en su semejante más que un
copartícipe de la riqueza adquirida por la humanidad, sin
considerarlo al mismo tiempo como productor también de
la misma. Pero nosotros, que vemos en todo recién nacido
un trabajador futuro, capaz de producir mucho más de la
parte que le corresponda de la existencia general, saludamos
su advenimiento. Sabemos que la densidad de la población
es una condición necesaria para que pueda el ser humano

aumentar las facultades productivas de su trabajo. Sabemos que un trabajo altamente productivo no es posible, mientras que los seres humanos, pocos en número y repartidos sobre grandes superficies de terreno, no puedan combinar sus esfuerzos para bien del progreso y la civilización. Sabemos la cantidad de trabajo que hay que emplear en arañar la tierra con un arado primitivo, en hilar y tejer a mano, y sabemos también cuánto menos trabajo cuesta el producir la misma cantidad de alimento y tejer la misma tela con ayuda de la maquinaria moderna. No ignoramos tampoco que es infinitamente más fácil el hacer producir 200.000 libras de alimento en un acre que hacerlo en diez.

El suponer que el trigo nace por si mismo en las estepas rusas, es una fantasía. Los que han visto cómo trabajan los campesinos en la «fértil» región de la tierra negra, sólo tendrán un deseo: que el aumento de población pueda permitir el uso del arado de vapor y el cultivo hortícola en las estepas, a fin de que los que hoy son bestias de carga de la humanidad, puedan levantar la cabeza y convertirse en humanos.

Hay que reconocer, sin embargo, que son pocos los economistas que se hallan completamente enterados de estas verdades. Admiten de buen grado que la Europa occidental pudiera producir más substancias alimenticias de las que da actualmente; pero no ven la necesidad ni las ventajas de hacerlo así, mientras que haya naciones que puedan proporcionarlas a cambio de géneros manufacturados. Examinemos, pues, hasta qué punto es razonable este modo de apreciar la cuestión.

Es indudable que, si nos damos por satisfechos con sólo manifestar que es más barato traer trigo de Riga que cultivarlo en el condado de Loncoln, la cuestión queda resuelta en el momento. Pero, ¿es eso verdad? ¿Es realmente más barato el importar el alimento? Y aun suponiendo que lo sea, ¿no estamos, sin embargo, obligados a analizar ese resultado compuesto que llamamos precio, antes de aceptarlo como el supremo y ciego director de nuestras acciones?

Sabemos, por ejemplo, lo cargada que está la agricultura francesa de contribuciones, y no obstante, si comparamos los precios de los artículos de alimentación en Francia, que ella mismo produce en su gran mayoría, con los de Inglaterra, que los importa, no hallaremos diferencia a favor de este último. Por el contrario, el balance se inclinará más bien al lado de Francia, como incuestionablemente ocurría con el trigo antes de introducirse el nuevo arancel protector. Desde que sale de París (donde los precios se encuentran más elevados a causa del consumo) se ve que todo producto del país está más barato en Francia que en Inglaterra, y que los precios disminuyen más aún, a medida que nos dirigimos a la pared oriental de continente.

Hay, además, otro aspecto más desfavorable todavía para Inglaterra, el cual es el enorme desarrollo de la clase de intermediarios que existen entre el importador y el productor nacionales por un lado, y el consumidor por otro. Mucho hemos oído hablar últimamente de la parte tan desproporcionada de los precios que pagamos, que va a parar al bolsillo de los agiotistas. Todos hemos oído la historia del cura del East-end, que se hizo carnicero para librar a sus feligreses de la ambición de aquéllos. Hemos leído en los periódicos que muchos labradores de los condados centrales no obtienen más de 0,90ç de franco por una libra de manteca, mientras que el consumidor paga de 1,48 a 2,5. Y que sólo de 0,16 a 0,20ç es todo lo más los labradores del condado de

Chester reciben por cuartillo de leche, en tanto que nosotros pagamos 0,40 por la adulterada y 0,50 por la pura.

Un análisis de los precios de «Covent Garden» y su comparación con los precios al por menor, que hace algunos años se hizo en el *Daily News*, demostró, que el consumidor paga por los vegetales a razón de 0,60 a 1,125ç de franco, y algunas veces incluso más, por cada 0,10 que el productor realiza. Esto es lo que debe de suceder en un país que importa el alimento: el productor y vendedor al mismo tiempo que sus propios productos, desaparece del mercado, y en su lugar el intermediario se presenta[64].

Sin embargo, si nos dirigimos hacia Oriente y vamos a Bélgica, Alemania o Rusia, encontramos que el coste de la vida es cada vez más reducido. Así que hallamos finalmente que en Rusia, que aún permanece agrícola, el trigo cuesta la mitad o dos tercios menos de los precios de Londres; y la carne se vende en las provincias a cinco y diez cuartos (kopecks) la libra. Por consiguiente, podemos sostener que aún no se ha probado, no remotamente siquiera, que sea más barato vivir de subsistencias alimenticias importadas que el producirlas nosotros mismos.

Pero si analizamos los precios y hacemos una distinción entre sus diferentes elementos, la desventaja se hace aún más aparente. Si comparamos, por ejemplo, el coste del cultivo del trigo aquí y en Rusia, se nos dice que en el Reino Unido la fanega de trigo no puede cultivarse a menos de 10,70,

---

64 Hace algún tiempo, un amigo mío vivía en Londres. Acostumbraba a recibir la manteca de Baviera por paquetes postales. Le costaba allí 12.50 las once libras, incluyendo el franqueo (2,79, 060 el giro, y 0,25 la carta; total, menos de 12,75; y entre tanto, otra mucho más inferior, con un 10 a un por 100 de agua inclusive, se vendía en Londres a 1,85 la libra en la misma época.)

en tanto que en Rusia el gasto de producción de la misma está apreciado desde 4,35 a 5,90[65]. La diferencia es enorme, y seguiría siéndolo todavía aun cuando admitiéramos que había alguna exageración en las cifras anteriores. Pero ¿de qué proviene esta diferencia? ¿Es tanto lo que se paga de menos a los trabajadores rusos por su trabajo? La diferencia de dinero resulta grande, pero desaparece desde el momento que relacionamos los jornales con los productos. Los quince francos a la semana del agricultor inglés representan la misma cantidad de trigo en su país que los 7,50 a la semana del campesino ruso representan en el suyo[66]. Sin hacer mención del bajo precio de las carnes ni de lo reducido de los alquileres. Así, que al trabajador ruso se le paga la mismo cantidad de frutos cosechados que aquí. Y en cuanto a la supuesta prodigiosa fertilidad de las praderas rusas, todo es pura ilusión. Cosechas de dieciséis a veintitrés fanegas por acre son allí consideradas como buenas, mientras que

---

65 Los antecedentes para el cálculo del coste de producción de trigo en este país están tomados del Mark Lane Express; pudiendo hallarse en forma más comprensible en un artículo sobre el cultivo del trigo en el Quarterley Review de abril de 1887, y en el libro de Mr. E. Bear, The British Farmer and his Competitors, Londres (Canell), 1888. Y aun cuando pasan un poco del término medio, a la cosecha tomada como base del cálculo le pasa lo mismo. Otra investigación de la misma índole fue hecha en gran escala por las asambleas provinciales rusas, y el total se halla reunido en una Memoria muy detallada en el Vyertrich Promyshlennosti, número 49, 1887. Para comparar los kopecks en papel con peniques tomé el rublo a 63/100 de su valor nominal; por ser esa su cotización media durante el año 1886. Y respecto al trigo tomé 475 libras inglesas por cahíz.

66 Resulta de las cantidades detalladas presentadas por el Departamento de Agricultura (The Year 1885 With regard to agricultura, vol. 2), que el término medio de los jornales de los trabajadores del campo fue de 180 kopecks a la semana en el interior de Rusia, a 330 en la región exportadora (4,65 a 8,10) y de 6,85 a 13,0 durante la siega. Desde 1885 los jornales se han ido elevado en ambos países; siendo el salario medio del agricultor inglés en 1896 de 16,95. Si el trabajador ruso es más pobre que el inglés, eso es debido a lo excesivamente elevado de los impuestos personales y a otras varias causas que no pueden ser tratadas aquí incidentalmente.

el termino medio apenas llega a trece aun en las regiones exportadoras de granos del Imperio. Además, la cantidad de trabajo que se necesita para cultivar el trigo en Rusia, sin trilladoras, con arado arrastrado por un caballo que apenas es digno de ese nombre, sin caminos para los transportes, y todo por el estilo, es ciertamente mucho mayor que el que hace falta para producir igual cantidad en el Occidente de Europa.

Traído al mercado de Londres el trigo ruso, se vendió en 1887 a 38,75 de franco el cahíz[67], en tanto que según los datos publicados en el mismo *Mark Lane Express*, el cahíz de trigo no podría producirse en este país a menos de 45,80, aun vendiéndose la paja, lo que no sucede siempre.

Pero la diferencia de arrendamiento de la tierra en ambos países no bastaría por sí sola para justificar la diferencia de precios. En la región triguera de Rusia, donde el término medio de la renta es de unos 15 francos por acre, y la cosecha es de quince a veinte fanegas, la renta se eleva de 4,35 a 7,5 en los gastos de producción de cada cahíz de trigo ruso. Mientras que en Inglaterra, donde la renta y contribuciones están evaluadas según los datos del *Mark Lane Express* en una cantidad que no baja de 50 francos por cada acre de trigo, y la cosecha se estima en treinta fanegas, importando la renta 12,50 en el coste de producción de cada cahíz[68]. Pero aunque más elevada que el término medio de la que se paga por acre

---

67   El cahíz es una antigua medida de peso para el yeso. Se empleaba frecuentemente en las canteras de yeso existentes en las cercanías de la ciudad de Madrid exclusivamente para el yeso, siendo su equivalencia 690 kilogramos.

68   La renta ha descendido desde 1887, pero los precios del trigo bajaron también: debiendo tenerse en cuanta que, como sólo los mejores acres son los escogidos para el cultivo del trigo, la rento de estos debe considerarse más elevada que el término medio de la que se paga por acre en una granja de 200 a 300.

en una granja de 200 a 300. Sólo pongamos 37,50 francos de renta y contribuciones por acre, y una cosecha por término medio de veintiocho fanegas. Quedan todavía 10,80 francos que han de salir de los precios de venta, para ir a parar al propietario de la tierra y al Estado.

Si en dinero cuesta mucho más el cultivo del trigo en este país, cuando la cantidad de trabajo que aquí se necesita es mucho menos que en Rusia, se debe a la gran elevación a que llegó la renta de la tierra durante los años 1860-188. Pero esta alza fue a su vez debida a la facilidad de realizar grandes beneficios en la venta de géneros manufacturados, en el exterior. La falsa base de la economía rural británica, y no la inferioridad del suelo, es pues, la causa principal de la competencia rusa.

Mucho más pudiera decirse con relación a la competencia americana, por lo que necesito remitir al lector a la notable serie de artículos que tratan del particular, extensamente publicados por Schaeffle en 1886, en el *Zeitschrift für die gesamte Staatswissenschaft*, y un artículo muy interesante sobre el coste del cultivo del trigo en el mundo, que vio la luz en abril del 87, en la *Quarterly Review*. Las conclusiones de estos dos escritores se hallan completamente confirmadas por las Memorias anuales de la Cámara de Agricultura Americana, y lo que Schaeffle había previsto, fue después corroborado por los sucesivos trabajos de Mr. J. R. Dodges. Según estos, la fertilidad del suelo americano ha sido muy exagerada. La mayor parte del trigo que América manda a Europa, y que procede de sus granjas del Noroeste, se cría en un suelo cuya fertilidad natural no es más elevada, y a menudo inferior a la del término medio de las tierras europeas no abonadas. La granja de Casselton, en Dakatá, con sus veinte fanegas por acre, es una excepción; pues el término medio de los principales Estados del Oeste, es sólo de once a doce fanegas. Si queremos encontrar un suelo fértil en América, y cosechar de treinta a cuarenta fanegas, tenemos que acudir a los antiguos Estados orientales, donde el ser humano ha hecho el suelo con sus manos[69].

Pero no lo hallamos en los territorios los cuales se satisfacen con cosechas de ocho a nueve fanegas. Otro tanto puede decirse con respecto al suministro de carnes; habiendo demostrado Schaeffle, que la gran masa de ganado que vemos en el censo de la ganadería de los Estados no se cría en la praderas, sino en los establos de las granjas, del mismo modo que en Europa. En las americanas solo encontramos una onceava parte del ganado vacuno, una quinta del lanar, y una veintiunava del de cerda, respecto a las europeas[70].

Descartada así la «fertilidad natural», debemos buscar las causas sociales, encontrándolas en los Estados Occidentales en la baratura de la tierra y en la buena organización de la producción; y en los Orientales, en los rápidos progresos del cultivo intensivo en grande.

Es evidente que los sistemas de cultivo deben varias según las diferentes condiciones. En las vastas praderas de Norte América, donde se podía comprar la tierra desde 8 hasta 50 francos por acre. Donde espacios de 100 a 150

---

69   Hace cuarenta años, ya indicaba L. de Lauvergne que los Estados Unidos son el principal importador de grano. En 1854, importaron tanto como este país, y tenía además sesenta y dos fábricas del mismo, que lo suministraban a razón de diez y seis veces lo importado. Compárese también La Agricultura aux Etats Unis, 1881, de Ronna; le Blé, de Lecouteux; y la Annual Repor of the American Departament of agriculture para 1885 y 86, de J. R. Dodge. Hallándose también incluída la obra de SchaEffle en el Jahrbuch, de Schmiller.

70   Véase también *Faro and Factory* de J. R. Dodge, Nueva York, 1884.

millas cuadradas, en una sola parcela, podían dedicarse al cultivo de trigo, se aplicaron sistemas especiales siendo los resultados excelentes. En vez de arrendarse la tierra, se compró; en otoño se trajeron a ella yeguadas enteras, y la labranza y las siembra se hicieron con ayuda de formidables arados y segadoras, enviándose después caballos a tomar el pasto al monte, despidiéndose de la gente, y quedando un hombre, o a lo más dos o tres, a invernar en la granja. A la primavera, los agentes del dueño empezaban a recorrer las posadas en centenares de millas alrededor, y reclutaban a toda la gente que encontraban sin trabajo, de la que siempre había en abundancia, gracias a la que remite Europa para el tiempo de la recolección. Batallones de trabajadores marchaban a los campos de trigo, donde acampaban; se traían los caballos del monte, y en una o dos semanas se habían segado, trillado, aventado y puesto en sacos, por medio de máquinas inventadas al efecto, la cosecha, enviándola al elevador más próximo, o directamente a los buques que la llevaban a Europa. Después de lo cual se volvía a desbandar la gente, se echaban de nuevo los caballos al campo, o se vendían, y una vez más quedaban sólo dos hombres en la granja.

La cosecha por acre era pequeña, pero la maquinaria se hallaba tan perfeccionada, que de este modo trescientos días de trabajo de una sola persona producían de 200 a 300 cahíces de trigo. En otros términos -no siendo de importancia el área de terreno,- cada trabajador producía en un día su consumo de pan anual (ocho fanegas y media de trigo). Tomando en consideración todo el demás trabajo, se calculó que el trabajo de 300 personas en un solo día, entregaba al consumidor de Chicago la harina que hace falta el alimento anual de 250 personas. Así, pues, doce horas y media de trabajo es lo que se necesita en Chicago para proporcionar a una persona su provisión anual de harina de trigo.

Bajo las especiales condiciones que se presentaban en el extremo Oeste, este procedimiento era ciertamente apropiado para aumentar de un modo rápido el suministro de trigo de la humanidad, siendo verdaderamente adecuado, al abrirse a la explotación grandes territorios vírgenes e inhabitados. Pero tal sistema no podía convertirse en permanente. De ese modo se quedaba pronto el suelo exhausto, la cosecha disminuía, y pronto había que recurrir a la agricultura intensiva, cuya aspiración es recoger grandes cosechas en áreas reducidas. Tal cosa ocurrió en Iowa en 1878. Hasta entonces, ese Estado era un emporio para la producción del trigo en la forma que acabamos de indicar; pero el suelo se había ya agotado, y cuando sobrevino una enfermedad a la planta, el trigo no tenía fuerza para resistirla. En pocas semanas, casi todos los sembrados de trigo, que parecían anunciar brillantes cosechas, se perdieron: de ocho a diez fanegas por acre de mal trigo. Fue todo lo que pudo recogerse, y el resultado fue que las «granjas gigantescas» tuvieron que dejar el puesto a las pequeñas, y los labradores a Iowa (después de una crisis terrible de corta duración, todo es rápido en América) se dedicaron a un cultivo más intensivo. Ahora no le ceden el puesto a Francia en el cultivo del trigo, puesto que ya recogen un término medio de 16 fanegas y media por acre, en un área de más de 2 millones de acres, y pronto ganaron más terreno. En cierto modo, y con ayuda de abonos y un sistema más perfeccionado de cultivo, compiten ya admirablemente con las grandes del Oeste.

En una palabra, repetidas veces, tanto Schaeffle, Sember y Oetken, como otros muchos escritores, han llamado la atención sobre el hecho de que la fuerza de la «competencia americana», no depende de sus granjas colosales, sino de las innumerables granjas pequeñas, en las que se cultiva el trigo al modo de Europa; esto es, con abonos y con una producción mejor organizada, y más facilidades para la venta, sin verse obligados los labradores a pagar al propietario un tributo de una tercera parte o más del precio de la venta de cada cahíz de trigo. Y, sin embargo, sólo después de haber yo mismo recorrido las praderas de Manitoba, fue cuando pude apreciar en todo su valor la importancia real y efectiva de las anteriores verdades.

Las 15 a 20 millones de fanegas de trigo que se exportan todos los años de ese Estado, se cultivan en granjas de 160 y 320 acres. El arado se hace del modo corriente, y en la inmensa mayoría de los casos, los labradores compran las segadoras y otras máquinas, asociándose en grupos de a cuatro. La trilladora la alquila cada cual, cuando la necesita, por uno o dos días, y cada labrador portea su trigo al elevador con sus propios caballos, bien sea para venderlo inmediatamente, o para dejarlo depositado allí, si no se halla muy apurado de dinero y espera alcanzar mejores precios dentro de un mes o dos. En resumen, en Manitoba queda uno particularmente impresionado con el hecho de que, aun bajo la acción de una competencia encarnizada, las granjas de mediana extensión compiten admirablemente bien con las colosales, no siendo la producción del trigo en grande escala lo que da mejor resultado. Interesa también mucho fijarse en que miles y miles de labradores producen montañas de trigo en la provincia canadiense de Toronto y en los Estados Orientales, a pesar de que el país no es de praderas, y las granjas son, por lo regular, pequeñas.

La fuerza, pues, de la «competencia americana», no reside
en la posibilidad de tener en una sola parcela centenares de
acres de trigo, sino en tener la propiedad del suelo, en un
sistema de cultivo que se adapta al carácter del país, en un
espíritu de asociación más desarrollado, y, finalmente, en un
número de instituciones y costumbres destinadas a elevar al
agricultor y su profesión a un alto nivel, que es desconocido
en Europa.

Aquí, en nuestro continente, no podemos apreciar
bien todo lo que se ha hecho en los Estados Unidos y en el
Canadá en interés de la agricultura. En todos los Estados de
la nación y en todas las distintas regiones del Canadá hay
granjas-modelo, y todos los ensayos preliminares con nuevas
variedades de trigo, avena, cebada, forraje y frutas, que el
labrador tienen que hacerse casi por completo en Europa,
se efectúan allí en las mejores condiciones científicas, en
pequeña escala primero y en grande después. Y los resultados
de todas esas investigaciones y experimentos no sólo se hacen
accesibles a todos los labradores que quieran conocerlos,
sino que se les da mayor publicidad, llamando sobre ellos
la atención de los interesados por todos los medios posibles.
Los *Boletines* de las estaciones experimentales se distribuyen
por centenares de miles; y las visitas a las granjas-modelo
están organizadas de tal modo, que miles de labradores
pueden inspeccionarlas todos los años, informándose por los
especialistas de los resultados obtenidos, bien sea con nuevas
variedades de plantas o con nuevos métodos de cultivo. La
correspondencia sostenida con los labradores es en tan gran
escala, que, por ejemplo, en Ottawa, la granja-modelo manda
todos los años por correo 100.000 cartas y paquetes postales.
Todo labrador puede recibir, libre de todo gasto, tres libras

de semillas de cualquier variedad de cereal, de las cuales puede sacar lo necesario para sembrar el año siguiente varios acres. Y, finalmente, en todas las poblaciones, por pequeñas que sean y por distantes que se encuentren, se celebran meetings de agricultores, en los cuales oradores especiales, enviados por las granjas-modelo de las sociedades agrícolas del distrito, discuten con aquéllos, de un modo familiar, los resultados de los experimentos y descubrimientos del año anterior, en relación con todos los ramos de la agricultura, horticultura, ganadería, fabricación de queso y de manteca, y cooperación agrícola[71].

La agricultura americana ofrece verdaderamente un aspecto imponente, no por los campos de trigo del extremo Oeste, que pronto pertenecerán al pasado, sino por el desarrollo de una agricultura nacional y las fuerzas que la promueven. Lean la descripción de alguna exposición agrícola, llamadas «La Feria del Estado», en cualquier pueblecito de Iowa, con sus 70.000 agricultores instalados con sus familias en tiendas de campaña, durante la semana de la feria, estudiando, aprendiendo, comprobando y vendiendo y disfrutando de la vida; los hallarán ante una fiesta nacional, y comprenderán que en ese país la agricultura se tiene en gran aprecio. O si no, lean las publicaciones de las numerosas estaciones experimentales, cuyas *Memorias* se distribuyen a manos llenas por todo el país, y son leídas por los agricultores y discutidas en sus innumerables meetings. Consulten las «traducciones» y «*Boletines*» de las numerosas sociedades agrícolas, no de carácter aristocrático, sino

---

71 Algunas informaciones sobre este particular pueden encontrarse en mis artículos «Algunos recursos del Canadá» y «Ciencia reciente», en *The Nineteenth Century*. Enero de 1898, y octubre de 1897.

popular. Estudien las grandes empresas llevadas a cabo para asegurar la irrigación, y verán claramente que la agricultura americana es una verdadera fuerza, impregnada de vida, que ya no teme al cultivo en grande, y no necesita gritar, como los niños, pidiendo protección.

La agricultura y horticultura «intensiva» son ya en esta época un rasgo tan característico del modo de cultivar en América como en Bélgica.

Retrocediendo hasta el año 1880, vemos que nueve Estados, entre los cuales se encontraban Georgia, Virginia y las dos Carolinas, compraron por valor de 143 millones de francos de abono artificial, y se nos dice que, en la actualidad, su uso se ha extendido mucho hacia el Oeste. Y en Iowa, donde las grandes granjas eran corrientes hace veinte años, los prados artificiales se encuentran ya en uso, siendo muy recomendados, tanto por el Instituto de Agricultura de Iowa, como por los numerosos periódicos agrícolas locales; en tanto que en las competencias agrícolas, los primeros premios se otorgan, no al cultivo en grande, sino a las cosechas abundantes obtenidas en áreas pequeñas. Así, en un certamen reciente, en el que tomaron parte centenares de labradores, los primeros diez premios fueron concedidos a otros tantos de aquellos que habían cada uno obtenido en tres acres de terreno de 262 a 346 3/6 fanegas de maíz, o sea de 87 a 115 fanegas el acre. Lo cual demuestra hacia donde se dirigen las aspiraciones de los labradores de Iowa. En Minnesota se premiaron hace dos años las cosechas de 300 a 1.120 fanegas de patatas por acre, esto es, de 8,25 a 31 toneladas por acre; mientras que el término medio de la cosecha de la patata en la Gran Bretaña no es más que de seis toneladas.

Al mismo tiempo, la horticultura se va extendiendo rápidamente por América. En las huertas de la Florida vemos cosechas de 445 a 600 fanegas de cebollas por acre, 400 toneladas y 700 de batatas, lo cual demuestra un elevado desarrollo de cultivo. En cuanto a las grandes huertas, cuyos productos se dedican a la exportación, su extensión en 1892 era de 400.000, y los huertos frutales en las inmediaciones de Norfolk, en Virginia, eran descritos por el profesor Carlos Balte[72] como verdaderos modelos en su clase; importante declaración en boca de un horticultor francés, procedente de las huertas modelo de Troyes.

Y mientras las gentes de Londres siguen pagando, casi todo el año, dos peniques por una lechuga (a menudo importada de París), existen en Chicago y en Boston los únicos establecimientos en su género donde se cultivan las lechugas en inmensos invernaderos con ayuda de la luz eléctrica; debiendo no olvidarse que, aun cuando el descubrimiento del crecimiento «eléctrico» es europeo (se debe a Siemens), en la Universidad de Cornell fue donde primero se probó, por una serie de experimentos, comprobando que la luz eléctrica es una ayuda admirables para favorecer el crecimiento de las partes verdes de la planta.

En fin, América, que fue la primera en llevar el cultivo «extensivo» a la perfección, ahora ocupa también el primer lugar en cuanto al cultivo «intensivo» se refiere, y en esta capacidad de adaptación, reside la verdadera fuerza de la competencia americana.

---

72 *L'Horticulture dans les cinq parties du monde*. París, 1895

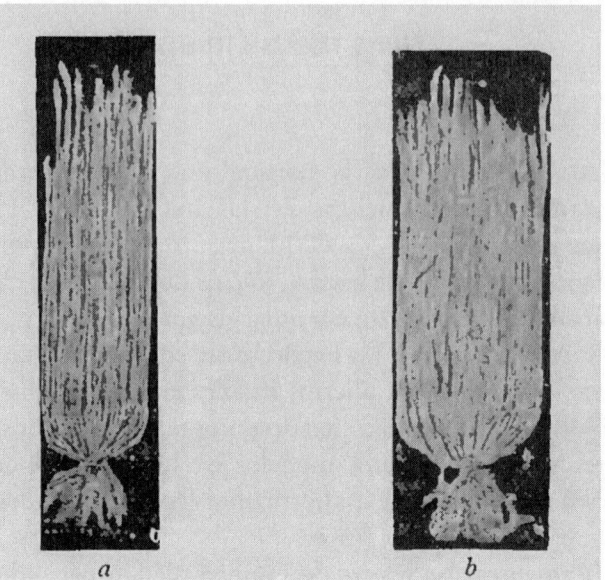

Figura 2. Plantas de trigo (a) que han dado 17 fanegas de cada grano plantado con el suelo abonado con estiércol. (b) ha dado 25 fanegas por cada grano plantado con el suelo cauterizado y con abono químico estabilizado.

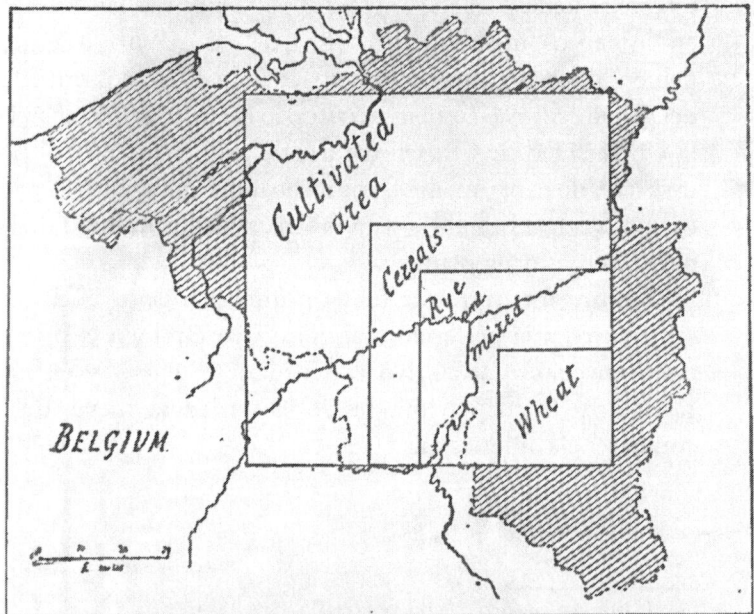

Figura 3. Proporción de la superficie cultivada que se da a los cereales en conjunto, y al trigo, en Bélgica. El cuadrado que encierra el cuadrado de trigo representa el área dada tanto de trigo como de una mezcla de trigo con centeno

CAPÍTULO CUARTO

LOS RECURSOS
DE LA AGRICULTURA   2ªParte

La doctrina de Malthus. –Progreso en el cultivo del trigo. –Flandes oriental. –Jersey. – Cultivo de patatas: su pasado y su presente. –Irrigación. –Experimentos del Comandante Hallett. –Trigo plantado.

Pocos libros han ejercido una influencia tan perniciosa sobre el desarrollo general del pensamiento económico como la que el *Estudio del principio de Población,* de Malthus, ha tenido durante tres generaciones consecutivas. Apareció en un momento oportuno, como todos los libros que han alcanzado alguna influencia, asociando ideas ya corrientes en el cerebro de la minoría privilegiada. Precisamente, cuando las ideas de igualdad y libertad, despertadas por las revoluciones francesa y americana, pugnaban por penetrar en la mente del pobre, mientras que los ricos se habían ya cansado de ellas, cuando Malthus vino a afirmar, contestando a Godwin, que la igualdad es imposible; que la pobreza de los más no es debida a las instituciones, sino que es una ley natural. «La población -decía-crece con demasiada rapidez, y los últimos recién venidos no encuentran sitio para ellos en el festín de la naturaleza; y esta ley no puede ser alterada por ningún cambio de instituciones.» De este modo le daba al rico una especie de argumento científico contra la idea de igualdad. Bien sabemos que, aunque todo dominio está basado sobre la fuerza, esta misma comienza a vacilar desde el momento que deja de estar sostenida por una firme creencia en su propia justificación. Y respecto a las clases desheredadas -las cuales siempre sienten la influencia de las ideas predominantes en un momento determinado entre las clases privilegiadas- Malthus las privó de toda esperanza de mejora. Las hizo escépticas respecto a los ofrecimientos de los reformadores sociales, y hasta nuestros días, los reformadores más avanzados abrigan dudas en cuanto a la posibilidad de satisfacer las necesidades de todos, en el caso de que alguien las reclame, y de que una mejora temporal de los trabajadores diera por resultado un aumento repentino de la población.

La ciencia, hasta el presente, permanece imbuida de esa doctrina. La economía política continúa basando sus razonamientos sobre una táctica admisión de la imposibilidad de aumentar rápidamente las fuerzas productoras de las naciones, y poder dar así satisfacciones a todas las necesidades. Esa suposición permanece indiscutible en el fondo de todo lo que la economía política, clásica o socialista tienen que decir sobre valor de cambio, salarios, venta de la fuerza de trabajo, renta, cambio y consumo. Esta suposición nunca se eleva sobre la hipótesis de *un suministro limitado e insuficiente de los necesario a la vida*; sino que la tiene por segura, y todas las teorías relacionadas con la economía política retienen el mismo principio erróneo.

Casi todos los socialistas, también, admiten semejante afirmación. En biología (tan íntimamente entrelazada con la sociología) hemos visto recientemente la teoría de la variabilidad de las especies prestarle una ayuda inesperada, por haber sido relacionada por Darwin y Wallace con la idea fundamental de Malthus, de que los recursos naturales deben inevitablemente ser insuficientes para suministrar los medios de subsistencia relativamente a la rapidez con la que se multiplican los animales y las plantas. En suma, podemos decir que la teoría de Malthus, al revestir de una forma pseudo-científica las secretas aspiraciones de las clases poseedoras de la riqueza, vino a ser el fundamento de todo un sistema de filosofía práctica, que, penetrando en la mente de todas las clases sociales, ha venido a reaccionar (como lo hace siempre la filosofía práctica) sobre la filosofía teórica de nuestro siglo.

Es verdad que el formidable crecimiento de las facultades productoras del ser humano en el terreno industrial, desde que domó el vapor y la electricidad, ha quebrantado algo dicha doctrina. La riqueza industrial ha crecido con tal rapidez, que ningún aumento de población puede alcanzarla, y aun puede llegar a hacerlo con mayor velocidad; pero la agricultura es todavía considerada como una fortaleza de la pseudo-filosofía maltusiana. Los recientes adelantos de la agricultura y horticultura no son suficientemente conocidos, y mientras nuestros hortelanos desafían el clima y la latitud, aclimatan plantas tropicales, cogen varias cosechas al año en vez de una, y se hacen ellos mismo el suelo que necesitan para cada cultivo especial, los economistas siguen diciendo, sin embargo, que la superficie del suelo es limitada y más aún sus fuerzas productivas. Mantienen, como en otro tiempo, que ¡una población que se duplicase cada treinta años, tropezaría pronto con una falta de los necesario para la vida!

En el capítulo anterior se dieron algunos datos para ilustrar lo que se *puede* obtener del suelo; pero mientras más se profundiza en la cuestión, más claro se ve que los temores de Malthus están desprovistos de fundamento.

Empecemos, pues, con un ejemplo de cultivo en campo abierto, el del trigo, y llamaremos a hechos tan interesantes como el siguiente. Mientras que con frecuencia se nos dice que el cultivo del trigo no es negocio aquí, y, en su consecuencia, Inglaterra va reduciendo de año en año el área de sus campos de este cereal, el agricultor francés lo va constantemente aumentando, distinguiéndose en tal concepto esas familias de campesinos que labran sus propias tierras. Desde el fin del siglo XVIII casi han doblado, tanto el área sembrada de trigo, como el rendimiento de éste por acre; con lo cual ha aumentado casi cuatro veces la cantidad de trigo recogido en Francia.[73] Como, al mismo tiempo, la población sólo ha aumentado en un 41 por 100, resulta que la proporción en el aumento del cultivo del trigo ha sido seis veces mayor que la referente al aumento de población, a pesar de haber estado la agricultura embarazada

73   Las investigaciones de Tisserand pueden resumirse en lo siguiente:

AÑOS	Población en millones.	Acres sembrados de trigo.	Término medio de la cosecha en fanegas por acre.	Cosecha del trigo en fanegas.
1789	27,0	9.884.000	9	87.980.000
1831-41	33,4	13.224.000	15	194.225.000
1882-88	38,2	17.198.000	18	311.619.000

durante todo ese tiempo con una multitud de serios obstáculos, como impuestos, servicio militar, miseria entre los trabajadores del campo, y hasta una severa prohibición de toda clase de asociaciones entre los mismo, que duró hasta 1884.

Debe también tenerse en cuenta que durante los mismos años, y aun dentro de los cincuenta últimos, la horticultura, el cultivo de frutas y el destino a fines industriales, se han desarrollado inmensamente en Francia. Así que no sería exagerado decir que los franceses obtienen ahora de su suelo, por lo menos, seis o siete veces más de lo que obtenían hace cien años. Los «medios de subsistencia» extraídos de la tierra han crecido sobre quince veces con más rapidez que la población.

Pero la proporción del progreso realizado en agricultura se aprecia mejor, considerando lo que antes se pedía a la tierra y lo que hoy se espera de ella. Hace treinta años el francés consideraba buena la cosecha que rendía 22 fanegas por acre, en tanto que hoy se le pide al mismo terreno, cuando menos, 33, y en las tierras de primera sólo se considera buena la cosecha que da de 43 a 48; y hay ocasiones en que llegan a coger 55 fanegas por acre[74]. Hay países enteros -Hesse, por ejemplo- que sólo se satisfacen cuando el término medio de la cosecha alcanza a 37 fanegas; las granjas modelo del centro de Francia producen, un año con otro, en grandes áreas de terreno, 41 fanegas por acre, y hay cierto número de granjas en el Norte de dicho país, que producen con regularidad, año tras año, de 55 a 68 fanegas por acre, habiéndose obtenido en ocasiones, en un espacio limitado y con un cuidado especial,

---

74 Grandeau, *Etudes agronomiques*, 2ª série París, 1888.

hasta 80 fanegas por acre[75].

En una palabra, el profesor Granseau considera probado que, combinando una serie de operaciones, tales como la elección de la semilla, siembra en hileras y un abono apropiado, se puede lograr que la cosecha aventaje, con mucho, al término medio de las mejores que se cogen actualmente, disminuyendo, al mismo tiempo, los gastos de producción en un 50 por 100 con sólo hacer uso de máquinas poco costosas, sin mencionar las caras, como la cavadora de vapor o las pulverizadoras, que hacen el suelo que se necesita para cada cultivo en particular. Ya en algunas partes se va aquí y allá recurriendo a ellas en determinadas ocasiones, y es seguro que se han de generalizar tan pronto como la humanidad sienta la necesidad de aumentar mucho más la producción agrícola.

Cuando tenemos presentes condiciones tan desfavorables en que se halla ahora la agricultura en el mundo entero, no encontramos motivo para esperar un gran progreso en los procedimientos aplicados sobre vastas regiones; debiéndose contentar con tomar nota de los adelantos realizados en lugares separados, y especialmente favorecidos, donde por una u otra causa los tributos impuestos a la agricultura no son tan pesados para impedir toda posibilidad de mejora.

Uno de esos ejemplos puede verse en el distrito de Saffelare, en la Flandes Oriental. En un territorio de 37.000 acres, comprendiendo todas las superficies, una población

---

75 *Risler, phisiologie et culture du blé.* París. 1886. Considerando el total de la recolección de trigo en Francia, vemos se ha realizado el siguiente progreso: en 1872-1881, el término medio de la cosecha fue 14.8 quintales por hectárea; en 1880-1890 alcanzo a 16.9 por hectáreas también siendo el aumento de 14 por 100 en diez años. (Profesor C. V. Garola. Los cereales, págs. 70 y siguientes).

de 30.000 habitantes, todos agricultores, no sólo encuentran allí su alimentación, sino que además halla medio de sostener una cantidad de ganado que no baja de 10.720 reses vacunas, 3.000 carneros, 1.815 caballos y 6.550 cerdos, cultivar el lino, y exportar varios productos agrícolas[76].

Otro ejemplo de la misma índole puede hallarse en las islas del Canal de la Mancha, cuyos habitantes no han conocido felizmente los beneficios de la ley y el derecho de propiedad romano, pues aún viven bajo la ley común de Normandía. La pequeña isla de Jersey, de ocho millas de largo y menos de ocho de ancho, todavía sigue siendo un país de cultivo en campo abierto; pero, a pesar de no comprender su extensión más que 28.707 acres, incluyendo las rocas, alimenta a una población de dos habitantes aproximadamente por acre, o sea 1.300 habitantes por milla cuadrada. No hay un solo escritor de los que se han ocupado de agricultura, que después de haber visitado la isla no elogie el bienestar de los agricultores de Jersey, y los admirables resultados que estos obtienen en sus pequeñas granjas de cinco a veinte acres -pocas son las que bajan de cinco- por medio de un cultivo intensivo y racional.

La mayor parte de mis lectores es probable que se sorprendan al saber que el suelo de Jersey, que consiste en granito descompuesto, sin contener ninguna materia orgánica, no es de ninguna fertilidad asombrosa, y que su clima, aunque más soleado que el de estas islas, ofrece muchas contrariedades a causa de la poca cantidad de calor solar en el verano y de los vientos fríos en la primavera,. Así es en verdad, y al principio de este siglo, los habitantes

76 O. de Herchove de Henthrghen; *La petite culture des Flandles belges*, Gante, 1878.

de la isla vivían principalmente de substancias alimenticias importadas. (Véase Apéndice 3). Los éxitos alcanzados últimamente en Jersey, son debidos por completo a la cantidad de trabajo que una densa población dedica a la tierra; a un sistema de posesión, transferencia y herencia de la misma, muy diferente de los que rigen en otras partes. Al verse libres de los impuestos del Estado, y al hecho de que las instituciones comunales han sido mantenidas hasta una época muy reciente, en tanto que gran número de hábitos y costumbres comunales de apoyo mutuo, emanados de ellas, subsisten hasta el día. Respecto a la fertilidad del suelo, se ha conseguido en parte con las plantas marinas cogidas libremente a la orilla del mar, y principalmente, como sucede en Blaydon-onTyne, con toda clase de despojos, incluyendo huesos traídos de Pleuna y gatos momificados de Egipto.

Es bien sabido que durante los últimos treinta años los campesinos y labradores de Jersey han estado cultivando patatas tempranas a gran escala, y que en este terreno han alcanzado resultados muy satisfactorios. Siendo su principal aspiración el tenerlas lo antes posible, desde el momento que los precios llegan a 425 francos y 500 la tonelada; empezando a cogerlas en los lugares más resguardados, tan temprano como en los primeros días de Mayo y aun en los últimos de Abril. Un sistema completo de cultivo de patatas, en el cual todo, empezando por la selección del tubérculo, los preparativos para hacerlas germinar, la elección de terrenos convenientemente defendidos contra los vientos fríos y bien situados, así como la de un abono apropiado, y terminando con la caja en que deben germinar las patatas y que tiene otra muchas aplicaciones, construyen la obra de la inteligencia colectiva de los agricultores.[77]

En las últimas semanas de Mayo, y en Junio, cuando la exportación se encuentra en su apogeo, una flota completa de vapores hacen la travesía entre esta pequeña isla y varios puertos de Inglaterra y Escocia: diariamente ocho o diez vapores entran en la bahía de San Hélier, y a las veinticuatro horas salen cargados de patatas para Londres, Sauthampton, Liverpool, Newclastle y Escocia. De 50 a 60.000 toneladas de patatas evaluadas en, desde 6,5 millones de francos a 12,5, según el año, se exportan así todos los veranos. Y si se tienen en cuenta el consumo interior, se verá que se obtienen de un área que a lo sumo no pasa de 6.500 a 7.500 acres. Las patatas tempranas, como es bien sabido, no dan nunca una cosecha tan abundante como las tardías, siendo su término medio de diez a once toneladas por acre, mientras que en este país sólo es de seis.

Tan pronto como se han cogido las patatas, ya se está sembrando la segunda cosecha de las mismas o de «trigo de tres meses» (una variedad especial de trigo de crecimiento rápido). En la operación no se pierde ni un día: aunque la parcela no sea más que uno o dos acres, desde el momento que, en una cuarta parte se ha recogido la cosecha de patatas, ya se esta sembrado en ella la nueva. Así se ven campos pequeños divididos en cuatro partes, tres de las cuales están

Nunca se habrá insistido demasiado sobre el carácter colectivo del desarrollo de esa rama de la agricultura. En muchos lugares de la costa Sur pueden también criarse patatas tempranas, y eso sin mencionar a Cñorwall y el sur de Devon, donde se obtienen en pequeñas cantidades y en parcelas separadas tan temprano como en Jersey. Pero mientras que este cultivo siga siendo la obra de agricultores aislados, sus resultados tienen que ser forzosamente inferiores a los alcanzados por los de Jersey, fruto de su experiencia colectiva. Si se quieren conocer los detalles técnicos de este cultivo en dicha isla, véase un artículo publicado por un cultivador de Jersey en el *Journal of Horticultura*, del 22 y 29 de Mayo de 1890. 77

sembradas de trigo, a cinco o seis días de distancia unos de otros, mientras que de la cuarta se han cogido ya las patatas.

La admirable condición de las praderas y prados artificiales en las islas del Canal ha sido ya descrita con frecuencia, y aunque el área total que se dedica en Jersey a la ganadería, y de que se cosecha heno y plantas forrajeras, es de menos de 11.000, la isla mantiene más de 12.300 reses y a 2.300 caballos dedicados en su mayoría a la agricultura.

Además, todos los años se exportan 100 toros y 1.600 vacas y terneras[78]; así que en la actualidad, según observa un diario americano, hay más vacas de Jersey en América que en aquella isla. Su leche y su manteca tienen mucha fama, así como sus peras, que se dan al aire libre, pero teniendo cada una, una cubierta que la proteja, disfrutando de la misma las frutas y hortalizas que se crían en sus invernaderos. En resumen, bastará decir que, en conjunto, obtienen productos agrícolas por valor de 1.250 francos por cada acre de toda la superficie de la isla.

Productos agrícolas por valor de 1.250 francos por acre nos parece un buen resultado; pero mientras más estudiamos los modernos adelantos de la agricultura, más claramente vemos que los límites de la productividad no se han alcanzado, ni aun en Jersey mismo. Todos los días se abren ante nosotros nuevos horizontes. Durante los últimos cincuenta años, la ciencia -la química especialmente- y los adelantos mecánicos han venido ensanchando y extendiendo el poder industrial del ser humano sobre la materia muerta, tanto orgánica como inorgánica; en tal dirección se han consumado verdaderos prodigios, y ahora le ha llegado la

---

78 Véase Apéndice. J.

vez a las plantas vivas. La destreza del ser humano en sus relaciones con las materia viva, y la ciencia -en la rama que se ocupa de los organismos vivos- entran en juego con el propósito de hacer por el arte de producir el alimento, lo que la destreza mecánica y química ha hecho por el de utilizar metales, las maderas y las fibras muertas de las plantas. Puede decirse que cada nuevo año nos trae algún inesperado adelanto en el arte agrícola, que durante tantos siglos había permanecido dormido.

Acabamos de ver que mientras el término medio de la cosecha de patatas en Inglaterra es de seis toneladas por acre, en Jersey es de casi el doble. Pero Mr. Knight, cuyo nombre es bien conocido de todos los agricultores de este país, ha obtenido una vez de sus tierras una cantidad de patatas que no bajaba de 1.284 fanegas, o sea treinta y cuatro toneladas y nueve quintales métricos en Minnesota, se demostró que se habían cosechado en un acre 1.120 fanegas, o sean treinta toneladas.

Estos son indudablemente casos extraordinarios; pero recientemente el profesor francés Aime Girard se ocupó en una serie de experimentos con objeto de averiguar las mejores condiciones del cultivo de patatas en su país[79]. No dándole importancia a las grandes cosechas obtenidas por medio de abonos exagerados, su principal cuidado fue estudiar todas las condiciones: la mejor variedad, la profundidad de la cava y del plantío, y la distancia de una planta a otra. Después entró en correspondencia con 350 cultivadores de distintas partes de Francia, dándoles consejos en sus cartas, y concluyendo

---

79   Véanse los *Annals agronomiques* para 1892, y 1893, y también el *Journal des Economistes*, Febrero, 1893, pág. 245.

por atraerlos al campo de la experimentación. Siguiendo
en un todo sus instrucciones, algunos de sus corresponsales
hicieron ensayos en pequeña escala y obtuvieron, en vez de
las tres toneladas que acostumbraban coger por acre, hasta
veinte y treinta y seis toneladas.[80]

Además, noventa cultivadores hicieron sus experimentos
en campos de más de la cuarta parte de un acre de extensión,
y más de veinte realizaron en grandes áreas, desde veinte
hasta veintiocho acres. El resultado fue, que ninguno de
ellos obtuvo menos de doce toneladas por acre, mientras que
algunos llegaron hasta veinte, y al término medio por cada
diez cultivadores fue de catorce toneladas y media por acre.

Sin embargo, la industria necesita mayores cosechas aún:
las patatas se gastan mucho en Alemania y Bélgica para hacer
alcohol; de ahí que los dueños de los alambiques procuren
obtener la mayor cantidad posible de almidón por acre.
Extensos experimentos se han hecho recientemente con tal
motivo en Alemania, siendo los resultados: nueve toneladas
por acre de las clases más inferiores; catorce de las buenas
y treinta y dos y cuatro décimas de tonelada de las mejores
variedades de patatas.

Tres toneladas por acre y más de treinta son los límites
entre los cuales se halla encerrada la producción, y a
cualquiera se le ocurre preguntar: ¿cuál de los dos requiere
menos trabajo de labrar, plantar, cultivar y recolectar, y
menos gastos de abono; treinta toneladas cosechadas en diez
acres o las mismas treinta en un acre o en dos? Si al trabajo
no se le da importancia, mientras que a toda cantidad,
por pequeña que sea, empleada en semillas y abono se le

---

80   De cincuenta a noventa toneladas por hectárea.

concede grandemente, como por desgracia ocurre con frecuencia entre los agricultores, es indudable que se le dará la preferencia al sistema primero, y sin embargo, debemos de nuevo preguntar: ¿es el más económico?

***

Además, no ha mucho he mencionado que en el distrito de Saffelare y Jersey se ha conseguido mantener una cabeza de ganado vacuno por cada acre de praderas, prados artificiales y plantas forrajeras, mientras que en otras partes hacen falta dos o tres para el mismo objeto. Y aun pueden obtenerse mejores resultados por medio del regadío, ya sea utilizado el producto de las alcantarillas o con agua sola. En Inglaterra los labradores se contentan con tonelada y media de heno o dos por acre, y en la parte de Flandes que acabamos de mencionar, dos toneladas y media de heno por acre se considera un resultado satisfactorio. Pero en los regados campos de los Vosgos, de Vancluse, etcétera, en Francia, seis toneladas de heno seco es la regla general aun en los terrenos más ingratos; y esto representa más que el alimento de una vaca de leche (que puede apreciarse en un poco menos de cinco toneladas) por acre. Tomado todo en cuenta, los efectos del regadío han resultado ser tan provechosos en Francia, que durante los años 1862-82 no han bajado de 1.355.000 acres de pradera los regados[81], lo que significa que la alimentación de carne para lo menos 1.500.000 personas adultas, o tal vez más, se han agregado a la renta anual del país, producto

---

81   Barral: en el *Journal d'Agriculture pratique*, 2 Febrero, 1888 ; Boitel: Herbages naturelles. París, 1887

nacional, no importado.

En resumen, en el valle del Sena el valor de la tierra se duplicó a causa del riego, en el del Saône aumentó cinco veces, y diez en algunas landas de Bretaña[82].

El ejemplo del distrito Campino, en Bélgica, es clásico. Era un territorio completamente improductivo; meros montes de arena mantenidos en el mismo lugar sólo por la maleza; el acre de este terreno solía venderse, no alquilarse, al precio desde 6.25, 8.75 francos (de 15 a 20 por hectárea). Pero ahora es capaz, gracias al trabajo de los agricultores flamencos y al riego, de producir el alimento de una vaca de leche por acre, utilizándose el excremento del ganado en seguir mejorándolo.

Las praderas de regadío que rodean a Milán, son otro ejemplo bien conocido. Cerca de 22.000 acres se riegan allí con agua derivadas de las alcantarillas de la ciudad, y dan, por regla general, cosechas de ocho a diez toneladas de heno, y algunas veces, algunos prados determinados llegan a producir la fabulosa cantidad -que dejará de serlo mañana- de 18 toneladas de heno por acre. Esto es, el alimento de cerca de cuatro vacas por acre, y nueve veces el rendimiento de los prados buenos de Inglaterra[83]. Sin embargo, los lectores ingleses no necesitan ir tan lejos como Milán para

---

82   El aumento de la cosecha debido al regadío es muy significativo: en la improductiva Bologue, el riego ha hecho aumentar la cosecha de heno desde dos toneladas por hectárea (dos acres y medio) a ocho; en la Vendée, de cuatro toneladas de mal heno a diez de uno excelente. En el Ain, M. Puris, habiendo empleado 19.000 francos en el riego de noventa y dos y media hectáreas, obtuvo un aumento de 207 toneladas de excelente heno. En el Sur de Francia un aumento neto de más de cuatro fanegas de trigo por acre, se alcanza fácilmente por medio de la irrigación: mientras que en horticultura el aumento llegó a 750 y 1.000 francos por acre. (Véase H. Sagnier, irrigación, en el *Dictionaire d'Agriculture*, de Barral. Vol. III, pág. 339).

83   *Dictionaire d'Agriculture,* el mismo artículo. Véase también Apéndice I.

conocer los resultados de la irrigación con el agua de las alcantarillas. En su país tienen varios ejemplos semejantes, en los experimentos de Sir Jhon Lannes, y especialmente en Craigentinny, cerca de Edimburgo, donde, según Ronna, «el crecimiento de la grama de centeno es tan rápido, que en un año alcanzan su completo desarrollo, en vez de necesitar tres o cuatro. Sembrada en Agosto, da una primera cosecha en otoño, y después, empezando en la próxima primavera, todos los meses cuatro toneladas por acre, lo que representa, en catorce meses, más de 56 de forraje verde por acre»[84]. En la granja Lodge, se cogen de 40 a 52 toneladas de forraje por acre, después de los cereales, sin necesidad de nuevo abono. En Aldershot se obtienen excelentes cosechas de patatas; y en Romford (Granja de Breton), el coronel Hope obtuvo, en 1871-72, cosechas asombrosas de patatas y hortalizas[85].

Puede decirse, pues, que mientras que en la actualidad necesitamos dos o tres acres para mantener a una res vacuna, y sólo en lugares determinados se sostiene una por cada acre dedicado a forrajes, praderas y pastoreo, el ser humano puede ya, apelando al riego (cosa que pronto recompensa lo gastado, si se ha hecho de buena manera), contar con medios para duplicar y aun triplicar el número de cabezas de ganado que se crían por acre en un terreno cualquiera. Además, las importantes cosechas de remolacha que ahora se obtienen (de 75 a 110 por acre, son cosa frecuente), representan otro

---

84   Ronna, *Les irrigations*, vol. III. Pág. 67, París, 1890.

85   El profesor Ronna, da las siguientes cifras de las cosechas por acre: 28 toneladas de patatas, 105 de remolacha, 110 de zanahoria, y así sucesivamente, habiéndose también obtenido resultados muy notables por M. Goppart en el cultivo de forraje verde para conservarlo en silos. Véase su obra *Manuel de la Culture des Maïs et autres Fourrages verts*, París, 1877.

medio poderoso de aumentar el número de reses, sin tener que tocar a la tierra destinada ahora al cultivo de cereales.

***

Hemos de mencionar en estas páginas otro nuevo giro en la agricultura, que parece de un gran porvenir y es muy probable destruya muchas nociones tenidas hasta el día como cosa corriente. Me refiero al tratamiento casi hortícola de nuestros maizales, que tan ampliamente se practica en el extremo oriente, empezando también a reclamar la atención de las naciones occidentales.

En la primera Exposición Internacional, en 1851, el comandante Hallett, de Manor House, Brighton, presentó una serie de interesantísimos ejemplares a los que dio el nombre de «cereales genealógicos». Eligiendo las mejores plantas de sus campos, y sometiendo a sus descendientes a una cuidadosa selección anual, consiguió producir nuevas variedades prolíficas de trigo y de cebada. Cada grano de estos cereales, en lugar de dar sólo de dos a cuatro espigas, como es lo corriente en los campos de trigo, dio de 10 a 25 y las mejores de éstas, en vez de contener de 60 a 68 gramos, ofreciendo un término medio de cerca del doble.

Claro es que para obtener esas variedades tan prolíficas, el comandante Hallett no había de sembrar sus semillas escogidas al voleo, y en efecto, las plantó una por una en hileras, a la distancia de diez a doce pulgadas unas de otras. Observó de este modo que, dándole a cada grano bastante espacio para lo que se llama «entalladura» (tallage en Francés)[86], producirá 10,15,25, y hasta 90 y 100 espigas, según los casos: y como cada una de éstas contendrá de 60 a 120 granos, se pueden obtener de 500 a 2.500 o más por cada uno de los plantados. Exhibió, además, en el *meeting* de la Asociación Británica, en Exeter, tres plantas de trigo, cebada y avena, cada una procedente de un solo grano, que tenían el número siguiente de tallos: trigo, 94; cebada, 110, y avena, 87[87]. La de cebada vino a dar algo así como 5 o 6.000 por uno. La hija del comandante hizo un dibujo muy correcto de tan maravilloso ejemplo, que circuló con sus escritos[88]. También en 1876, se exhibió en el Club de los Labradores, de Maidstone, una planta de trigo con «105 vástagos precedentes de usa sola raíz», en la cual crecían a un tiempo más de 8.000 granos[89].

Dos procedimientos diferentes se hallaban comprendidos en los experimentos mencionados: uno, de selección, a fin de crear nuevas variedades de cereales, parecido al que se usa con igual propósito en la ganadería, y otro demasiado

---

86 Poco después de haber nacido la planta, empiezan a brotar nuevos tallos, a cuya aparición corresponde un desarrollo análogo en la raíz, para su sostenimiento, y mientras los primeros crecen tendidos sobre la superficie del suelo, sus respectivas raíces presentan un desarrollo igual en su interior. Este tratamiento, llamado «entallaje», continúan hasta que llega la época en que los tallos deban adquirir la posición vertical; y mientras más espacio hayan tenido las raíces para desenvolverse, tanto mejor serán las espigas. (Comandante Hallett, *Thin Seeding*, etc.)

87 Memorias sobre *Thin Seeding and the Selection of Seeds*, leída en el Club de los Labradores del centro, 4 de Junio, 1874.

88 Pedigree Cereals, 1889. Memorias sobre Thin Seeding, etc., que acabamos de mencionar, Artículos que vieron la luz en The Times, etc., 1862. El mismo publicó, además, otros trabajos en el *Journal of the Royal Agricultural Society* y en The Nineteenth Century. Yo reproduje ese dibujo en un artículo que vio la luz en el aholewle Cooperative Society's Annual, para 1897.

89 *Agricultural Cazette*, 3 de Enero de 1876. Noventa espigas, algunas de las cuales contenía hasta 132 granos, se obtuvieron en Nueva Zelanda.

a aumentar inmensamente la cosecha tanto en lo referente a la semilla como al área. Éste último consiste en sembrar los granos bien separados entre sí, con objeto de que la planta nueva tenga espacio donde desarrollarse y no se vea ahogada por sus vecinas, como con frecuencia ocurre en nuestros campos de trigo[90].

El doble carácter de su sistema -la producción de nuevas variedades prolíficas y el plantío a distancias regulares- parece, sin embargo, por lo que he podido juzgar, haber pasado inadvertido hasta hace poco. Este procedimiento sólo fue, en general, juzgado por los resultados; y cuando un labrador, al experimentar el «*Trigo de Hallett*», encontraba que era algo tardío o daba un grano inferior al de otra variedad cualquiera, lo más probable era que no volviera a ocuparse más del sistema[91].

Sin embargo, una cosa son los éxitos o los fracasos del sistema, y otra el sistema mismo. Las variedades criadas en las ventosas llanuras de Brighton pueden ser o no a propósito para esta o aquella localidad. Las últimas investigaciones fisiológicas dan tal importancia a la evaporación en el cultivo de cereales, que cuando ésta no es tan rápida como allí,

---

90 Según muchos experimentos mencionados por el profesor Garola en su excelente libro *Los Céréales*, París, 1892, parece que cuando semillas experimentadas (de las que no se pierden más del 6 por 100 al plantarse), se echan al voleo a la tierra, a razón de 500 granos por metro cuadrado, sólo148 germinaron, en cuyo caso, cada planta da de dos a cuatro tallos, y de dos a cuatro espigas, perdiéndose completamente cerca de 360 semillas. Si se siembra en hilera la pérdida no es tan grande, pero no deja de ser consideración.

91 Véase las observaciones del profesor Garola sobre el «Trigo de Hallet», el cual, dicho sea de paso, parece ser bien conocido de los labradores franceses y alemanes. (*Les Céréales*, Pág. 397.)

Figura 4 Planta de cebada, sin tallos. Obtenida por el Mayor Hallett de un sólo grano plantado.

hay que acudir a [92]otras especies en armonía con el terreno. Debo también indicar que, en vez del trigo inglés, debería usarse el extranjero .para obtener variedades prolíficas, como, por ejemplo, el noruego, de crecimiento rápido, el «trigo de tres meses» de Jersey y la cebada de Yakustsk, que crece con extraordinaria rapidez. Y ahora que horticulturistas tan experimentados, como lo son Vilmorin, Carter, Sherif,

92 Además, el trigo de Hallett no debe sembrarse más allá de la primera semana de Septiembre. Los que quieran hacer experimentos en el cultivo del trigo, deben cultivar especialmente de hacerlo en campo abierto y no en lugares reservados, y sembrar temprano.

W. Saunders, en Canadá, y otros muchos, en la cría y
cruzamiento de las plantas, han tomado el asunto a su cargo,
tenemos seguridad de que ha de progresarse en ese sentido;
pero criar es una cosa, y el plantío de una variedad apropiada
y a distancias convenientes es otra bien distinta.

Este último procedimiento fue recientemente puesto
en práctica por M. Grandeau, director de la Estación
Agronómica del Este, y por M. Florimond Desspréz, en la
granja-modelo de Capelle, y en ambos casos los resultados
fueron muy notables. En esta última, se experimentó un
sistema que se usa en Francia para la elección de la semilla.
Ya hoy, algunos labradores franceses recorren sus campos
de trigo antes de que comience la siega, eligen las mejores
plantas y más robustas, que tengan dos o tres fuertes vástagos,
adornados de largas espigas bien rellenas de granos. Cogen
estás últimas, cortando con unas tijeras las partes superiores
e inferiores de la espiga y guardado el centro, que es donde se
hallan las semillas más granadas; y con una docena de cahíces
de éstas, obtienen al año siguiente la cantidad necesaria de
semilla de una calidad superior[93].

Una cosa análoga hizo M. Desspréz, quien plantó después
las semillas en hileras, a ocho pulgadas de distancia unas de
otras, por medio de una ingeniosa herramienta ideada al
efecto, parecida al *rayonneur*, que se usa para plantar patatas;
y las hileras, que se hallaban igualmente a ocho pulgadas
unas de otras, se sembraron alternativamente de la semilla
buena y de la endeble. Y habiéndose plantado de este modo
la cuarta parte de un acre con semillas procedentes de espigas

---

93 Sobre este sistema de elegir la semilla hay diferentes opiniones por parte de los
agricultores.

tempranas y tardías, se obtuvieron cosechas de 83,8 fanegas correspondientes a la primera serie, y 90,4 a la segunda; hasta los granos pequeños dieron en este ensayo tanto como 70,2 y 62 fanegas respectivamente[94].

La cosecha, pues, se dobló con exceso por medio de la elección de la semilla y por plantarlas separadamente a la distancia mencionada, correspondiendo, según los experimentos de Desspréz, por término medio, 600 granos por cada uno sembrado, en cuyo caso la décima o la undécima parte de un acre sería suficiente para producir las ocho fanegas y media que se necesitan, por término medio, para la alimentación anual, por cabeza, de una población que viva principalmente de pan.

El referido profesor Grandeau ha hecho también experimentos desde 1886 con el sistema de Hallet, obteniendo idénticos resultados. «En un terreno apropiado -decía- un solo grano de trigo puede dar hasta 50 vástagos (y espigas) y aun más, cubriendo así un círculo de 13 pulgadas de diámetro[95]». Pero conociendo lo difícil que es el convencer a las gentes, hasta de las cosas más sencillas, publicó las fotografías de diferentes plantas de trigo, de distintos terrenos, y abonadas de varios modos, incluyendo puras arenas de río,

---

94   El peso de la paja fue de 83 y 77 quintales métricos por acre en el primer caso, y 50 y 49 en el segundo (Garola, Les Céréales). En el trabajo antes mencionado de Hallet, Thin Seeding, habla éste de haber obtenido una cosecha de 108 fanegas por acre, plantando los granos a nueve pulgadas unos de otros.

95   L. Grandeau, *Etudes agronomiques*, 3ª serie, 1887-88 página 43. Estas series se continúan, publicándose un volumen todos los años

enriquecidas de abono[96]. Viniendo a convenir en que, con
un cultivo adecuado, podían conseguirse fácilmente 2.000
y aun 4.000 granos por uno. Los tallos nacidos de granos
plantados a diez pulgadas de distancia unos de otros cubrían
todo el espacio, y el campo experimental presentaba el
aspecto de una engalanado con una brillante cosecha, según
puede verse en una fotografía que presenta Grandeau en sus
Etudes Agronomiques.

En resumen, las ocho fanegas y media que hacen falta
para el alimento anual de una persona, se recogieron en la
granja modelo de Tomblaine, en una superficie de 2.250 pies
cuadrados, o cuarenta y siete pies en cuadro, esto es, en cerca
de la veintena parte de un acre.

Debemos decir, además, en vista de lo expuesto, que un
solo acre produciría la misma cantidad que ahora recogemos en
tres, si se emplease el sistema de sembrar el trigo distanciado. Y,
después de todo, no ha de encontrar más resistencia el plantar
el trigo, que la que tuvo que vencer el sembrado en hilera, que
hoy es de uso general; no obstante que, en la época en que el
primero se introdujo en lugar del antiguo, fue recibido con gran
desconfianza.

Mientras que los chinos y los japoneses acostumbraban
desde siglos a sembrar el trigo en hileras, por medio de un tubo
de bambú adaptado al arado, los escritores europeos se oponían
a tal procedimiento, bajo el ridículo pretexto de que necesitarían
demasiado trabajo; y otro tanto sucede hoy con el sistema de
plantar cada grano separadamente. Los escritores profesionales

---

96   En una de estas fotografías se ve que, en un terreno mejorado, sólo con abonos
químicos se obtienen 17 vástagos de cada grana; y agregándole a los primeros otros
orgánicos, se obtienen 25. Ya he reproducido esas fotografías en el trabajo antes mencionado publicado en el *Annual Cooperativo.*

se ríen de él, a pesar de que todo el arroz que se coge en el Japón ha sido plantado y *aun replantado*. Sin embargo, todo el que se fije en el trabajo que hay que emplear para arar, rastrillar, cercar y escardar tres acres, en vez de uno, y calcule el gasto en abono, admitirá, de seguro, que todas las ventajas se hallan de parte de un acre sólo, en vez de tres, sin hablar de la importancia de la irrigación o de las máquinas-herramientas de plantar, que serán ideadas desde el momento que haya quien las pida[97].

Pero hay más: todavía existe motivo sobrado para creer que aun este sistema es susceptible de nuevas mejoras por medio del *replantado*, tratándose entonces los cereales como se hace hoy con las verduras y legumbres en hortalizas.

Tal es, al menos, la idea que empezó a germinar desde el momento que los sistemas de cultivo de cereales empleados en China y Japón vinieran a ser más conocidos en Europa. (Véase *Apéndice L*).

El porvenir -espero que sea próximo- dará a conocer toda la importancia práctica que pueda tener semejante procedimiento. No nos metamos, pues, en tan hondas cavilaciones; tenemos ya, con los hechos mencionados en este capítulo, una base experimental para una importante variedad de medios de mejorar nuestros métodos actuales de cultivo y de aumentar considerablemente las cosechas. Es evidente, que en un libro que no está destinado a ser un manual de agricultura, todo lo que yo puedo hacer es dar sólo algunas indicaciones, a fin de que cada uno pueda pensar por sí mismo sobre el particular. Pero aun lo poco que se ha dicho es suficiente para mostrar que no tenemos derecho a quejarnos de un exceso de población, ni motivo para temerlo en el porvenir.

---

97   Véase Apéndice K.

Nuestros medios de obtener del suelo todo lo que necesitamos, bajo *cualquier* clima y en *cualquier* terreno, han progresado últimamente hasta tal punto y con tanta velocidad, que no es posible prever todavía cuál es el límite de productividad de un terreno cualquiera. Aquél se va ensanchando a medida que estudiamos mejor el asunto, y cada año que pasa lo aleja más y más de nuestra vista.

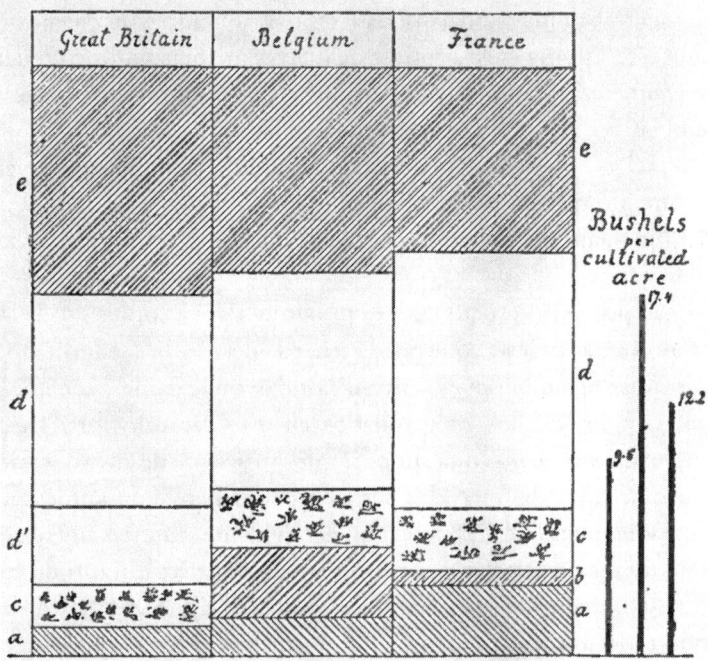

Figura 5. Proporción de las áreas cultivadas y no cultivadas en Gran Bretaña, Bélgica y Francia. a)trigo; b)trigo y centeno mixto; c) otros cereales; d) cultivos verdes; d)pastos permanentes; e) sin cultivar

CAPÍTULO QUINTO

LOS RECURSOS
DE LA AGRICULTURA 3ªParte

Extensión de la horticultura y cultivo de frutales: en Francia, en los Estados Unidos. – Cultivo bajo cristales. –Huertos bajo cristales. –Cultivo en invernaderos caldeados: en Guernsey, en Bélgica. –Conclusión.

Uno de los rasgos más interesantes de la presente evolución de la agricultura, es la extensión que ha adquirido últimamente la horticultura intensiva, de la misma índole que la descrita en el capítulo tercero. Lo que antes estaba reducido a algunos centenares de huertos, se va ahora extendido con sorprendente rapidez, habiéndose duplicado con exceso en los últimos diez y seis años el área dedicada a la horticultura en este país, llegando a 88.210 acres en 1894, contra 40.582 en 1879[98]. Pero ha sido especialmente en Francia, Bélgica y América, donde esta rama

---

98 Charles Whitehead: *Hints on vegetable and Fruit Farming*, Londres (J. Murray), 1890. The Gardener's Cronicle,20 Abril, 1895.

de cultivo ha tomado recientemente un gran desarrollo. (Véase *Apéndice M*).

En la actualidad no bajan de 1.075.000 acres los destinados en Francia a la horticultura y cultivo intensivo de frutales, y hace pocos años se calculó que el *término medio* del rendimiento de cada acre dedicado a tal cultivo, llegaba a 837.50 francos[99].

Su carácter, así como la cantidad de destreza y trabajo empleados en este cultivo, aparecerán más claros una vez ilustrados con los ejemplos siguientes.

En las inmediaciones de Roscoff, que es un gran centro de Bretaña para la exportación a Inglaterra de la clase de patatas que mejor se sostiene hasta bien entrado el verano, y de toda clase de hortalizas y verduras, un territorio de veintiséis millas de diámetro se halla por completo dedicada a este último, y la renta llega y aun pasa de 125 francos por acre. Cerca de 300 vapores tocan a Roscoff para cargar patatas, cebollas y otras hortalizas para Londres y otros puertos ingleses, tan al Norte como New Castle. Además, sobre unas 4.000 toneladas de hortalizas y verduras, se mandan anualmente a París[100]; y aunque la península de Roscoff goza de un clima especialmente templado, hay tapias de piedra levantadas en todos lados, en cuya parte superior se crían juncos para dar así más protección y abrigo a las plantas[101], mejorándose el clima lo mismo que el suelo.

En los alrededores de Cherburgo, en terrenos conquistados al mar, es donde se cosechan las mejores verduras. Más de 800 acres de esos terrenos están dedicados a patatas que se exportan a

---

99   Charles Baltet: *L'Horticulture dans les cinq parties de monde*. Ouvrage couronné par la Société Nationale d'Horticulture : París (Hachette), 1895.

100   Charles Baltet: loc. cit.

101   Ardouin Dumazet: *Voyage en France*, vol. V, pág. 19.

Londres; otros 500 acres a coliflores; 125 a brócoles de Bruselas, y así sucesivamente. Las patatas criadas bajo vidrio, se mandan también al mercado de Londres desde mediados de Abril, y la exportación de hortalizas y verduras de Cherburgo a Inglaterra alcanza a 300.000 quintales métricos, mientras que del pequeño puerto de Barfleur se mandan otros 100.000 quintales métricos de a este país y 60.000 a París. Y hasta en el pueblecito de Surtainville, cerca de Cherburgo, se sacan 70.000 francos de 180 acres de huertas, cogiéndose tres cosechas anuales; coles en Febrero, patatas tempranas, y otras varias cosechas en el otoño, no haciendo mención de las demás.

En Ploustagel, apenas se cree uno estar en Bretaña: desde hace mucho tiempo se crían melones al aire libre, con bastidores de vidrio que los protegen contra las heladas de primavera, cultivándose también guisantes defendidos por hileras de arboles, que los ponían al abrigo de los vientos de Norte. Ahora hay campos enteros cubiertos de fresas, rosas, violetas, guindas y ciruelas, que llegan hasta la misma playa[102]. Hoy se reclaman hasta las mismas landas, para dedicarlas a cultivar, y se nos dice que de aquí a cinco años no habrá más *landas* en ese distrito. Hasta las marismas del Dol, la Holanda de Bretaña, protegidas del mar por un muro (5.050 acres), han sido convertidas en huertas, en las que florecen las coliflores, cebollas, rábanos, judías y otras hortalizas y verduras; arrendándose esos terrenos, desde 62.50 hasta 100 francos el acre.

En las inmediaciones de París no bajan de 50.000 acres los dedicados al cultivo corriente de hortalizas, legumbres y verduras, y de 25.000 los destinados al cultivo forzado de las mismas. Hace cincuenta años, la renta anual pagada por los

---

102   Ardouin Dumazet: *Voyage en France*, vol. V, pág. 2000.

hortelanos llegaba hasta 460 y 600 francos por acre, y desde entonces ha venido aumentando, así como el ingreso bruto evaluado por Courtois Gerard en 6.000 francos por acre, en las huertas grandes, y el doble en las pequeñas, en las que se crían verduras temprano bajo vidrio.

El cultivo de fruta en los alrededores de París es igualmente maravilloso. En Montreuil, por ejemplo, 750 acres pertenecientes a 400 hortelanos, están completamente cubiertos de tapias de piedra, levantadas expresamente para el cultivo de la fruta, y cuya agregada extensión es de 400 millas. Sobre esos muros, los melocotoneros, perales y cepas extienden sus brazos, y todos loa años se recogen aproximadamente 12 millones de melocotones y una gran cantidad de las mejores peras y uvas. El acre, en tales condiciones, produce 1.400 francos. Así es como se ha hecho un «clima más templado» en una época en que el invernadero era todavía un costoso artículo de lujo. Tomando todo esto en consideración, resulta que 1.250 acres se destinan a melocotones (25 millones todos los años), a las puertas mismas de París. Acres y más acres se hallan también cubiertos de perales, que dan de tres a cinco toneladas cada uno, cuyas cosechas se venden desde 1.250 a 1.500 francos. Y aun en Angers, a orillas del Loire, donde las peras adelantan en ocho días a las de las inmediaciones de París, conoce Baltet un huerto de cinco acres cubierto de perales (árboles bajos), que producen 10.000 francos al año; y a la distancia de treinta y tres millas de París, un huerto de perales da 600 francos por acre, deducidos los gastos de envase, transportes y venta. Del mismo modo, los plantíos de ciruelas, de las que 80.000 quintales métricos se consumen todos los años sólo en París, dan una renta anual en efectivo, desde 725 a 1.200 francos por acre; y, sin embargo, las peras, las ciruelas y las guindas, se venden en París, frescas y jugosas a tales precios, que hasta los pobres pueden también participar de ellas.

En la provincia de Anjou se puede ver de qué manera un barro duro, mejorado con arenas secada del Loire y con abonos, se ha convertido en la inmediaciones de Angers, y especialmente en San Laud, en un terreno que se arrienda desde 62.50 hasta 125 francos el acre, y en el cual se cogen frutas, que hace algunos años se exportaban a América[103]. En Bennecourt, un pueblecito de 850 habitantes, cerca de París, se ve lo que el ser humano puede obtener del suelo más improductivo. Hasta hace poco, las escabrosas pendientes de sus cerros sólo eran *mergers* (canteras), de los que se extraía piedra para el pavimento de París; y ahora, esas laderas están cubiertas por completo de albaricoqueros, guindos y otros árboles frutales, y sembradas de espárragos, guisantes y otras hortalizas y legumbres. En 1881, sólo de este pueblo se vendieron albaricoques por valor de francos 140.000 francos, y ha de tenerse presente que la competencia es tan viva en los alrededores de París, que una demora de veinticuatro horas de remesar la fruta al mercado representa con frecuencia una pérdida de 10 francos, o sea la séptima parte del precio de venta de cada quintal métrico[104].

En Perpignan, las alcachofas verdes, que son muy apreciadas en Francia, se dan desde Octubre hasta Junio en un área de 2.500 acres, y el producto neto es estimado en 800 francos por cada uno. En el centro de dicho país, esta hortaliza se cultiva en campo abierto, y, sin embargo, las cosechas son evaluadas (por

---

103 Braudillart: *les Populations agricoles de la Frances*. Anjou, págs. 70-71

104 La producción total de fruta de mesa, así como la seca o en conserva, fue estimada en toda Francia en 1876 en 84.000 toneladas, y su valor apreciado en unos 3 millones de francos, más de la mitad de la contribución de guerra impuesta por Alemania, y desde entonces debe haber aumentado mucho. (Véase Apéndice M.).

Baltet) en una cantidad que fluctúa entre 1.200 y 2.500 francos por acre. En el Loire, 1.500 hortelanos, quienes algunas veces emplean 5.000 trabajadores, obtienen por valor de 10 millones a 12 millones de francos de frutas, hortalizas y verduras, gastando anualmente en abonos 1,5 millones de francos: estas cifras son por sí solas la mejor respuesta que puede darse a aquellos aficionados a hablar de la extraordinaria fertilidad del suelo, cada vez se les llama la atención sobre el éxito alcanzado en agricultura.

En Lyon, los hortelanos de la localidad surten de hortalizas a una población de 430.000 habitantes, y otro tanto sucede en Amiens, que es otra gran ciudad industrial. Los distritos que rodean a Orleáns forman otro gran centro de horticultura, y es digno de especial mención el hecho de que, desde él, se efectúan hasta exportación a América[105].

Se necesitaría, sin embargo, un volumen para describir los principales centros de horticultura y cultivo de frutales en Francia; me limitaré, pues, sólo a mencionar otra región más, en la cual las hortalizas y verduras, y las frutas, se dan la mano: se halla sobre el Rhône, cerca de Vienne, y es una lengua angosta de tierra, compuesta en parte de rocas graníticas, convertida ahora en un jardín de incalculable riqueza. Su origen -según nos dice Ardouin Dumazet- data de unos treinta años, en cuya época fueron destruidas las viñas por la filoxera, y hubo necesidad de reemplazarlas con otro cultivo. Entonces, el pueblo de Ampuis se hizo notable por sus albaricoques; y en la actualidad en unas cien millas largas que corren paralelas con el Rhône, y en los valles laterales del Ardèche y el Drôme, el país es una arboleda admirable, de la que se exportan por un valor de millones de

---

105 Ardouin Dumazet, 204.

frutas, y la tierra alcanza los elevados precios de venta de 8.125 a 10.000 francos el acre[106]. No hay ni un palmo de terreno desperdiciado, y ambos lados del camino se ven por todas partes los plantíos de albaricoqueros y guindos, mientras que entre las hileras de árboles crecen legumbres y hortalizas tempranas, fresas y verduras de todas clases. En la primavera, el delicado perfume de los albaricoqueros florecidos embalsama todo el valle. Las fresas, guindas, albaricoques, melocotones y uvas se suceden unas a otras rápidamente, y al mismo tiempo, carros cargados de judías, ensaladas, coles, patatas y otras verduras se envían a las ciudades industriales de la región. Baste decir que un pueblo tan reducido como Desirat, exporto durante el tiempo que duró la visita de Ardouin Dumazet, sobre 2.000 quintales métricos de guindas todos los días.

Debo remitir al lector a la obra de Charles Baltet, si desea conocer más profundamente la extensión alcanzada por la horticultura en diferentes países, limitándome, por mi parte, a lo que a Bélgica y América se refiere.

Las exportaciones de legumbres, hortalizas y verduras de Bélgica, se han duplicado en los últimos veinte años, y regiones enteras, como Flandes, pretenden ser ahora la huerta de Inglaterra, distribuyéndose hasta semillas de las clases preferidas en este país por una sociedad de horticultura, a fin de aumentar la exportación. Y no sólo las mejores tierras están destinadas a este objeto, sino que los desiertos arenales de las Ardennes y otros terrenos antes improductivos se han convertido en ricas huertas, en tanto que grandes llanuras, como en Hiaeren, se han hecho de regadío con el mismo fin.

Infinidad de escuelas, de granjas modelos, laboratorios

---

106   Ardouin Dumazet, vol. VII, Pág. 125.

municipales y conferencias nocturnas se abren todos los días por cuenta de los Municipios, de las sociedades particulares y del Estado, con objeto de promover la horticultura, habiendo centenares de acres de tierra cubiertos de miles de invernaderos. Aquí vemos un pueblecito que exporta 5.500 toneladas de patatas, y por valor de 100.000 francos de peras a Straford y Escocia, teniendo para ello su línea especial de vapores; allá, otro, surte al Norte de Francia y a las provincias rhenanas de fresas, y algunas veces hasta remite también alguna cantidad a Londres. En otras partes, las zanahorias tempranas, que crecen entre lino, la cebada y otras plantas, dan un aumento de importancia a los ingresos del agricultor. Y sabemos de otros lugares, donde el precio del arrendamiento se eleva a 600 y 675 francos el acre, no para destinarlo al cultivo de la vid o el melón, sino al más modesto de la cebolla. O bien nos informamos de que los hortelanos, desechando el suelo natural, han preferido hacerse su marga, compuesta de serrín, residuos de la tenerías y polvo de cáñamo, «animalizada» con varios compuestos[107]. En fin, Bélgica, que es uno de los principales países manufactureros de Europa, se está ahora haciendo uno de los primeros centros de horticultura. (Véase *Apéndice N*).

***

El otro país que debe recomendarse especialmente a la atención de los amantes de la horticultura, es América: cuando vemos los montes de fruta que se importan de allí, nos inclinamos a creer que la fruta nace espontáneamente en América. «Hermoso clima», «suelo Virgen», «espacios inmensos»; estas

---

107   Charles Baltet, *L'Horticulture*, etc.

palabras se encuentran a cada paso en los periódicos. La verdad, sin embargo, es que el cultivo hortícola, esto es, el empleado en huertas y frutales, se ha elevado allí a un alto grado de perfección. El profesor Baltet, que es al mismo tiempo un horticultor, oriundo de las clásicas *marais* (huertas) de Norfolk, en Virginia, describe las granjas de explotación como verdaderos "modelos" de su clase. Apreciación muy halagüeña de parte de un *maraîcher* práctico, que ha aprendido desde su infancia que sólo en los terrenos encantados crecen las manzanas de oro a impulsos de la vara mágica del hada. En cuanto a la perfección a que ha llegado el cultivo de la manzana en el Canadá, la ayuda que sus cultivadores reciben de las granjas modelos del país, y los medios que ponen en juego, en una escala verdaderamente americana, para extender el conocimiento entre los agricultores y surtidores de nuevas variedades de frutales. Todo esto debería ser objeto de estudio detenido, lo cual sería más fructuoso que hacer creer a los ingleses que la supremacía americana es debida a las doradas manos de las hadas. Con que sólo una décima parte de lo que se hace por la agricultura y horticultura en los Estados Unidos y en el Canadá, se hiciera en este país, la fruta inglesa no se vería tan vergonzosamente arrojada del mercado como hoy se encuentra.

La extensión dada a la horticultura en América es inmensa. Sólo las granjas dedicadas a la exportación ocupaban en 1892 una extensión que no bajaba de 400.000 acres; a las mismas puertas de Chicago, una sola huerta tiene 500 acres, de los cuales 150 están puestos de pepino, 50 de guisantes tempranos, y así sucesivamente. Durante la Exposición de Chicago, un tren especial, llamado «el expreso de la fresa», compuesto de 30 vagones, llevaba diariamente 324.000 cuartillas de fruta fresca, y hay días en que más de 10.000 fanegas de fresas entran en Nueva York, cuyas tres cuartas partes van por vapor de las granjas de exportación de Virginia[108].

Eso es lo que se puede realizar por medio de una inteligente combinación de la agricultura con la industria, y está llamado a adquirir un desarrollo aún en el porvenir.

Ya, sin embargo, se ha dado un nuevo paso hacia adelante, con objeto de emancipar la agricultura del clima: me refiero al cultivo en invernadero, de frutas, legumbres y hortalizas.

En un principio el invernadero-estufa era un artículo de lujo en la casa del rico; se conservaba a una elevada temperatura y servía para criar, en los países fríos, los dorados frutos y las encantadoras flores del sur. Pero ahora, y especialmente desde el progreso industrial ha abaratado el precio del vidrio y el de la madera labrada con ayuda de la máquina, el invernadero se ha puesto al alcance de todos, pudiendo hoy dedicarse a la producción de fruta, para el público en general, así como a la de legumbres, hortalizas y verduras.

El invernadero aristocrático, relleno de los más raros árboles frutales y de las más preciosas flores, sigue existiendo; pero poco a poco va extendiendo y agrandando su acción hasta ponerse al alcance del mayor número.

Y a su lado se levanta el invernadero popular, que sólo se caldea un par de meses en invierno, y hasta el más económico, llamado «invernadero frío», en el cual se encierran las más humildes hortalizas y verduras, como patatas, zanahorias, judías, guisantes, etcétera. Y que no es más que una simple armadura de madera y vidrio, a través del cual pasan los rayos del sol y lo calientan, sirviendo al mismo tiempo los cristales para impedir la irradiación del calor y hacer se conserve una

---

108   Ch. Baltet, *L'Horticulture*, etc.

elevada temperatura durante la primavera y el principio de verano. Así, pues, un nuevo sistema de horticultura bajo vidrio, se va propagando con rapidez.

El invernadero para uso comercial es esencialmente de origen inglés o tal vez escocés. Ya en 1851, mister H. Rivers publicó un libro, *The Orchard Hause and the Cultivation of Fruit in Post under Glass.* Y según nos dice Mt. D. Homson en el *Journal of Horticulture* (31 enero 1889), hace cerca de cincuenta años, un cultivador del Norte de Inglaterra vendía uvas en Febrero a 31,25 francos la libra, algunas de las cuales era envidiadas por los compradores a París para la mesa de Napoleón III, quienes las vendían a 62.50. «Ahora -agrega Mr. Homson- se venden por la décima o veintésima parte de dichos precios: a carbón barato, uvas baratas; ese es todo el secreto».

Grandes viñedos e inmensos establecimientos para el cultivo de flores bajo cristales, son conocidos de antiguo en este país, y otros nuevos se vienen continuamente construyendo en gran escala. En Cheshunt, hay campos enteros cubiertos de cristales, y otro tanto sucede en Brohxurne, Finchley, Bexley, Swanley, Whetstone y otros puntos, sin mencionar a Escocia. Worthing es también un centro de producción de uvas y tomates muy conocido, al paso que los invernaderos dedicados a flores y helechos, en Upper Edmonton, en Chelsea, en Orpington y otros lugares, tienen una reputación universal. Y la tendencia es, de una parte, el elevar el cultivo de la vid al más alto grado de perfección, y de la otra, el cubrir acres de cristales para el cultivo de tomates, judías y guisantes, que indudablemente serán seguidos de otras hortalizas más comunes.

En la actualidad, las islas del Canal de la Mancha y Bélgica se hallan a la cabeza en lo referente al desarrollo del cultivo en invernadero. El establecimiento de Mr. Bashford es sin disputa lo más notable que hay en Jersey. Cuando lo visité en 1890, contenía 490.000 pies cuadrados bajo vidrio; es decir, cerca de 13 acres, y de entonces acá se han agregado siete más. Una larga fila de invernaderos, provistos de altas chimeneas, se extiende por todo el terreno, el mayor de los cuales tiene 900 pies de largo por 46 de ancho; lo que viene a ser próximamente un acre, en una pieza, cubierto de cristales.

La construcción de estos invernaderos es bien sencilla. Paredes de granito bien altas, cristales de 27 onzas de grueso (del que representa 3 peniques)[109], ventiladores que pueden abrir una extensión de 200 a 300 pies, con solo mover un manubrio, y todo por el mismo estilo. Sin embargo, según, según dijeron sus dueños, los invernaderos más lujosos costaban a menos de un chelín el pie cuadrado de cristal (1.30 francos el pie de tierra cuadrado), mientras que los otros habían costado mucho menos, siendo lo más corriente de 0.50 a 0.90 de franco el pie cuadrado de vidrio[110] sin incluir la estufa, y puede decirse que el precio de 0.60 francos es el general para los invernaderos ordinarios.

Sería cosa poco menos que imposible, el dar una idea de todo lo que se produce en esos invernaderos sin presentar fotografías de lo que existe en su interior. En 1890 se empezaron a cortar uvas exquisitas en las viñas de Mr. Bashford, el 3 de Mayo, continuando la vendimia hasta octubre. En otros invernaderos, aun antes de esa época, se habían ya recogido carretadas de guisantes, y los tomates iban a reemplazarlos, después de

---

109 Cristales de «veintiuna onzas» y aun de «quince», se usan en los invernaderos más económicos.

110 Lo que se averigua, midiendo el largo de los muros anterior y posterior y la inclinación de los laterales.

haberse desocupado completamente el invernadero.

Los 20.000 pies de tomates que iban a plantarse, debían dar, por lo menos, 80 toneladas de un fruto excelente (de ocho a diez libras por pie); en otros se criaban melones en vez de tomates, y en Abril ya se habían recogido 30 toneladas de patatas tempranas, seis de guisantes y dos de judías tempranas también. Las viñas daban, por lo menos, 25 toneladas al año; además, otras muchas cosas se cultivan al aire libre, como cosechas suplementarias, y toda esa gran cantidad de frutas, hortalizas y verduras, era el resultado del trabajo de 36 personas y muchachos solamente, bajo la inspección de un solo hortelano, que era el mismo dueño. Verdad es que en Jersey, y especialmente en Guernesey, todos son hortelanos.

En calentar esos invernaderos se emplean cerca de 1.000 toneladas de cok, y Mr. U. Bear , que visitó este establecimiento en 1886, tenía mucha razón al decir que, de esos 13 acres se obtenía una utilidad equivalente a lo que le producirían a un labrador 1.300.

Sin embargo, en las pequeñas «viñas», es tal vez donde se ven los más prodigiosos resultados, y al recorrerlas no se puede dejar de admirar esta reciente conquista del ser humano. Vi, por ejemplo, tres cuartos de acre caldeados los tres primeros meses del año, de los que se recogían en Abril, como primera cosecha, sobre unas ocho toneladas de tomates y unas 200 libras de judías, a la que debían de seguir dos cosechas más. En estos invernaderos había un hortelano y dos peones, se consumía sólo una pequeña cantidad de carbón, y había una máquina de gas para la cuestión del riego, que sólo consumía en el trimestre por valor de 16,25 francos de gas. Vi también, un invernadero sin estufa, compuesto sencillamente de bastidores y cristales, las paredes cubiertas de guisantes, en una extensión

de un cuarto de milla, que ya había dado a fines de Abril 3.200
libras de un fruto excelente, y era tanto el que aún conservaba,
que parecía no se le había cogido ninguno. Vi arrancar patatas
en un invernadero frío, en Abril, a razón de cinco fanegas
por cada 21 pies cuadrados. Cuando la casualidad me llevó,
en 1896, en compañía de un hortelano de la localidad, a una
pequeña viña de un veterano viticultor, puede apreciar allí, y
admirar, lo que un amante de la horticultura puede realizar
en un espacio tan reducido como los dos tercios de un acre.
Dos pequeños invernaderos, de unos 40 pies de largo por 12
de ancho, y un tercero, que antes había servido de pocilga, de
20 pies por 12, contenían parras que muchos horticultores de
profesión se alegrarían de poder contemplar. En particular el
menor, cubierto de «moscatel». En Junio ya había alguna uva
madura, y se comprende bien que el dueño hubiera obtenido,
el año interior, de un comerciante en fruta de la población, 100
francos por tres racimos, uno de los cuales pesaba 13 libras.
Los tomates y fresas al aire libre, así como los árboles frutales,
todo en un espacio reducido, estaban a la altura de las uvas; y
cuando lee muestran a uno en qué espacio de terreno se puede
coger media tonelada de fresas con un cultivo adecuado, apenas
es creíble.

En Guernsey es donde más especialmente debe estudiarse la
simplificación del invernadero. Todas las casas en los alrededores
de San Peter lo tienen, de uno u otra clase, ya sea grande o chico.
En toda la isla, particularmente hacia el Norte, a donde quiera
que se dirija la vista, se tropieza con uno. Se le ve en todas
partes; y en las escarpadas pendientes que dan frente a la bahía
de San Peter, se hallan completamente apiñados. Con ellos ha
nacido también una generación de hortelanos prácticos; todo
agricultor tiene algo de hortelano, y constantemente pone a

contribución su inventiva a fin de idear tipos más económicos de invernaderos. Algunos de éstos casi no tienen paredes anteriores y posteriores, pues el techo de vidrio sólo está en el frente, a dos o tres pies del suelo, en otros, los cristales encajan en planchas de madera; y los hay, en fin, que sólo tienen bastidores de madera colocados horizontalmente, en vez de los muros de material. Hay una gran compañía que los tiene de mucha extensión y unidos entre sí, sin paredes de separación. Y en cuanto a los amplios invernaderos fríos, en la finca de la Grande Mansión, que se construyen por una compañía y se alquilan a los hortelanos a tanto los cien pies, están hechos sólo de planchas formadas de tablas delgadas y cristales, perteneciendo a la clase llamada «ligera» o de «un techo», siendo la pared del fondo de diez pies de altura, y las laterales compuestas de planchas encajadas unas de otras, hallándose todo sostenido por una armadura, descansando en pilares de mampostería. Dicen que no cuesta más de 0.50 de franco el pie cuadrado de terreno, cubierto de cristal, y, sin embargo, aun esos invernaderos tan sencillos producen resultados excelentes; la cosecha de patatas que se había cogido en alguno de ellos era superior, lo mismo que la de guisantes[111].

En Jersey, hasta he visto una fila de cinco invernaderos, cuyas paredes estaban formadas por planchas de hierro canalizadas, como cuestión de economía. Claro es que el propietario no estaba muy contento con ellas: «son muy frías en invierno y muy calientes en verano», decía; pero, así y todo, y a pesar de todo no cubrir los cinco más que una quinta parte, o menos, de un acre, ya habían dado 2.000 libras de guisantes como primera

---

111 El cultivar los guisantes a lo largo de las paredes nos parece, sin embargo, un mal sistema; pues resulta un trabajo ímprobo el fijar la planta sobre el muro.

cosecha, y en los primeros días de Junio la segunda (sobre 1.500 plantas de tomates) presentaba perfectamente.

Siempre es difícil, por descontado, saber cuáles son las verdaderas utilidades del agricultor. Primero, como dice Harald Rogers, porque los agricultores modernos no llevan una contabilidad regular, ni aun en los mejores establecimientos hortícolas; y después, porque, aun conociendo el asunto en todos sus detalles, no sería prudente el publicarlos. Hablando, por consiguiente, en términos generales, puedo confirmar la apreciación de M. Bear en cuanto a que, utilizado convenientemente, hasta un invernadero frío que cubra 4.050 pies cuadrados puede producir un ingreso bruto de 3.500 francos. «No crean que es mucho; ¡y acordarse del propietario!», me escribía una vez un horticultor práctico.

Por regla general, los cultivadores de Guernsey y Jersey sólo cogen tres cosechas de sus invernaderos. Empezarán, por ejemplo, con las patatas de diciembre, no encendiéndose la estufa sino las noches que se esperan grandes heladas, y, sin embargo, la cosecha de éstas (de ocho a diez toneladas por acre) estará a punto en abril o mayo, antes de que las criadas al aire libre se empiecen a recoger. Después se plantarán los tomates, que estarán maduros para fin de verano; y otras varias cosechas intercaladas de guisantes, rábanos, lechugas y otras menudencias, se cogerán al mismo tiempo. O se empezará en noviembre con melones, que habrán madurado para abril; siguiendo después con los tomates, criados en macetas o en enredaderas, como la parra, y cuya última cosecha será en octubre, a la que pueden seguir las judías, que estarán en disposición de cogerse a fin de diciembre. No creo necesario agregar que cada cultivador tienen su sistema predilecto, dependiendo de su destreza y asiduidad una buena parte del éxito en lo referente a las cosechas intercaladas, las cuales empiezan a tener cada vez más importancia. Y ya puede proveerse que los cultivadores bajo vidrio se verán forzados a aceptar el sistema de los maraîchers franceses, a fin de tener cinco o seis cosechas al año, llegando hasta donde sea posible llegar, sin que por ello se resienta la buena cantidad que hoy tienen los frutos.

Toda esta industria es de origen muy reciente; todos podemos observar cómo se va desenvolviendo, y, sin embargo, sólo lo que se exporta de Guernsey representa ya algo extraordinario. Hace pocos años fue estimado en los siguiente: uvas, 502 toneladas, representando un valor de 937.500 francos, al precio medio de 90ç de franco la libra; tomates, 1.000 toneladas, sobre 750.000 francos; patatas tempranas (principalmente al aire libre), 500.000 francos; rábanos y brócoles, 231.250 francos; corte de flores, 75.000 francos; setas, 5.000 francos; total, 2.498.750 francos; al cual hay que añadir el consumo local en casas particulares y hoteles, que tienen que alimentar a cerca de 30.000 viajeros. Hoy, esas cantidades deben haberse aumentado considerablemente. En junio del 96 vi a los vapores de Southampton tomar diariamente de 9.000 a 12.000 banastas, y algunas veces más, de uvas, tomates, judías y guisantes, conteniendo cada una de 12 a 14 libras de fruto. Teniendo en cuenta lo remitido por otros conductos, podemos decir que de 400 a 500 toneladas de tomate, uvas, judías y guisantes, apreciadas en 500.000 a 625.000 francos, se exportan todas las semanas en Junio.

Todo esto se obtiene de una isla, cuya área total, incluyendo las rocas y las peladas cumbres de sus cerros, es de 16.000 acres, de los cuales sólo 9.884 se cultivan dedicándose 5.189 a forrajes y praderas, y, sin embargo, en ellas se sostienen 1.480 caballos, 7.260 reses vacunas y 900 carneros. ¿Qué cantidad de substancias alimenticias producen, pues, esos 10.000 acres?

Bélgica ha hecho también durante estos últimos años un inmenso progreso en la misma dirección. Mientras que hace veinte años apenas llegaban a 250 acres los cubiertos de cristales, hoy pasan de 800 los que ya se cuentan en tal estado[112].

En el pueblo de Hacilaert, enclavado sobre un monte pedregoso, hay más de 200 acres bajo vidrio, dedicados a viticultura. Un solo establecimiento, según observa Baltet, tiene 200 invernaderos y consume 1.500 toneladas de carbón para las viñas[113], «a carbón barato uvas baratas», como escribía el director del *Journal of Horticultura*.

El precio de las uvas en Bruselas a principios de verano no es más elevado que el que tienen en Suiza en Octubre; y aun en Marzo se venden aquellas en Londres desde 0.43 a 0.60 de francos la libra[114]. Estos precios demuestran por sí solos de modo concluyente el poco trabajo que hace falta emplear para cultivar la vid en nuestras latitudes con el auxilio de cristales. Es indudable que cuesta menos el cultivo de la viña en Bélgica que a orillas del lago Leman.

Los varios datos reunidos y presentados ante los lectores en las páginas precedentes, hacen tabla rasa de la falaz doctrina del exceso de población. Precisamente en los países más densamente

---

112 He tomado estos datos de la notas que un profesor de Agricultura belga tuvo bondad de remitirme. La mayor parte de los invernaderos belgas tienen la armadura de hierro.

113 Un amigo que ha estudiado la horticultura práctica en las Islas del Canal, me dice lo siguiente respecto a las viñas en las inmediaciones de Bruselas: «No pueden formarse idea hasta qué punto se ha adelantado allí; Bashford no representa nada a su lado».

114 De un diario de Londres, correspondiente al 20 de marzo de 1895 tomé casualmente la siguiente cotización: «Precios del día anterior: uvas belgas de 0.40 a 0.60 de franco; ídem de Jersey, de 0.60 a un franco; moscatel, de 1.85 a 2.50 francos: y tomates, de 0.30 a 0.50»

poblados es donde la agricultura ha hecho tales progresos que hubieran parecido como un sueño hace veinte años. La densidad, un gran desarrollo industrial y un importante desenvolvimiento de la agricultura son cosas de un carácter simultáneo, y hasta pudiera decirse que son inseparables. En cuanto al porvenir, los recursos de la agricultura son tales, que, en verdad, no nos es dado prever cual es el límite de la población que pudiera vivir de los productos de un área determinada. Los recientes progresos ya experimentados en gran escala han ensanchado los límites de la producción agrícola hasta una extensión jamás prevista; y los últimos descubrimientos, ensayados ahora en pequeña escala, nos ofrecen agrandarlos más todavía, hasta un grado verdaderamente desconocido.

Hemos visto que la tendencia actual del desarrollo económico del mundo es la de inducir más y más a cada nación, o mejor dicho, a cada región, tomada en sus sentido geográfico, a confiar principalmente en la producción nacional de todo lo más necesario para la vida. No quiere esto decir que se reduzca el comercio del mundo, el cual tal vez crezca en volumen, sino su limitación al cambio de lo que realmente deba cambiarse, aumentando al mismo tiempo el comercio de las cosas nuevas, hijas de las ciencias y las artes, y el cambio entre los pueblos del conocimiento y de la ida. Tal es la tendencia del movimiento presente, que de ningún modo debe alarmarnos. No hay ninguna nación en el mundo que, armada con los grandes elementos de que hoy dispone la agricultura, no pueda producir en su área cultivable todas las substancias alimenticias y la mayor parte de las primeras materias derivadas de la agricultura, que necesita su población, aun cuando las necesidades de ésta fueran rápidamente creciendo, como era tan natural que sucediera. Considerando el poder de la humanidad,

con relación a la tierra y a las fuerzas de la naturaleza -tal
como existe en nuestros días- podemos sostener que dos o tres
habitantes por cada acre de tierra cultivable no sería demasiado;
pero ni en un país tan densamente poblado como Inglaterra, ni
en Bélgica hemos llegado a tal estado. Aquí tenemos, hablando
en términos generales, un acre del área cultivable por habitante.

Suponiendo, pues, que cada habitantes de las Gran Bretaña
estuviera obligado a vivir del producto de su propio país, todo
lo que tendría que hacer sería en primer lugar considerar el
suelo de la nación como patrimonio común, del cual debe
disponerse de modo que todos en general y cada uno en
particular salgan beneficiados. Lo que es indudablemente una
condición absolutamente indispensable. Después, no tendría
más que hacer que cultivar la tierra, no de un modo extraño
y extravagante, sino como se hace en miles y miles de acres
en Europa y América. No tendría que inventar nada, sino
generalizar y amplificar los sistemas cuya bondad ha sido
comprobada por la experiencia.

Todos pueden hacerlo; y al proceder así, economizan una
inmensa cantidad del trabajo que ahora dan para comparar el
alimento en el exterior, y pagar a todos los intermediarios que
viven de este tráfico.

Con un cultivo racional, pueden indudablemente obtenerse
del suelo, tanto los artículos de primera necesidad como los
de lujo, con mucho menos trabajo del que hoy se necesita
para poder comprarlos. En otro lugar (en *La Conquista del
Pan*) he hecho cálculos aproximados al efecto; pero, con los
datos presentandos en este libro, cada uno puede por sí mismo
comprobar la verdad de esta afirmación. Si nos hacemos cargo
de la masa de productos que se obtiene con un cultivo racional, y
la comparamos con la cantidad de trabajo que hay necesidad de

emplear para obtenerla con uno irracional, para reunirla fuera, trasportarla y mantener verdaderas legiones de intermediarios, veremos desde luego que poco tiempo habría que dedicar, bajo un sistema de cultivo adecuado, a la producción del alimento.

Para alcanzar tal resultado, claro es que no hemos de pretender dividir la tierra en parcelas de un acre, procurando que cada cual haga con su trabajo individual para que se produzca todo lo que le hace falta, sin más herramientas que la azada, en su pedazo de terreno; en tales condiciones, el fracaso sería inevitable. Los que se han entusiasmado tanto con los maravillosos resultados obtenidos con el *petite culture*, que pregonan por todas partes las excelencias del pequeño cultivo, del hortelano francés, o *maraîcher*, considerándolo como el ideal de la humanidad, se equivocan. Tanto como esos que, en el otro extremo, desearían convertir a cada país en un reducido número de granjas gigantescas, como las conocidas en América con el nombre de «Bonanza», labradas por «Batallones de trabajadores» organizadores militarmente. En semejante sgranjas, el trabajo humano es reducido, pero las cosechas que se cogen son demasiado pequeñas, y el sistema en sí no es más que lo que pudiéramos llamar un cultivo robado, en el que para nada se tiene en cuenta lo que se gasta el suelo, en tanto que la *petite culture*, en parcelas pequeñas y aisladas, si está a cargo de individuos o familias aisladas, es mucho el trabajo que se desperdicia, aun cuando las cosechas sean grandes. Una verdadera economía de ambos, tanto de espacio como de trabajo, exige procedimientos muy distintos, representando una combinación del trabajo mecánico con el manual.

En agricultura, como en todo lo demás el trabajo asociado es la única solución razonable. Doscientas familias compuestas de cinco acres, sin ningún lazo de unión entre ellas, y obligadas a buscarse la vida cada una en su terreno, es casi seguro que, económicamente, el fracaso sería completo. Aun admitiendo que no hayan ningunas dificultades personales causadas por la diferencia de educación e inclinaciones, así como por la falta de conocimiento respecto a la aplicación que haya que darse al terreno, y admitiendo por un momento que semejantes causas no existan, el experimento no daría resultado por motivos puramente económicos y por razones agrícolas. Cualquiera que sea la reforma que se implante dentro de las condiciones actuales, no es posible que sea duradera: tendría que experimentar otra nueva transformación o desaparecer.

Pero si esas mismas doscientos familias se consideraran a sí mismas como arrendadoras de la nación, y considerasen los mil acres como una sola finca -no tomando en cuenta las personales- tendrían, hablando económicamente, en cuanto a la agricultura se refiere, muchas probabilidades de éxito, si sabían cuál es el mejor uso que se debe hacer de la tierra. En tal caso, lo que probablemente harían, ante todo, sería asociarse para hacer mejoras permanentes en las tierras que las reclamasen con urgencia, dedicándose a este un período de tiempo anual hasta llegar gradualmente a un estado de relativamente perfección. En un área de 340 acres podrían cultivar fácilmente todos los cereales -trigo, avena, etcétera- necesarios para su alimento y la de sus ganados, sin tener que acudir para ello al sistema de plantación o replantación. Podrían recoger de 400 acres cultivados convenientemente y regados, en caso de ser posibles y necesario, todo el heno y forraje que hiciera falta para el sostenimiento de las 30 o 40 vacas de leche que suministran ésta y la manteca, y sobre 300 cabezas de ganado que hicieran otro tanto con la carne; en 20 acres, dos de los cuales deberían estar bajo vidrio, criarían más frutas, legumbres, hortalizas y verduras de las que pudieran consumir. Y suponiendo que se agregase medio acre a cada casa, que podría dedicarse a flores, aves, recreo o cosas por el estilo, todavía les quedarían 140 acres libres que pudieran utilizar a su gusto en jardines y plazas públicas, fábricas, etc. El trabajo que reclamase ese cultivo intensivo no sería el duro del siervo o del esclavo: sería accesible para todos, fuertes, débiles, hijos del campo o de la ciudad, teniendo además verdaderos encantos. Y, sin embargo, su suma total sería mucho menor que la cantidad de trabajo que cada 1.000 personas tienen que emplear, ya sea en este país o en otro cualquiera, para proporcionar el alimento, que hoy es de menor cantidad y de calidad inferior. Claro es que, al hablar así, me refiero al trabajo técnico necesario, sin tener para nada en cuenta el que hoy gastamos, a fin de mantener todos nuestros intermediarios, ejércitos y otras cosas análogas. En verdad, la cantidad de trabajo que se requiere para producir el alimento con un cultivo racional es tan corta, que nuestros hipotéticos habitantes se verían obligados necesariamente a emplear sus ocios en empresas industriales, obras artísticas, estudios científicos y ocupaciones de todo género.

Bajo el aspecto técnico, ningún inconveniente se presenta para que semejante organización empezarse a funcionar desde mañana con éxito completo. Los obstáculos que contra ella se presentan no dependen de la imperfección del arte agrícola, o de lo infecundo del suelo o del clima; dependen, por completo, de nuestras instituciones, de nuestras costumbres hereditarias y de nuestros recuerdos del pasado: del «fantasma» que nos oprime. Pero también, hasta cierto punto, considerando a la sociedad en su totalidad, de nuestra fenomenal ignorancia Nosotros, gentes civilizada, lo sabemos todo; de todo tenemos opiniones formadas; en todo nos interesamos: lo que únicamente no

sabemos es de dónde viene el pan que comemos, -a pesar de
que pretendemos ignorarlo- cómo se cría, qué trabajo cuesta el
producirlo, qué se ha hecho para aliviar ese trabajo y qué clase
de personas son esas que se encargan de alimentarnos... Sobre
este punto somos más ignorantes que los salvajes, y evitamos
que nuestros hijos adquieran esa clase de conocimientos, aun
aquellos que lo prefieran al fárrago de cosas inútiles con que los
agobian en la escuela.

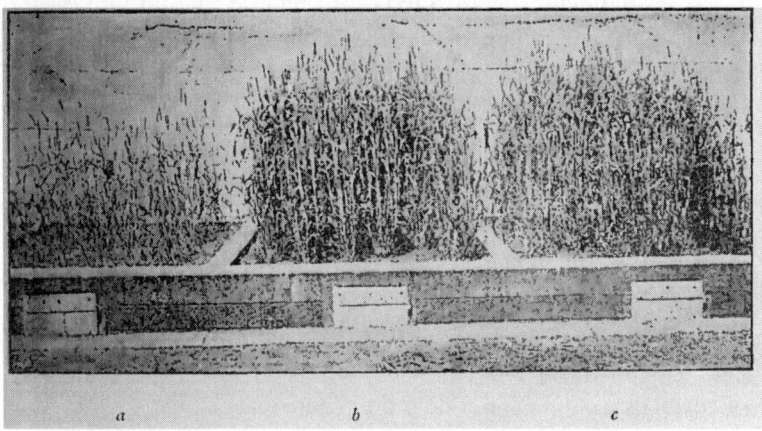

Figura 6. Las parcelas en el campo experimental del profesor Grandeau,
plantadas con granos de trigo, en tres suelos diferentes: a) arena pura; b) y
c) suelo cauterizado, cada grano plantado a 12 pulgadas de distancia.

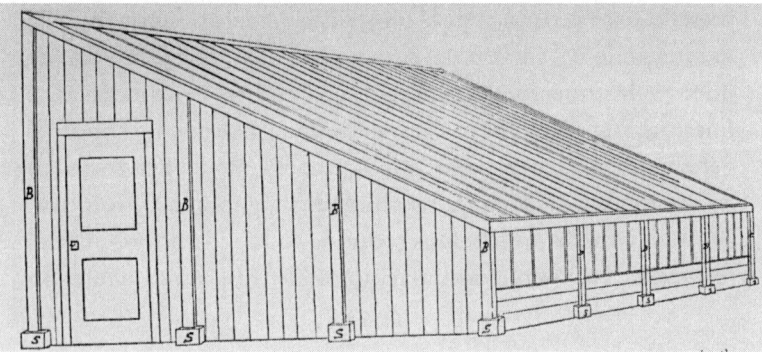

Figura 7. Invernadero alzado a partir de la descripción de Guernesey. (s)
piedras de hormigón montadas con el propósito de recibir la carga

PEQUEÑA INDUSTRIA Y PUEBLOS INDUSTRIALES

CAPÍTULO SEXTO

PEQUEÑA INDUSTRIA Y
PUEBLOS INDUSTRIALES 1ªParte

Industria y agricultura. –La pequeña industria. –Tipos diferentes. –
Pequeña industria en la Gran Bretaña: Sheffield: Distrito del Lago;
Birmingham. –*Pequeña industria en Francia*: Tejido y otras varias. –La
región de Lyon. –París, emporio de la pequeña industria.

Las dos artes humanas, agricultura e industria, no se han
hallado siempre tan alejadas una de otra como ahora. Hubo
un tiempo, que no se encuentra muy distante de nosotros, en
que ambas estaban completamente combinadas: los pueblos
eran entonces el asiento de una variedad de industrias. Los
artesanos de las ciudades no abandonan la agricultura, y en
muchas poblaciones se veían las dos perfectamente asociadas.
Si la ciudad de la Edad Media fue la cuna de estas industrias
que, tocando los límites del arte, tenían por objeto satisfacer
las necesidades de las clases ricas, siempre era la industria
rural la que hacía frente a las necesidades de los más, como

ha sucedido hasta nuestros días en Rusia, y también en una gran extensión en Alemania y Francia. Después vinieron los motores hidráulicos, el vapor, el desarrollo de la maquinaria, y se rompieron los lazos que anteriormente unían al taller y la granja. Las fábricas crecieron, y abandonaron los campos; se reunieron allí donde la venta de sus productos era más fácil, o donde las primeras materias y el combustible podían obtenerse con mayor ventaja

Se erigieron nuevas ciudades, y las antiguas se ensancharon rápidamente, quedándose los campos desiertos. Millones de trabajadores, arrojados materialmente de la tierra por la fuerza, acudieron a las ciudades en busca de trabajo, y olvidaron pronto los lazos que anteriormente les unían al terruño; y nosotros, desvanecidos ante los prodigios realizados por el nuevo sistema industrial, dejamos de apreciar las ventajas del antiguo, bajo el cual, el trabajador del campo era al mismo tiempo un obrero industrial. Nosotros condenamos a muerte todas esas ramas de la industria que antes prosperaban en los pueblos pequeños, no considerando como tal todo lo que no fuera una gran fábrica.

Los resultados, en verdad, fueron granes con relación al aumento de las fuerzas productivas de la humanidad, pero terribles respecto a los millones de seres humanos que fueron sumidos en la miseria, teniendo que vivir de los medio precarios que le ofrecían nuestras ciudades. Además, el sistema, considerando en su totalidad, trajo consigo esas condiciones anormales que he procurado bosquejar en los primeros capítulos. De este modo nos hallamos encerrados en un callejón sin salida; y mientras que de una parte un cambio completo de las presentes relaciones entre el capital y el trabajo se hace de imperiosa necesidad, una remodelación completa de toda nuestra organización industrial se ha hecho igualmente inevitable. Las naciones industriales están obligadas a retornar a la agricultura, necesitan buscar los mejores medios de combinarla con la industria, y deben hacerlo así sin pérdida de tiempo.

El examen de la cuestión particular respecto a la posibilidad de semejante combinación, es la aspiración de las siguientes páginas: ¿Es posible en cuanto se refiere al orden técnico? ¿Es conveniente? ¿Hay en nuestra presente vida industrial algunos rasgos que nos permitan presumir que un cambio en la dirección indicada encontraría los elementos necesarios para su realización? Tales son las interrogaciones que se producen en nuestra mente; y para contestarlas, creo no hay nada mejor que estudiar la rama inmensa, aunque menospreciada y desatendida, de industrias descritas con los nombres de rurales, industrias domésticas y pequeña industria. Estudiarlas, no en las obras de los economistas, quienes se hallan demasiado inclinados a considerarlas como tipos aislados de industria, sino en su propia vida, en sus luchas, en sus fracasos y en sus éxitos.

La variedad de formas de organización que prevalece en las industrias pequeñas no es ni remotamente sospechada por aquellos que no han hecho de su estudio un objeto especial. Hay, en primer lugar, dos importantes categorías: la de las industrias que se mantienen en los pueblos relacionadas con la agricultura, y la de las que viven en poblaciones grandes y pequeñas sin conexión alguna con aquélla, contando únicamente los trabajadores para su sostenimiento con su trabajo industrial.

En Rusia, en Francia, en Alemania, en Austria y en los demás países que se llaman civilizados, millones y millones de trabajadores se encuentran en el primer caso. En terrenos propios o arrendados tiene una o dos vacas, a menudo caballos, y cultivan sus campos o sus huertas, considerando el trabajo industrial perfectamente compatible con el agrario. En aquellas regiones sobre todo donde el invierno es largo y no es posible trabajar en el campo durante varios meses al año, esta forma de la pequeña industria se halla muy extendida. En este país, por el contrario, encontramos el sistema opuesto: pocas pequeñas industrias viven todavía en Inglaterra relacionadas con el cultivo de la tierra; pero centenares de industrias pequeñas tienen su asiento en los barrios pobres de las grandes ciudades. Partes importantes de algunas poblaciones de las grandes ciudades, tales como Sheffield y Birmingham, se buscan la vida con una variedad de industrias pequeñas. Entre estos dos extremos hay evidentemente un sin fin de formas intermedias, según sean mayores o menores los lazos que unen el trabajador a la tierra. Pueblos pequeños, y aun grandes, están habitados por trabajadores que se ocupan en pequeñas industrias. Los más tienen un huerto, una pequeña arboleda, un campo o algún derecho de pasto en los terrenos comunales, en tanto que una parte de los mismos vive exclusivamente de sus trabajos industriales.

Respecto a la venta de los productos, la pequeña industria ofrece la misma variedad de organización. Aquí hay también dos ramas principales. En una, el trabajador vende su producto directamente al comerciante al por mayor; los ebanistas y parte de los que trabajan en la industria de juguetes se hallan en este caso. En la otra, el obrero trabaja para «un maestro», quien, o bien vende el producto a un comerciante al por mayor, o simplemente actúa como un intermediario, limitado a cumplir las ordenes que recibe de alguna firma de importancia.

Este es, hallado con propiedad, el llamado «sistema del sudor», bajo el cual encontramos un gran número de pequeñas industrias, tales como parte de la de juguetes, la de los sastres que trabajan para los grandes establecimientos de confección, y muy a menudo para los del Estado; las mujeres que cosen y bordan el «aparado» para la fábrica de calzado, y que, por lo general, no hallan en la fábrica más que un intermediario de la explotación, y así sucesivamente. Todas las gradaciones posibles de feudalismo y sub-feudalismo se hallan evidentemente en esa organización de la venta de los productos.

Además, cuando se considera el aspecto industrial, o mejor dicho, el técnico de las pequeñas industrias, o mejor dicho, el técnico de las pequeñas industrias, pronto se descubre la misma variedad de tipos. Aquí también se encuentran dos grandes ramas: de una parte, esas industrias que son puramente domésticas, es decir, las que funcionan en la casa del obrero, con ayuda de la familia o de un par de trabajadores o jornal; y de la otra, las que están constituidas en talleres separados. Encontrándose en estas dos ramas todas las variedades antes mencionadas, respecto a las relaciones del trabajador con la tierra y a los distintos medios de disponer de los productos. Todas las industrias posibles, tejedores, trabajadores en madera, en metales, en hueso, en goma elástica y en otras muchas cosas, pueden encontrarse comprendidas en la categoría de industrias puramente domésticas, con todas las gradaciones posibles entre esta forma de producción y el taller y la fábrica.

Así, al lado de las industrias que se ejercen por completo

en la casa por uno o varios miembros de la familia, hay aquellas en que el maestro tiene un pequeño taller en su misma casa o unido a ella, en donde trabaja con su familia o con algunos oficiales o peones a jornal. O bien el artesano tiene un taller por separado y dispone de algún motor, como ocurre con los cuchilleros de Sheffield; o varios obreros se reúnen en una fábrica pequeña que sostienen o alquilan asociados, o sólo pueden trabar en ella mediante una renta semanal. Y en todos estos casos trabajan, ya directamente para el negociante, o bien para un maestro, o para algún intermediario. Un desenvolvimiento aún mayor de este sistema se halla en la gran fábrica, especialmente de ropa hecha, en la cual centenares de mujeres pagan un tributo por la máquina de coser, el gas, las planchas calentadas con gas, y así sucesivamente; y reciben una cantidad determinada por cada pieza o parte de ella terminada. En Inglaterra hay inmensas fábricas de esta clase, y aparecen, según testimonios presentados ante la «Comisión Investigadora», que las mujeres son terriblemente explotadas en tales talleres, en los que se les deduce de su reducido jornal a destajo, el precio total de cualquier pieza que haya sufrido el menor deterioro. Finalmente, existe el pequeño taller, a menudo con algún motor alquilado, en el cual un maestro tiene de tres a diez obreros, a quienes paga un jornal, vendiendo el género producido a otro maestro de más importancia o comerciante, habiendo toda clase de gradaciones entre esos talleres y las pequeñas fábricas, en que trabajan de cinco a veinte personas a jornal por cuenta de un productor independiente. Además, en la industria textil el tejido se hace con frecuencia, bien por la familia, o por un maestro que emplea sólo un muchacho, o varios tejedores, y que después de haber recibido el hilo de otro industrial mayor, paga a un tejedor hábil para que lo ponga en el telar. Inventa lo que se necesita para tejer un modelo muy complicado; y después de haber tejido la tela o la cinta en su propio telar o uno alquilado por él, se le paga la pieza de tela según una escala muy complicada de salarios, en la que de antemano han convenido patronos y obreros. Esta última forma, como pronto veremos, está muy extendida hasta nuestros días, especialmente en las industrias de lana y seda, existiendo al lado de esas grandes fábricas en las que 50, 100 o 5.000 asalariados, según el caso sea, trabajan con las máquinas del patrón y se les paga por jornadas de trabajo, ya sea diariamente o semanalmente.

La pequeña industria es así todo un mundo que, cosa singular, continúa existiendo aun en los países más industriales, al lado mismo de las grandes fábricas. En este mundo debemos ahora penetrar para echar sobre él una mirada, una mirada sólo, porque se necesitarían volúmenes para describir sus innumerables variedades de fundamento y organización, así como sus infinitamente diversas conexiones con la agricultura y otras industrias.

***

La mayor parte de las pequeñas industrias, excepto algunas aquellas que se hallan relacionadas con la agricultura, están, debemos admitirlo, en una posición bien precaria. Lo que se gana es muy poco, y con frecuencia el trabajo es inseguro. La jornada es dos, tres y hasta cuatro horas más larga que en las fábricas bien organizadas, y en ciertas estaciones alcanza una extensión verdaderamente increíble. En ellas, las crisis son frecuentes y durante años enteros; el trabajador está más a merced del traficante o del patrón, quién a su vez se encuentra dominado por el comerciante mayor. Ambos se encuentran en peligro de verse esclavizados por el último al convertirse en sus deudores.

En algunas de las pequeñas industrias, especialmente en la fabricación de textiles sencillos, los trabajadores se hallan en una espantosa situación; pero lo que pretenden que semejante miseria es la regla general, están totalmente equivocados. Cualquiera que haya vivido, supongamos, entre relojeros de Suiza, y conozca su vida privada, reconocerá que la situación de esos trabajadores es por todos conceptos, y sin comparación, material y moralmente superior a la de millones de obreros empleados en las fábricas. Aun en tiempos de las grandes crisis en esa industria, como la que se atravesó desde 1876 al 80, su condición era preferible a la de los asalariados de las fábricas durante una crisis en la industria o algodonera, cosa que saben muy bien los obreros.

Siempre que una crisis estalla en alguna rama de pequeña industria, no faltan escritores que anuncien su próxima desaparición. Durante la crisis que presencié en 1877 entre los relojeros suizos, la imposibilidad de la vuelta a la normalidad ante la competencia que hacían los relojes hechos a máquina, era el tema favorito de la prensado. Y otro tanto se dijo en 1882 con relación a la industria de la seda de Lyon, ocurriendo lo mismo cada vez que ha surgido una crisis en la pequeña industria. Y, sin embargo, a pesar de esas sombrías predicciones y del porvenir más oscuro todavía de los trabajadores esa forma de industria no ha desaparecido; por el contrario, la vemos dotada de una sorprendente vitalidad; sufre varias modificaciones, se adapta a condiciones nuevas, lucha sin perder las esperanzas de que vendrán tiempos mejores. De cualquier modo que se la considere, no se notan en ella los rasgos característicos de una institución decadente.

En algunas industrias la fábrica sale indudablemente victoriosa; pero hay otras ramas en las que la pequeña industria se mantiene firme. Hasta en la industria textil, que tantas ventajas ofrece el sistema de fábricas, el telar de mano compite todavía con el mecánico. En general, la transformación de las industrias pequeñas en gran industria, marcha con una lentitud que no puede menos que admirar aun a aquellos que están convencidos de su necesidad; y aun hay casos en que vemos suceder lo contrario, claro es que raras veces y sólo por un tiempo determinado. No puedo olvidar el asombro que me causó ver en Verviers, hará unos veinte años, que la mayor parte de las fábricas de tejidos de lana -inmensa barracas, con más de cien ventanas cada una, dado frente a la calle- estaban paradas, y su costosa maquinaria se enmohecía mientras se tejía, en casa de los tejedores, en telares de mano para los propietarios de esas mismas fabricas.

Esto, por supuesto, no es más que un hecho momentáneo, explicado suficientemente por el carácter espasmódico de la industria y las grandes pérdidas que experimentan los dueños de las fábricas cuando no pueden hacer que trabajen éstas todo el año; pero sirve para ilustrar los obstáculos con que tiene que luchar la transformación. Respecto a la industria de la seda, sigue extendiéndose por Europa en su forma de industria rural, en tanto que centenares de pequeñas industrias nuevas aparecen todos los años, y cuando no encuentran quien las apadrine en los pueblos pequeños -como sucede en este país- buscan el abrigo de los suburbios de las grandes ciudades, cosa que hemos podido conocer recientemente por la investigación hecha del llamado «sistema del sudor»

Ahora bien: las ventajas que ofrece una gran fábrica en compensación con el trabajo manual, son bien evidentes respecto a la economía de trabajo, y especialmente por las facilidades, tanto para la venta como para obtener la primera materia a precios más arreglados. Pero entonces, ¿Cómo se explica la persistencia de la pequeña industria? Muchas causas, sin embargo, cuya mayor parte no puede valorarse económicamente, influyen en su favor, las cuales podrán ser mejor apreciadas mediante las ilustraciones siguientes. Debe manifestar, no obstante, que hasta un ligero bosquejo de las innumerables industrias que existen en pequeña escala en Inglaterra y en el continente, traspasaría, con mucho, los límites de este capítulo.

Cuando empecé a estudiar el asunto, hará unos quince años, jamás sospeche, debido a la poca atención que le prestaban los economistas ortodoxos, lo amplio, complejo, importante e interesante de la organización, que resultaría como consecuencia de una investigación minuciosa; por cuyo motivo me veo obligado a no dar aquí más que algunas ilustraciones típicas, indicando tan sólo las líneas generales de la cuestión.

LA PEQUEÑA INDUSTRIA EN LA GRAN BRETAÑA

Según mis noticias, no hay en este país estadística alguna respecto al número exacto de trabajadores ocupados en las industrias domésticas, rurales y pequeñas en general. El asunto, en todas partes, no ha merecido nunca la atención que se le presta en Alemania, y especialmente en Rusia, y sin embargo, bien se pudiera asegurar que, aun en la Inglaterra de las grandes industrias, el número de aquellos que se ganan la vida en la pequeña, es más que probable que iguale, cuando no aventaje, al de los empleados en las fábricas[115].

De todos modos, hay una cosa que sabemos con seguridad, y es que los suburbios de Londres, Glasgow y otras grandes ciudades, están cubiertos de pequeños talleres; y hay regiones en donde la pequeña industria está tan desarrollada como en Suiza y Alemania, y de ello Sheffield es un buen ejemplo; la cuchillería de Sheffield -una de las glorias de Inglaterra- no se hace a máquina; se efectúa principalmente a mano.

Hay allí algunas, aunque pocas fábricas, que lo hacen todo, desde el acero mismo hasta el cuchillo o la herramienta concluida, y tienen brazos a jornal; pero, aun esas, según los informes que bondadosamente reunió para mí Edward Carpenter, dan fuera una parte del trabajo a los pequeños industriales. Pero la mayor parte de los cuchilleros trabajan en sus casas con sus familias o en pequeños talleres, con ayuda de un torno mecánico que alquilan por algunos chelines a la semana: muchos terrenos están

---

115 Hallamos consignado en varias obras económicas, que hay, sólo en Inglaterra, un millón de trabajadores empleados en las grandes fábricas, y 1 millón en la pequeña industria, hallándose incluidas en esta última las varias relaciones con la alimentación (paneras, carniceros, etc.) y la construcción de edificios; pero no sé hasta qué punto se puede confiar en estos datos.

cubiertos de edificios, subdivididos en infinidad de pequeños talleres, algunos de los cuales sólo ocupan algunas yardas cuadradas, y en ellos vi a herreros machacando todo el día hojas de cuchillo sobre un pequeño yunque, colocado próximo a la fragua; algunas veces, el herrero tiene un muchacho o dos. En los pisos superiores hay también numerosos talleres provistos de tornos, y en cada uno de ellos tres, cuatro o cinco oficiales y un «maestro» fabrican algunas veces, con ayuda de algunas máquinas de poca importancia, toda clase de utensilios: limas, sierras, hojas de cuchillos, navajas de afeitar, y así sucesivamente. El filo y el pulimento se dan también en pequeños talleres, y hasta se funde el acero en otros igualmente reducidos, cuyo personal no pasa de cinco o seis personas.

Cuando recorría estos talleres, me creía fácilmente trasportado a una población rusa de esta misma industria, como Paulovo o Vorsma. La cuchillería ha mantenido, pues, su antigua organización, siendo el hecho tanto más de notar, cuando que lo que ganan los cuchilleros es poco, por lo general. Pero, así y todo, ellos prefieren vegetar de esa manera, a entrar a ganar un jornal en una fábrica. El espíritu de las antiguas organizaciones industriales, de que tanto se habló hace veinticinco años, se ve, pues, que vive todavía.

Hasta hace poco, Leeds y sus alrededores eran el asiento de extensas industrias domésticas. Cuando Edward Baines escribió en 1857 su primera relación de las industrias del condado de York (*Yorkshire Partst and Present,* de Ih. Baines) la mayor parte de la lana tejida en aquella región se hacía ha mano[116]. Dos veces a la semana las telas tejidas a mano se traían al local destinado

---

116   Cerca de la mitad de los 43.000 operativos empleados en aquella época en la industria lanera de este país. Tejían en telares de mano, así como una quinta parte de las 79.000 personas ocupadas en las estambreras.

para su venta, donde las compraban los comerciantes para arreglarlas y darles la última mano en sus fábricas; y aunque había filaturas montadas por varios industriales asociados, para preparar e hilar la lana, ésta se tejía a mano por los mismos y sus familias. Doce años después, el telar de mano era reemplazado en mucha parte por el mecánico; pero estos industriales, deseosos de mantener su independencia, acudieron a una organización particular: alquilaron un local o parte de él, y algunas veces un telar mecánico en un taller, y trabajaron independientemente: organización característica, sostenida en parte hasta nuestros días, y muy a propósito para ilustrar el esfuerzo de los pequeños industriales para mantener su independencia, a pesar de la competencia de la fábrica.

Y hay que advertir que los triunfos de las fábricas se obtuvieron sólo por medio de las más fraudulentas adulteraciones y lo mal que se pagaba a los niños. La urdimbre de algodón vino a ser cosa corriente en telas llamadas de «lana pura», y la cardada de trapos viejos recogidos en todo el continente, y que antes sólo se empleaba en mantas fabricada para India y América, llegó a hacerse de uso general. En esta clase de géneros, la ventaja era de la máquina, y sin embargo, hay ramas de la industria lanera donde el tejido a mano es todavía lo general, especialmente en los géneros de lujo, que continuamente reclaman nuevas adaptaciones para los pedidos del momento. De este modo, y sin remontarnos más allá de 1881, los telares de mano de Leeds estaban bastante ocupados con la fabricación de lanas imitando piel de foca.

La variedad de industrias domésticas establecidas en el distrito del Lago es mucho mayor de lo que pudiera esperarse; pero aún no han sido exploradas detenida y cuidadosamente. Yo me limito a mencionar los que hacen las anillas, la industria de las banastas, los braseros para carbón de caña, los constructores de brocas, las pequeñas hornillas de hierro, que queman carbón vegetal en Backoarruw, y así sucesivamente[117]. No conocemos en su totalidad la pequeña industria de este país, y por eso nos encontramos algunas veces con hechos completamente inesperados. Pocos de los escritores del continente que se ocupan de asuntos industriales, podrían, en verdad, imaginar que todavía se hacen clavos a mano por miles de hombres, mujeres y niños en el Black Country del sur del condado de Stafford, así como en el Derby[118]. O que las mejores agujas son el producto del trabajo manual en Redditch. También se hacen cadenas a mano en Dudley y Crandley, y aunque la prensa se ve impulsada a hablar periódicamente de la deplorable condición de los hombres y mujeres que trabajan en esta industria, se sigue sosteniendo, y, mientras tanto, cerca de 7.000 personas trabajan sin descanso en sus pequeños talleres de Wallsall, Walverhampton y Willenhall, en la construcción de cerraduras, aun de las clases más inferiores. Y los varios artículos de hierro que se necesitan para el equipo del caballo, tales como bocados, espuelas, barbadas, etc., se hacen también a mano Walsall.

Las industrias de armas de fuego de Birmingham, que también se hallan comprendidas en el dominio de las pequeñas, son bien conocidas. Y en cuanto a la varias ramas en que se divide la industria del vestido, hay importantes regiones del Reino Unido, donde una variedad de industrias domésticas, relacionadas con ella, se hallan establecidas en gran escala. Me encontraré, sin embrago, con referirme a las industrias de aldea, de Irlanda, como también a algunas de las que han sobrevivido

---

117 Notas de E. Roscoe en el *English Ilustrated Magazine*, Mayo, 1884.
118 *Cuida to English Industries*, por Bevan.

en los condados de Buckingham, Oxford y Bedford. La industria de medidas es muy común en los pueblos pequeños de los condados de Nottingham y Derby, y muchas firmas de Londres mandan telas, para que hagan vestidos, a los pueblecitos de los condados de Susses y Hamp.

La industria de las medias de lana es muy común en los condados de Leicester, y especialmente en Escocia, y la de sombreros y objetos de paja, en muchas partes del país. En tanto que, en Northampton, Leicester, Ipswich y Stafford, la industria del calzado fue, hasta hace poco, una ocupación doméstica muy extendida, por lo general, en pequeños talleres; todavía, en Norwich, persiste algo de ella, que no deja de tener importancia a pesar de la competencia de las fábricas. Debe también tenerse en cuenta, que la reciente aparición de importantes fábricas de calzado ha aumentado considerablemente el número de muchachas y mujeres que «paran» en sus casas o en talleres de los llamados del «sudor».

La pequeña industria es un factor de la vida industrial, aun en la Gran Bretaña, a pesar de que una buena parte de ella se ha replegado a las poblaciones grandes. Pero si hallamos en este país muchas menos industrias rurales que en el continente, no debemos imaginar que su desaparición sea solamente debida a la competencia más encarnizada de la fábrica: la causa principal fue el alejamiento forzoso de las aldeas.

Como todos saben por obra de Thorold Rogers o, al menos, por las conferencias de Toynbee, el crecimiento del sistema de fábricas en Inglaterra estaba íntimamente relacionado con ese obligado éxodo. Industrias enteras que prosperaban en las aldeas, fueron muertas de un solo golpe, al obligar a las poblaciones rurales a abandonar el campo[119]. Los talleres, mucho más que las fábricas, se multiplicaban desde el momento que encuentran jornales bajos; y es un rasgo característico de este país que los más bajos, o sea el mayor número de gente desvalida, se encuentre en los grandes centros de población. La agitación formada (sin resultado) con motivo de «el alojamiento de los pobres», «Los parados» y «el sistema del sudor», han puesto completamente de manifiesto ese aspecto de la vida económica de Inglaterra y Escocia. Las laboriosas investigaciones de M. Charles Booth, han demostrado que, una cuarta parte de la población de Londres, esto es, 1 millón, de 3.800.000, se considerarían felices si sus cabezas de familia pudieran ganar regularmente algo así como 25 francos a la semana el año entero. La mitad se conformarían con menos; es tanta la demanda de trabajo en Whitechapel y Southwark, como igualmente en los suburbios de todas las principales ciudades de la Gran Bretaña, y por consecuencia, tan reducido el precio del jornal, que la pequeña industria y la doméstica, que en el continente se hallan desparramadas por los distritos rurales, en este país se reconcentran en las ciudades. No hay datos suficientes respecto a la pequeña industria, pero un simple paseo a través de los barrios pobres de Londres servirá para dar una idea de la variedad de pequeñas industrias que tanto abundan en la metrópoli, como asimismo en todas las importantes aglomeraciones urbanas.

Las pruebas presentadas ante el «comité del sistema de sudor», han demostrado hasta qué punto los palacios dedicados a la venta de muebles y ropa hecha, y los grandes bazares de Londres, no son a menudo más que meras exhibiciones de

---

119   Thorol Rogers, *Sentido Económico de la Historia*; (edición española) A. Toynbee, *Lectures on the Industrial Revolución in England*.

muestras, o mercados para la venta de los productos de la pequeña industria. Miles de explotadores, algunos de los cuales tienen talleres propios, y otros que no hacen más que distribuir trabajo a unos sub-explotadores, quienes lo reparten a su vez entre los desvalidos, surten a esos palacios y bazares de artículos hechos en las bohardillas o en talleres muy reducidos. Lo que *está* centralizado en estos bazares es el comercio, pero no la industria; esos grandes bazares es el comercio, pero no la industria; esos grandes establecimientos no hacen más que representar el papel que el castillo feudal desempeño anteriormente en la agricultura: centralizan las utilidades, no la producción.

En realidad, la extensión de la pequeña industria, al lado mismo de las grandes fábricas, no es cosa que nos deba admirar: es una necesidad económica; la absorción de la pequeña industria por la grandes es un hecho, pero hay otro que marcha paralelamente con el anterior, y que consiste en la continua creación de nuevas industrias, las cuales, por lo general, empiezan siempre en pequeña escala. Cada nueva fábrica llama a la existencia de varios talleres pequeños, en parte también para someter sus productos a nuevas transformaciones. Así, para citar sólo un ejemplo, diré que la fábrica de algodón ha creado una gran demanda de canillas y devanadores de madera, y miles de personas en el distrito del Lago se hallan trabajando en su construcción, primero a mano y después con ayuda de alguna máquina de poca importancia. Sólo muy recientemente, después de años de estudios empleados en mejorar y perfeccionar la maquinaria, es cuando las canillas han empezado a hacerse en gran escala en las fábricas. Y aun ahora, como las máquinas son muy costosas, una gran cantidad de canillas se hacen en pequeños talleres, con muy poco auxilio de las máquinas, en tanto que las fábricas mismas son relativamente pequeñas, y raras veces tienen más de cincuenta operarios, la mayoría chiquillos. Las devanaderas de forma irregular, todavía se siguen haciendo a mano, o en parte en pequeñas máquinas inventadas a mano, o en parte en pequeñas máquinas inventadas a cada paso por los trabajadores. De este modo crecen nuevas industrias que suplantan a las antiguas; cada una de las cuales pasa por un estado preliminar, en pequeña escala, antes de llegar a la categoría de la fábrica, y mientras más activo sea el genio inventivo de una nación, mayor será el número de estas nacientes industrias que posea. Los innumerables talleres de construcción de bicicletas que últimamente se han establecido en este país, y que reciben ya hechas, de las grandes fábricas, las diferentes partes de que se compone el aparato, son buena prueba de los que decimos, así como la fabricación doméstica de cajas para fósforos, calzado, sombreros, dulces y otras por el estilo.

Además, la fábrica estimula el nacimiento de nuevas pequeñas industrias, por la creación de nuevas necesidades. Lo barato del algodón y de la lana, del papel y del bronce, han dado vida a centenares de otras nuevas pequeñas industrias. Todas las casas particulares están llenas de sus productos, en su mayor parte de las cosas inventadas modernamente. Y aunque algunas de ellas ya se producen por millones en las fábricas, todas han pasado por el estado de pequeños talleres, antes de que la demanda fuera lo suficientemente grande para necesitar el concurso de la fábrica. Mientras más nuevas invenciones tengamos, más aumentará el número de las pequeñas industrias, y mientras mayor sea el número de éstas, más se desarrollará el genio inventivo, cuya ausencia es tan justamente lamentada en este país por W. Armstrong, entre otros muchos.

No debemos, pues, admirarnos de ver muchas industrias

pequeñas en este país; pero habremos de lamentar que el mayor número de ellas haya tenido que abandonar los campos, a consecuencia de las malas condiciones del arrendamiento de la tierra, y tenido que emigrar tan considerablemente a las ciudades, en detrimento de la agricultura.

LA PEQUEÑA INDUSTRIA EN FRANCIA

La variedad de pequeñas industrias que se encuentran en Francia es bien grande, representando un papel muy importante en la economía nacional; considerándose como un hecho, que, mientras que una mitad de su población vive de la agricultura, y una cuarta parte de la industria, ésta se vuelve a dividir a su vez entre la gran industria y la pequeña, ocupando la última sobre 1,5 millones de trabajadores, y sosteniendo de 4 a 5 millones de personas. A estas hay que agregar un considerable número de campesinos que apelan a la industria pequeñas, sin abandonar por eso la agricultura, y lo que éstos ganan en las primeras es de tanta importancia que, en muchas partes de país, las propiedades de las poblaciones rurales no podrían mantenerse sin la ayuda derivada de aquéllas.

Los pequeños agricultores saben lo que les espera el día que tengan que acudir a la población a ganar el jornal de una fábrica, y mientras que los prestamistas y usureros no los despojen de sus tierras y de sus causas, y no se hayan perdido del todo los derechos sobre pastos y montes comunales, se aferrarán a una combinación de la industria y de la agricultura.

No teniendo en la mayoría de los casos caballos con que labrar la tierra, acuden a un recurso que es muy común, ya que no pueda decirse universal, entre los pequeños propietarios rurales de Francia, aun en aquellos distrito que son completamente agrícolas (lo vi en práctica en el Haute-Savoie). El campesino que tenga un arado y un par de bestias, labra todos los campos alternativamente: y al mismo tiempo, debido a un amplio sostenimiento del espíritu comunal, que he descrito en otro lugar[120], encuentra nueva ayuda en el pastor comunal, el lagar comunal, también, y otras varias formas de «auxilios» en vigor entre la gente de campo. Y donde quiera que se mantenga el espíritu comunal de las aldeas, la pequeña industria persiste, sin que se perdonen esfuerzos por mejorar el cultivo de las pequeñas parcelas.

Los horticultores y el cultivo de frutales suelen ir a menudo dándose la mano con la pequeña industria, y siempre que se halla un bienestar en su suelo relativamente improductivo, es casi en general debido a una combinación de las dos artes hermanas; notándose, al mismo tiempo, las más maravillosas adaptaciones de las pequeñas industrias a las nuevas necesidades, así como un progreso substancial y práctico en los métodos de producción.

Puede hasta decirse de Francia, como se ha dicho de Rusia, que cuando una industria rural muere, la causa de su desaparición no se encuentra tanto en la competencia de las fábricas rurales -pues en centenares de localidades la pequeña industria sufre una completa modificación o cambia, su carácter en tales casos- como en el decaimiento de la población en el concepto de *agriculturista*. Vemos continuamente que sólo cuando los pequeños terratenientes han sido arruinados como tales por un conjunto de causas, como la pérdida de dehesas comunales, una elevación anormal de la renta, o el estrago causado en algunas localidades por los *marchands de biens* (estafadores que incitan a los labriegos a comprar créditos), o la quiebra de alguna compañía por acciones, las cuales habían sido inocentemente tomadas por aquéllos[121],

---

120 *Nineteenth Century*, Marzo, 1896.
121 Véase Baudeillrt, *Les populations agricole de la France*, Normandie.

solo entonces, abandonan la tierra y las industrias rurales, emigrando hacia las poblaciones mayores. Ocurre también la aparición de una nueva industria cuando la competencia que hace la fábrica resulta muy intensa; siendo tan admirable como inesperada la adaptabilidad desplegada por la pequeña industria. En otras ocasiones, el artesano rural acude a alguna forma de labranza extensiva, horticultura, etc., y entre tanto, alguna otra industria hace su aparición.

Es indudable que en casi todas las industrias textiles, el telar mecánico aventaja al de mano, y la fábrica ocupa, o ha ocupado ya, el puesto de la industria rural.

Las cintas y las telas sencillas de algodón se producen hoy mecánicamente con tal economía, que el tejido a mano viene a ser, evidentemente, un anacronismo, en cuanto a las clases citadas se refiere. En su consecuencia, aun cuando había en Francia en el año 1876, 328.300 telares de mano contra 121.340 mecánicos, puede afirmarse, sin temor, que el número de los primeros se ha reducido considerablemente en los últimos veinte años. Sin embargo, la lentitud con que este cambio se realiza es uno de los rasgos más característicos de la presente organización de la industria textil en el país.

Las causas de estas fuerzas de resistencia del tejido a mano se hacen más visible cuando se consultan tales obras, como *Le Coton*, de Reybaud, que fue escrita en 1863, hace más de treinta años, es decir, en un tiempo en que la industria rural aún gozaba de vida. Aunque partidario ardiente de la gran industria, Reybaud[122] hizo notar lealmente la evidente superioridad de bienestar que existe en la casa del tejedor de mano o aldea, comparada con la miseria en que se hallan

---

122   Marie Roch Louis Reybaud

sumidos los asalariados de las fábricas en las poblaciones urbanas. Ya entonces las ciudades de Saint Quentin, Lille, Roubaix y Amiens eran grandes centros donde había importantes fábricas de algodón; pero, al mismo tiempo, se tejían algodones de todas clases en telares de mano, en los mismo suburbios de Saint Quentin y en centenares de pueblos y aldeas de sus inmediaciones, destinados a la venta, para ser concluidos en la ciudad. Y Reybaud insistía sobre el contraste que presentaban las horribles habitaciones de los asalariados de las fábricas y sus condiciones generales, con el relativo bienestar de los tejedores agrarios, pues casi todos estos últimos tienen su casa propia y un pedazo de terreno que nunca dejan de cultivar[123].

Aun en ramos tales como el de la fabricación de algodones lisos felpados, en que tanto hacía sentir la competencia de la fábrica, el tejido en telares de mano estaba muy generalizado en 1863, y hasta en 1878, en los alrededores de Amiens. Por más de que sea poco, comúnmente, lo que ganan los tejedores de los campos, ellos prefieren sus casitas, su pequeño cultivo y su ganado; y sólo crisis comerciales repetidas, así como algunas de las causas antes mencionadas, hostiles a los pequeños agricultores, pudieron obligarlos a darse por vencidos y buscar trabajo en las fábricas, a pesar de lo cual, una parte de ellos ha vuelto otra vez a la labranza o se han dedicado a la horticultura.

Otro centro importante de la industria rural estaba en las proximidades de Rouen, donde no bajaban de 110.000 personas las empleadas en 1863 en tejer algodones para las fábricas afinadoras de dicha ciudad. En el valle del Andelle, en

---

123   Le Coton, pág. 170.

el departamento de Eure, cada pueblecito era en aquella época una colmena industrial, cada arroyo se utilizaba para servir de fuerza motriz a una fábrica pequeña. Reybaud describe la condición de los trabajadores rurales, que combinaban la agricultura con el trabajo en las fábricas campestres, como muy satisfactoria, especialmente si se le comparaba con la de los habitantes de las buhardillas en Rouen, y aún cita uno o dos casos en los que las fábricas del pueblo permanecen a la comunidad.

Diecisiete años después, Bandrillar[124] nos pinta la misma región casi en idénticos términos; y aun cuando las fábricas rurales han tenido bastante que ceder ante las grandes de las ciudades, la industria rural fue apreciada como productora de un rendimiento anual de 85 millones de francos.

En la actualidad, las fábricas deben haber adelantado más todavía; pero vemos aún, por las excelentes descripciones de M. Ardouin Dumazet -cuya obra tendrá en el provenir casi el mismo valor que los *Travels de Arthur Young*- que un número importante, que una parte considerable de los tejedores rurales existe todavía. En tanto que con frecuencia se oye decir, hasta en estos mismo días, que un bienestar relativo es cosa corriente en los pueblos y aldeas donde el tejido está relacionado con la agricultura.

Apreciando la cuestión en su estado general, debemos, sin embargo, decir que en el Norte de Francia, donde se fábrica el algodón a gran escala en las fábricas de las ciudades, el tejido a mano de las poblaciones agrarias casi ha desaparecido. Pero las cosas varían de aspecto cuando nos fijamos en otras regiones de Francia, en las que prevalecen

---

124 *Les populations agricole de la France*, Normandie.

otras industrias.

Deteniéndonos en la región situada entre Rouen al Nordeste, Orleáns al sudeste, Rennes al Noroeste y Nantes al Sudoeste, esto es, las antiguas provincias de Normandía, Perch y Maine, y parte Turena y Anjou, como las halló Ardouin Dumazet en 1895, vemos que existen allí infinidad de pequeñas industrias fabriles y domésticas, lo mismo en las ciudades que en los campos.

En Laval (al sudeste de Rennes), donde los driles[125] se tejían anteriormente de lino en telares de mano, y en Alençon, gran centro en otro tiempo del tejido rural, tanto en telas como de cintas, el referido autor encontró, lo mismo en la industria doméstica que la pequeña fábrica, en un estado lamentable. El algodón es ahora preferido; de él se hacen los driles en las fábricas, y la demanda de géneros de lino es muy pequeña: así que el tejido, tanto doméstico como fabril, del lino, ha decaído mucho. Los aldeanos abandonan esa clase de trabajo, y las grandes fábricas que se habían montado en Alençon con la intención de crear la industria de géneros de lino y cáñamo, tuvieron que cerrarse. Sólo ha quedado una fábrica que ocupa a 250 operarios, en tanto que cerca de 23.000 tejedores que encontraban ocupación en Mans, Fresnay y Alençon en tejidos de cáñamo y telas finas, han tenido que abandonar esa industria. Los que trabajan en las fábricas han tenido que emigrar a otras poblaciones, mientras que los que no habían roto por completo con la agricultura, buscaron en ella refugio. En esta lucha del algodón contra el lino y el cáñamo, fue la victoria del primero.

---

125   Tela fuerte de hilo o de algodón crudos.

En cuanto a las cintas y encajes, se fabrican en tal cantidad
a máquina en Calais, Caudry y, St. Quentin y Tarare, que
sólo algo de lo más superior y artístico se sigue haciendo a
mano en Alençon; pero en sus inmediaciones aún continúan
siendo una ocupación, a la que el campesino dedica una
parte de su tiempo. Además, en Flers y Ferté Macé (pequeña
población, al Sur de la primera) el tejido a mano se sostiene
en 5.400 telares, aunque la industria entera, lo mismo en
fábricas que en aldeas, está en un estado deplorable desde
que se perdió el mercado español, pues ahora hay en España
bastantes fábricas de algodón. Doce grandes filaturas de
Condé, donde se hilaron 4.000 toneladas de algodón en
1883, se abandonaron en 1893, quedando los trabajadores
en la más espantosa miseria[126].

Por el contrario, en una industria cuyo mercado sea
interior, como, por ejemplo, la de la fabricación de pañuelos
de hilo, que es creación reciente, vemos que el tejido rural
se halla, aun hoy día, en completa prosperidad. Chalet (en
Maine-et-Loire, al sudoeste de Angers) es el centro de esa
industria; tiene una filatura y una fábrica de tejido; pero las
dos reunidas ocupan menos brazos que el tejido domésticos,
que se halla extendido en unos 200 pueblos y aldeas
comarcales[127]. Ni en Rouen ni en las ciudades industriales
del Norte de Francia hay tantas fabricaciones de pañuelos de
hilo como en esta región, donde sólo se usa el telar de mano,
nos dice Ardouin Dumazet.

Dentro de la curva que hace el Loire a su paso por
Orleáns, encontramos otro centro próspero de industrias

---

126   Ardouin Dumazet, Vol. II, pág. 167.
127   En Maine-et-Loire, *La Vendee*, Loire Inferieure Deuz Séures.

domésticas, relacionadas con el hilo. «Desde Romorantin (en Loire-et-Cher, al sur de Orleáns) hasta Argenton y Le Blanc -dice el mismo autor- tenemos un taller donde se bordan pañuelos, así como camisas, cuellos, puños y toda clase de telas para señoras. No hay no una sola casa, aun en la más pequeña aldea, donde las mujeres no estén ocupadas en esa industria...; y esta clase de trabajo sólo constituye un mero *pasatiempo* en las regiones vitícolas, aquí ha venido a ser el principal recurso de la población[128]». Hasta en el mismo Romorantin, donde hay 400 mujeres y niñas empleadas en una sola fábrica, pasan de 1.000 mujeres las que viven de la costura en casa. Y otro tanto puede decirse de un grupo de pueblos industriales, poblados de pañeros, en las inmediaciones de otra ciudad normanda: Elbeuf. Cuando Bandrillart lo visitó en 1878-80, quedó impresionado al ver las ventajas incuestionables que ofrecía una combinación de la agricultura con la industria. Casas limpias, gentes aseadas y señales de un relativo bienestar, se encontraban por todas partes.

Afortunadamente, el tejer no es la única pequeña industria de esta región, y de la Bretaña; por el contrario, otras muchas le prestan vida y animación. En Fougeres (en Ill-et-Villaine, al Nordeste de Reims) se ve de qué modo la fábrica ha contribuido al desenvolvimiento de varias pequeñas y domésticas industrias. En 1830, esta población era un gran centro de fabricación doméstica del llamado *chaussons de trece* (escarpín tejido). Pero la competencia de la prisión mató esta industria primitiva, la cual, sin embargo, fue pronto sustituida por la de escarpines de fieltro (*chaussons*

---

128 Ardouin Dumazet. Vol. I, págs. 117 y siguientes.

de feutre). Más también está última fracasó, introduciéndose entonces la del calzado, que dio origen, a su vez, a las fabricas del mismo, de las cuales hay ahora 33 en Faougeres, con 8.000 trabajadores, produciendo 5 millones de pares de calzado al año. En tanto, la pequeña industria marchaba en sus casas en el «aparado» y en bordar zapatos de lujo. Además, un número importante de talleres aparecieron en la región, destinados a hacer cajas de cartón, tacones de madera y otras cosas por el estilo, así como un gran número de tenerías, entre grandes y pequeñas. Respecto a lo cual, observa M. Ardouin Dumazet, que uno se sorprende al encontrar que, debido a estas industrias, un nivel más elevado de bienestar se encuentra en estos pueblos, cosa verdaderamente imprevista, tratándose del centro de una puramente agrícola[129].

En Bretaña, en las inmediaciones de Quimperlé, hay un gran número de pequeños talleres dedicados a la fabricación de sombreros de fieltro, que usa la gente del campo, esparcidos por toda la comarca; y la agricultura, que progresa rápidamente, contribuye, al par que dicha industria, a hacer fácil la vida en ella[130]. En Hennebout (en la costa Sur de Bretaña), 1.400 trabajadores se hallan empleados en una inmensa fábrica de latas para conservas, y todos los años, de 22 a 23 toneladas de hierro son transformadas en acero, y luego en lata, que se manda a París, Burdeos, Nantes y otras partes. Esta fábrica ha creado un enjambre de talleres de hojalatería, en esta región puramente agrícola: además de los mencionados, hay talleres de otras varias clases, y en algunos se transforma la escoria en abono. Aquí la agricultura y la

---

129   Vol. V, pág. 270.
130   Ardouin Dumazet, vol. V. 215.

industria se dan la mano; y la conveniencia de conservar su unión se halla tal vez mejor demostrada que en ninguna otra parte, en Londeac, pequeña población del centro de Bretaña (Departamento de Cotes du Nord). Anteriormente, los pueblos en esta comardca eran industriales, hallándose poblados de tejedores que fabricaban renombrados lienzos de Bretaña; pero como esta industria ha decaído mucho, los tejedores han vuelto la vista a la tierra; de industrial, Londeac ha pasado a ser población agrícola de importancia[131]; y lo que resulta más interesante es, que estas poblaciones conquistan nuevas tierras para la agricultura, convirtiendo las antes improductivas landes (landas) en ricos campos de trigo, en tanto que en la costa Norte de Bretaña, en los alrededores de Dol, en tierras que empezaron a conquistarse al mar en el siglo XII, el cultivo hortícola ha tomado ahora grandes proporciones, dedicándose principalmente a la exportación a Inglaterra.

Bajo cualquier concepto que se mire, es digno de llamar la atención, al recorrer las páginas del pequeño volumen del mencionado autor, de qué modo las industrias domésticas marchan mano a mano con toda clase de pequeña industria agrícola, tales como horticultura, cría de gallináceas, conservas de frutas, etc.; y con que tengan por objeto favorecer la venta y la exportación. Mans, como es bien sabido, es un gran centro de exportación de gallináceas para Inglaterra.

Parte de Normandía, esto es, el departamento de Eure y Orne, está dotado de pequeños talleres, en los que artículos de metal y quincalla se fabrican todavía en las pequeñas poblaciones. Claro es que a la fabricación doméstica de

---

131   Ibíd., Vol. Págs. 259-266

los alfileres le falta poco para desaparecer; y en cuanto a las agujas, sólo su pulimento, en forma muy primitiva, es lo que subsiste aún en dichos lugares. Pero, sin embargo, en ellos se fabrica toda clase de quincallería, incluyendo en esta los clavos, corchetes, etcétera, en gran variedad, especialmente en los alrededores de Laigle. También se hacen trabajos de costura en algunos pequeños talleres de los pueblos, a pesar de la competencia del trabajo hecho en la prisión[132].

Tinchebrai (al oeste de Flers), es un verdadero centro para una variedad de géneros menudos de hierro, nácar y objetos de cuerno: los campesinos fabrican quincalla de todas clases en el tiempo que les deja libre la agricultura. Verdaderas obras de arte, algunas de las cuales fueron muy admiradas en la Exposición de 1889, son producidas por estos humildes escultores rurales, en cuerno, nácar y hierro. Más al sur, el pulimento del mármol se efectúa en muchos talleres pequeños, repartidos por los alrededores de Solesmes, y agrupados en torno de un establecimiento central, en el cual se le da a la piedra sus líneas generales con ayuda del vapor, entregándola después a los talleres de los pueblos para que concluyan el trabajo. En Sablé, los que trabajan en ese ramo tienen todos casa y huerto, gozan hasta cierto punto de un verdadero bienestar, en que especialmente se fijó nuestro viajero[133].

En las regiones forestales del Perch y el Maine, encontramos toda clase de industrias, basadas sobre la madera, que evidentemente no podrían mantenerse sin la

---

132 Hace algunos años publiqué una información sobre el trabajo en la prisión francesa, en un libro titulado, *In Russian and French Prisons*, (En las prisiones rusas y francesas), London, 1888.

133 Ardouin Dumazet, vol. II, pág. 51.

posesión comunal del bosque. Cerca del de Porseigne hay un pueblecito, Fresmaye, que está completamente habitado por labradores en madera.

«No hay una sola casa -dice Ardouin Dumazet- donde no se fabriquen objetos de madera. Hace algunos años había poca variedad en sus productos; cucharas, cajas para la sal, cajas de muñecos, escalas, varias piezas de madera para tejedores, flautas y oboes, husos, medidas de madera, embudos y bolos de madera, era todo lo que se hacía; pero París necesitó un sin fin de cosas en que la madera se combinaba con el hierro: ratoneras, cajas de relojes, cucharones, escobas… Y ahora todas las casas tienen su taller con un torno o alguna otra herramienta mecánica para cortar, labrar y tornear la madera… Esto dio lugar a la creación de una nueva industria, y ahora se fabrican allí las cosas más curiosas y bonitas; y, debido a ésta industria, la gente es feliz. Las ganancias no son elevadas, pero cada trabajador tienen una casa y una huerta propias, y en ocasiones un pedazo de terreno de labor[134]».

En Neufchâtel se hacen zapatos de madera, y la morada del labriego -se nos dice- tiene un aspecto alegre y risueño: todas las causas poseen un huerto unido a ellas, y no se ven allí las miserias de las grandes ciudades. En Yupilles y sus inmediaciones se producen otras variedades de artículos de madera: embudos, cajas de diferentes clases, en unión de los zapatos de madera; mientras que en el bosque de Vibreye se han montado dos talleres para la construcción de puños de paraguas a millones para toda Francia. Y como uno de estos talleres ha sido fundado por un tallista, éste ha inventado e introducido en él más curiosas herramientas mecánicas.

---

134   Ardouin Dumazet, vol. I, págs. 305 y 306.

Sobre 150 personas trabajan en esta fábrica; pero es indudable que media docena de talleres pequeños, esparcidos por los contornos, hubieran dado el mismo resultado.

***

Yendo ahora a una región muy diferente -el Nievre en el centro de Francia, y Haut Marne en el Este- veremos que ambas regiones son grandes centros de una variedad de pequeñas industrias, algunas de las cuales están sostenidas por asociaciones de trabajadores, en tanto que otras han crecido a la sombra de las fábricas. Los antiguos talleres de herrería, que anteriormente cubrían el país, no han desaparecido: han sufrido una transformación, y ahora está aquél lleno de pequeños talleres, en los que la maquinaria agrícola, productos químicos y alfarería se producen; «hay necesidad de llegar hasta Guerign y Jourchambault para encontrar la gran industria[135]», mientras que infinidad de pequeños talleres, destinados a la fabricación de quincallería variada, florecen a su lado, recibiendo la vitalidad que necesitan de aquellos centros industriales. La alfarería es una fuente de riqueza en el valle del Loire, hacia Nevers: en éste las fábricas de cerámica producen género de primera, en tanto que en los pueblos se hace lo más corriente, que es exportarlo por traficantes que lo van vendiendo por ahí. En Gien, una gran fábrica de botones de china (hechos de feldespato en polvo, mezclado con leche) se estableció no ha mucho, y emplea 1.500 trabajadores, que producen de 3.500 a 4.500 libras de botones diariamente, y, como ocurre con frecuencia, parte del trabajo se hace en las aldeas. En muchas millas, a ambas

---

135   Ardouin Dumazet, vol I, pág. 52.

márgenes del Loire, en todos los pueblos y aldeas, viejos, mujeres y niños, cosen los botones al cartón. Inútil es decir que semejante clase de trabajo es pésimamente retribuido, pero sólo se acude a él por no haber otro género de industria por allí, a la que la gente del campo pudiera dedicar su tiempo libre.

En la misma región del Haut Marne, especialmente en las inmediaciones de Nogent, encontramos la cuchillería, como ocupación simultánea con la agricultura. La propiedad territorial se halla muy dividida en esa parte de Francia, y mucho se halla muy dividida en esa parte de Francia, y muchos labriegos no tienen más que dos o tres acre por familia, y a veces menos. En su consecuencia, en treinta pueblos en torno de Nogent, sobre 5.000 personas se hallan invertidas en la cuchillería, particularmente en la de primera calidad (cuchillos *artísticos* se venden en ocasiones hasta a 500 francos la pieza), mientras que las clase más inferiores se fabrican en las inmediaciones de Thiers, en Puy de Dôme (Auvergne)

La industria se ha desarrollado espontáneamente en Nogent sin ninguna ayuda del exterior, y en su parte técnica muestra un progreso considerable[136]. En tanto que en Thiers, donde se hace la clase de cuchillería más barata, la división del trabajo, lo económico de la renta para los pequeños talleres provistos de fuerza motriz tomada del río Durolle o de pequeños motores de gas, el concurso de una gran variedad de máquinas-herramientas, inventadas al efecto, y la combinación que allí existe del trabajo mecánico con el

---

136   Profesor Issaieff en las *Trudy Hustarnoi Hommissü* (Memorias de la Comisión de la pequeña industria) Vol. V.

manual, han dado por resultado tal perfección en la parte técnica de la industria, que se considera problemática el que el sistema de las fábrica pudiera economizar aún más[137].

En doce millas a la redonda, tomando a Ihuers por centro, en cualquiera dirección que se mire, todos los arroyos están dotados de pequeños talleres, en los cuales trabajan agricultores que no por eso dejan de labrar sus terrenos.

La industria de las canastas es también una ocupación rural de importancia en varias partes de Francia, como por ejemplo en Aisne y en el Haut Marne: en este último departamento, en Villaines, todos son banasteros, «y todos ellos pertenecen a una sociedad cooperativa», dice Ardouin Dumazet[138]. «No hay patronos; todos los productos se traen cada quince días a los almacenes de la asociación, y allí se venden por su cuenta. A ella pertenecen sobre unas 150 familias, también en el Haut Marne, 1.500 banasteros tienen igualmente formada una asociación, mientras que en Hierache, donde varios miles de trabajadores están empleados en esa industria sin estar asociados, lo que se gana es mucho menos».

***

Otro centro muy importante de la pequeña industria es el Jura francés, o sea la parte francesa de las montañas del Jura, donde la industria de relojes ha alcanzado, como es sabido, un alto desarrollo. Cuando visité esos pueblecitos, entre la frontera suiza y Besançon, en el año 1878, me

---

137 Los cuchillos se venden de 7,50 a 10 francos gruesa, y las navajas de afeitar a 4.5 por gruesa «para la exportación».

138 Ardouin Dumazet, vol. I, pags. 213 y sigs.

sorprendió el alto grado de relativo bienestar que allí observe, a pesar de conocer perfectamente los pueblos suizos del Val de Saint Imier. Es muy probable que los relojes hechos a máquinas hayan producido una crisis en la parte de Francia dedicada a esa industria, como la han causado en Suiza; pero se sabe que una parte al menos de los relojeros suizos se han resistido con energía a ser absorbidos por las fábricas, y en tanto que éstas se montan en Ginebra y en otras partes, un número considerable de relojeros se ha dedicado a otras varias industrias, que conservan los mismos caracteres que la anterior. Sólo me resta agregar que en el Jura francés muchos constructores de relojes eran al mismo tiempo dueños de sus casas y huertos, muy a menudo de un pequeño campo, y especialmente de prados comunales, y que lo mismo en lo referente a la fruta que al queso y la manteca, la forma comunal está muy extendida en esa parte de Francia.

Según hasta donde yo pude observar, el desarrollo de la industria del reloj mecánico no ha destruido la pequeña industria de esa región jurásica: los relojeros se han dedicado a otros trabajos, y, como en Suiza, han creado varias industrias nuevas. De todos modos, por los viajes de Ardouin Dumazet podemos formar una idea bastante aproximada de la parte Sur de esta región. En las inmediaciones de Nantua y Cluse se teje la seda en casi todos los pueblos, dedicando a esta industria sus habitantes el tiempo que les deja libre la agricultura. Así que, un número considerable de pequeños talleres de veinte telares (sólo hay uno de ciento) se hallan esparcidos por pueblos y aldeas, utilizando toda corriente de agua, por pequeña que sea, que baje de la montaña. Muchas pequeñas fábricas de aserrar madera se han montado, siguiendo el curso del riachuelo Merloz, para la fabricación de toda clase de objetos pequeños y curiosos de madera. En Oyonnax, pequeña población del Ain, tenemos un gran centro para la fabricación de peines, industria que tiene más de doscientos años de existencia, la cual tomó nuevo impulso después de la última guerra a causa de la invención de la celulosa.

No bajan de 100 o 120 «los patronos» que dan trabajo desde dos hasta quince operarios cada uno, en tanto que pasan de 1.200 las personas que trabajan en sus casas haciendo peines de cuerpo irlandés y celulosa francesa. Antes de alquilaban tornos mecánicos en pequeños talleres; pero últimamente se ha introducido la electricidad, generada por un salto de agua, y ahora se distribuye a domicilio para poner en acción pequeños motores desde un cuarto de caballo hasta doce. Y es digno de notarse que desde el momento que la electricidad ha hecho posible la vuelta al trabajo doméstico, 300 operarios dejaron en el acto los pequeños talleres y se fueron, a trabajar a sus casas. Muchos de estos tienen sus casitas propias y sus huertas, y muestran un espíritu de asociación digno de ser tenido en cuenta. Ellos han montado también cuatro talleres para hacer cajas de cartón, cuyo producto anual está preciado en 2 millones de francos[139].

En St. Claude, que es un gran centro en pipas de madera (vendidas en grandes cantidades en Londres con marcas de fábricas inglesas, por cuya razón las compran con empeño muchos franceses, como un «recuerdo» del otro lado del canal), talleres grandes y pequeños, utilizando todos la fuerza motriz derivada del riachuelo Tacon, prosperan mutuamente. Más de 4.000 hombres y mujeres están ocupados en esta

---

139 Ardouin Dumazet, vol. VIII, pág. 40.

industria, en tanto que otras pequeñas industrias similares han crecido a su sombra (boquillas de ámbar y de asta, estuches, etc.) Habiendo, además, infinidad de pequeños talleres muy ocupados en las márgenes de ambas corrientes en la fabricación de multitud de objetos de madera: cajas de fósforos, camas, estuches para lentes, pequeños artículos de asta y otras cosas por el estilo, sin mencionar una gran fábrica donde trabajan 200 operarios, en que se fabrican metros de medir para todo el mundo. Entre tanto, miles de personas se hallan ocupadas en St. Claude y sus alrededores en cortar diamantes (industria que sólo tendrá unos quince años de vida en esta región), y otras muchas se dedican a cortar otras piedras preciosas de menos importancia; todo lo cual se efectúa en pequeños talleres provistos de motor de agua. La extracción del hielo de algunos lagos, y la recolección de corteza de roble para las tenerías, completa el cuadro de estos pueblecitos laboriosos, donde la industria le de la mano a la agricultura, y las máquinas y adelantos modernos se encuentran igualmente colocados al servicio del pequeño taller.

Finalmente, omitiendo una multitud de pequeñas industrias, mencionaré tan solo los sombreros del Loire, la fabricación del papel del Ardech, la de quincalla en el Doubs, los guanteros del Isére, los fabricantes de escobas y cepillos del Oise (cuya industria produce anualmente 20 millones de francos), y la industria doméstica de hacer medias a máquina, en las inmediaciones de Troyes. Pero debo decir algunas palabras más referente a dos importantes centros de la pequeña industria: la región de Lyon y París.

***

En la actualidad, la región industrial de la cual Lyon es
el centro[140], incluye los departamentos del Rhône, Loire,
Drôme, Saône-et-Loire, Ain, la parte sur del Jura y la
Occidental de Saboya, llegando hasta Aunecy; extendiéndose
la cría del gusano hasta los Alpes, los montes de Cévenes
y las inmediaciones de Mâcon. Ella contiene, además de
fértiles llanuras, grandes espacios montuosos, por lo general
también muy fértiles, pero cubiertos de nieve una parte del
invierno, y las poblaciones rurales se ven, con tal motivo,
obligadas a acudir a alguna ocupación industrial, además de
la agricultura, hallándola en el tejido de la seda y en otras
pequeñas industrias. En suma, bien puede decirse que la
«región lyonesa» tiene rasgos característicos propios, que
permiten se la considere como un centro separado de la
civilización y el arte francés, habiéndose desarrollado allí
un notable espíritu de investigación, descubrimiento e
invenciones, tanto científico como industrial, que se extiende
en todas direcciones.

La Croix Rousse, en Lyon, donde viven los tejedores. En
su gran mayoría, es el centro de esa industria, y en 1895
toda esa parte de la ciudad, densamente poblada de casas de
cinco, seis, ocho y diez pisos de elevación, resonaba con el
ruido de los telares, que no cesaban de funcionar en todas
las habitaciones de esa gran aglomeración: últimamente, la
electricidad se ha puesto al servicio de esta pequeña industria
doméstica, proporcionando fuerza motriz a los telares.

Al sur de Lyon, en la ciudad de Vienne, el tejido a mano
va desapareciendo: la «jerga» es ahora lo que más se produce,
quedando sólo 28 fábricas de las 120 que existían hace

---

140   Para más detalles véase Apéndice O.

treinta años. Todos los trapos de lana, restos de alfombras y todo el desperdicio de las fábricas de lana y algodón del Norte de Francia, con un poco de algodón que se le agrega, se transforma aquí en géneros que parten de Vienne para todas las grandes ciudades del país, no bajando de 20.000 yardas de «jerga» las que se remiten diariamente para surtir las fábricas de ropa hecha. El tejido a mano no tiene indudablemente aplicación a tal industria, y sólo trabajan ahora 1.300 telares manuales, de los 4.000 que funcionaban hace diez años. Grandes fábricas, que emplean un total de 1.800 trabajadores, han reemplazado a los tejedores de mano, en tanto que la jerga ha hecho lo mismo con el paño. Toda clase de franela, sombrero de fieltro, tejidos de cerda y otras por el estilo, se fabrican al mismo tiempo.

Pero mientras que las grandes fábricas conquistaban así a la ciudad de Vienne, sus suburbios y sus alrededores se convierten en centro de un cultivo hortícola y frutal floreciente, del cual se ha hecho ya mención en el capítulo IV. Las orillas del Rhone, entre Ampuis y Condrieu, son una de las partes más ricas de Francia, debido a su arboricultura, horticultura, cultivo de frutales, viticultura y fabricación de queso de cabra: allí la industria doméstica marcha a compás con un cultivo inteligente del suelo. Condrieu, por ejemplo, es un centro famoso de bordado, el cual se hace en parte a mano, como antiguamente, y en parte a máquina.

Al Oeste de Lyon, en la Arbresles, se han montado fábricas de seda y terciopelo; pero una gran parte de la población continúa aún tejiendo en sus casas, en tanto que, más al Oeste, Panissiéres es el centro de un considerable número de pequeñas poblaciones, en que el hilo y la seda se tejen como industrias domésticas. No todos estos trabajadores poseen casa propia; pero al menos, aquellos que tienen, suyo o arrendado, un pedazo de tierra o huerto, o un par de vacas, se dice que no lo pasan mal, y la tierra, por regla general, afirman, está admirable cultivada por estos tejedores.

El principal centro industrial de esta parte de la región lyonesa, es seguramente Tarare. Hace treinta años, cuando Reybaud publicó su excelente obra, *Le Coton*, era un centro de manufactura de muselinas, ocupando en esta industria la misma posición que tenía Leeds anteriormente en Inglaterra, en la de tejidos de lana. Las filaturas y las grandes fábricas afinadoras se encontraban en Tarare, pero el tejido y bordado de las muselinas se hacía en los pueblos de sus alrededores, especialmente en la parte montuosa del Beaujolais y el Forez.

Cada casita rústica, cada granja y *metayerie* eran pequeños talleres en aquella época, y se podía ver, según dice Reybaud, al joven de veinte años bordar la muselina fina después de haber limpiado los establos de la granja, sin que el trabajo se resintiera en lo más mínimo por la combinación de dos ocupaciones tan diferentes. Por el contrario, la delicadez de la obra y la extremada variedad en los dibujos eran un rasgo distintivo de las muselinas de Tarare y una de las causas de sus éxitos. Todos los testimonios están de acuerdo, al mismo tiempo, en reconocer que, siempre que la agricultura encuentra ayuda en la industria, la población rural disfruta de un bienestar relativo.

Ahora la industria ha sufrido un transformación completa, y sin embrago, no bajan de 60.000 personas, representando una población de unas 250.000 las que trabajan para Tarare, en la parte de la sierra, tejiendo toda clase de muselina para todas las partes del mundo, y ganando todos los años, de este modo, 12 millones de francos. Amplepuis, a pesar de sus fábricas de seda y su maravilloso cultivo de albaricoqueros, sigue siendo uno de los centros locales de esa muselina, en tanto que el inmediato pueblo de Ihzy es un centro de una variedad de lienzos, franelas, «sarga peruana», «oxfords» y otras telas de lana y algodón mezclados que tejen en la sierra los aldeanos. No bajan de 3.000 telares de mano los que hay distribuidos en 22 pueblos, e importando 15 millones de francos el valor de las telas tejidas anualmente por los tejedores rurales sólo en estos contornos, en tanto que 15.000 telares mecánicos trabajan en Ihizy y la gran ciudad de Roanne, tejiéndose en ambas todas las variedades posibles de algodones (lienzos, franelas y otros) y mantos de seda, en fábricas que producen yardas a millones.

En Tours, 1.600 operarios se ocupan en hacer «mantas», principalmente de las clases más inferiores (hasta de aquellas que se venden a 2.50 y 1 franco la pieza para la exportación a Brasil), empleándose en tal industria todos los trapos y desperdicios imaginables procedentes de las fábricas de textiles de todo género (yute, algodón, lino, cáñamo, lana y seda), correspondiendo en este caso, como es natural, la victoria a la fabrica. Pero hasta en Roanne, donde la fabricación, del algodón ha alcanzado un alto grado de perfección, y trabajan 9.000 telares mecánicos, produciendo anualmente más de 30 millones de yardas, aun allí se encuentra, con sorpresa, que la industria doméstica no ha muerto por completo. Dando esta un rendimiento anual de más de 10 millones de yardas de tela, cosa muy respetable. Al mismo tiempo, en los contornos de esa gran ciudad, la industria de medidas de punto de lujo ha tomado en los últimos treinta años un extraordinario desarrollo: sólo 2.000 mujeres había empleadas en ella en 1864, número que se ha elevado a 20.000, las cuales, sin

abandonar sus trabajos rurales, han encontrado tiempo
para hacer, con ayuda de pequeñas máquinas, toda clase de
artículos de punto de lana, cuyo valor anual está apreciado
en 9 millones de francos[141].

No debe, sin embargo, suponerse que las industrias
textiles y sus afines sean las únicas pequeñas industrias de esta
localidad. Multitud de otras varias industrias rurales siguen
viviendo al mismo tiempo, y en casi todas ellas los métodos
de producción están mejorando constantemente. Así que,
cuando la construcción rural de sillas comunes dejó de ser
productiva, se empezaron a fabricar en las aldeas artículos
de lujo y sillas elegantes; y transformaciones de esa índole se
encuentran por todas partes.

En el Apéndice se hallaran más detalles sobre esta
interesantísima región; pero aquí hay que hacer una
observación más todavía: a pesar de sus grandes industrias
y sus minas de carbón, esta parte de Francia ha conservado
su aspecto rural, siendo ahora una de las regiones mejor
cultivables del país. Y lo más digno de admiración no es tanto
el desarrollo de la gran industria, que después de todo, aquí,
como en otras partes, tiene, hasta cierto punto, un origen
internacional, como la facultades y aptitudes creadoras e
inventadas de adaptación que aparecen entre la gran masa de
estas poblaciones industriales.

***

A cada paso, en el campo, en la huerta, en la arboleda,
en la industria y la manteca, en las artes industriales y en

---

141   Ardouin Dumazet, vol, VII, Pág. 266.

la multitud de inventos con ellas relacionados, se ve el genio creador de la raza: en estas regiones es donde mejor se comprende que Francia, considerada en su conjunto, sea mirada como el país más rico de Europa[142].

Sin embargo, el principal centro de la pequeña industria en Francia es París: allí encontramos, al lado de grandes fábricas, la mayor variedad posible de pequeñas industrias, dedicadas a la producción de artículos de todas clases, tanto para el mercado interior como para la exportación. Tanta es la preponderancia en París de la pequeña industria sobre la grande, que el término medio de trabajadores empleados en cada una de las 98.000 fábricas y talleres de París no llega a seis, y el número de personas que trabajan en talleres que tienen menos de cinco operarios, es casi dos veces igual al de las que lo hacen en los grandes establecimientos[143].

En una palabra, París es una gran colmena en la que centenares de miles de hombres y mujeres fabrican en obradores pequeños todas las variedades posibles de artículos que requieren habilidad, gusto e inventiva. Estos pequeños talleres, en que lo bien concluido, lo artístico de la obra y la rapidez en la ejecución son tan celebradas, necesariamente han de estimular las facultades intelectuales de los productores. Esto nos permite aceptar con completa confianza que si los obreros de París se consideran generalmente, y con razón, más intelectualmente desarrollados que los de otra

---

142   En el Apéndice O se dan más detalles aún, sobre la región de Lyon y Saint Etienne.

143   En 1873, de un total de población de 1.851.800 que habitaba París, 816.040 (404.408 hombres y 411.632 mujeres) subsistían de la industria, y de ellas sólo 293.691 trabajan en las grandes fábricas, en tanto que 522.349 vivían de la pequeña industria. (*Maxime Du Camp: París et ses organes*, vol. VI.)

cualquiera capital europea, esto es debido, en gran parte, al carácter del trabajo en que están invertidos, trabajo que implica gusto artístico, destreza y, en particular, inventiva, teniendo que estar alerta siempre a fin de idear nuevos modelos e ir continuamente aumentando y perfeccionando los sistemas técnicos de la producción. Pareciendo también muy probable que, si encontramos una población obrera muy culta en Viena y Varsovia, esto se debe igualmente, en gran parte, al considerable desarrollo de pequeñas industrias similares que estimulan la inventiva y tanto contribuyen a desarrollar la inteligencia del trabajador.

La *Galerie du Travail*, en las exposiciones de París, es siempre muy digna de verse: en ella se puede apreciar, tanto la variedad de la pequeña industria que radica en las poblaciones francesas, como la destreza y facultades inventivas de los operarios, surgiendo de ahí necesariamente esta cuestión: ¿Debe toda esta habilidad, todo esa inteligencia, ser barrida por el inmenso poder de las grandes fábricas, en vez de convertirse en nueva fuente de progreso bajo un sistema mejor de producción? ¿Ha de desaparecer toda esa independencia e ingenio del obrero ante la fábrica niveladora? Y en caso afirmativo, ¿sería un verdadero progreso semejante transformación, como pretenden desde luego muchos economistas, que sólo han estudiado aritmética, pero no a los seres humanos?

De todos modos, es indudable que, aun siendo posible la absorción de la pequeña industria por la grande, lo que parece muy dudoso, no se realizara con tanta rapidez como se cree. La pequeña industria de París defiende como tenacidad su existencia, demostrando su vitalidad las innumerables máquinas-herramientas que se inventan continuamente por los trabajadores para mejorar y abaratar el producto.

El número de motores que se exhibieron en la última exposición en la *Galerie du Travail*, son buen testimonio de que un motor económico para la pequeña industria es uno de los primeros problemas del día, habiéndose inventado hasta motores de sólo 45 libras de peso, incluyendo la caldera, para alcanzar tal resultado. Las pequeñas máquinas de vapor de dos caballos que ahora fabrican los antiguos relojeros del Jura, convertidos hoy en mecánicos, en sus pequeños talleres, son otro paso en igual sentido, y esto sin hacer mención de los motores de agua, gas y eléctricos.

La transmisión de fuerza por medio del vapor a 230 pequeños talleres, hecha por la *Societé des Immuebles Industriels*, fue otra buena prueba de lo mismo; y los constantes esfuerzos de los ingenieros franceses para buscar el mejor medio de transmisión y división de fuerza por medio del aire comprimido, «cables teledinámicos» y electricidad, son indicaciones de los esfuerzos que hace la pequeña industria por conservar su terreno ante la competencia de las grandes fábricas. (Véase Apéndice P).

CAPÍTULO SÉPTIMO

PEQUEÑA INDUSTRIA Y
PUEBLOS INDUSTRIALES   2ªParte

Pequeña industria en Alemania: Discusiones sobre el particular y conclusión que de ellas se desprenden. *–Pequeña industria en Rusia.* –Conclusiones .

LA PEQUEÑA INDUSTRIA EN ALEMANIA

Las varias industrias que han retenido hasta ahora en Alemania los caracteres de industrias pequeñas y domésticas, han sido objeto de muchas minuciosas investigaciones, especialmente de parte de A. M. Thun, y el profesor Issaieff, por cuenta de la Comisión Rusa de la Pequeña Industria, Emmanuel Hans Sax, Paul Voigt y muchos otros. En la actualidad, lo escrito sobre el particular representa muchos volúmenes, y son tan sugestivas e interesantes las descripciones tomadas del natural, de regiones e industrias diferentes, que me sentí inclinado a hacer un resumen de

ellas; más como entonces tendría necesidad de repetir mucho
de lo tratado en los capítulos precedentes, he creído interesará
probablemente más a los lectores en general, al conocer algo
respecto a las conclusiones que pueden desprenderse de las
obras de los investigadores alemanes[144].

Desgraciadamente, la discusión sobre tan importante
asunto ha tomado con frecuencia en Alemania un carácter
apasionado y hasta personalmente agresivo[145]. De una parte,
los elementos ultra conservadores de la política alemana
intentaron, consiguiéndolo asta cierto punto, hacer de la
pequeña industria y de la doméstica, un arma para trabajar
por la vuelta a los «antiguos buenos tiempos». Llegaron hasta
votar una ley, cuyo objeto era preparar el terreno para un
reintroducción de las anticuadas corporaciones patriarcales
y exclusivistas, que pudieran ser colocadas bajo la inmediata
intervención y tutela del Estado, creyendo ver en esa ley un
arma contra la democracia social.

De la otra, los demócratas socialistas, opuestos con
razón a tales medidas, pero inclinados a su vez a considerar
las cuestiones económicas bajo un concepto demasiado
abstracto. Atacaban con encarnizamiento a todos los que
no se limitaban a repetir las estereotipadas frases de que «la
pequeña industria está en decadencia» y que «mientras más
pronto desaparezca tanto mejor, pues debiendo ser seguida
de la centralización capitalista, esta, «según el credo de dicha

---

144   Las observaciones del profesor Issaieff -verdadero investigador de la pequeña industria en Rusia, Alemania y Francia- serán para mí una guía en esta materia, de un
valor excepcional. Véase informes de la Comisión encargada del estudio de la pequeña
industria en Rusia: San Petersburgo, 1879-87, vol. I

145   Véase el prólogo de K. Buecher a la *Untersuchugen ubre die Luge des Haudmerks*
en *Deustschaland*, vol. IV

escuela», pronto consumará su propia ruina[146]».

En este desprecio hacia la pequeña industria, claro es que están de acuerdo con los economistas de la escuela ortodoxa, a quines combaten en casi todo lo de demás.

Bajo semejantes condiciones, las polémicas sobre las pequeñas industrias y la doméstica están evidentemente condenadas a no dar ningún resultado: sin embargo, es consolador ver el considerable trabajo de verdadera importancia realizado en Alemania para investigar todo lo concerniente a la pequeña industria. Al lado de esos fonógrafos, de los que sólo se desprende que los trabajadores de la pequeña industrias se hallan en una situación deplorable, sin encontrar en tales escritos nada que pueda explicar qué causa hay para que éstos prefieran su triste condición al trabajo en la fábrica. No falta, sin embargo, algunos (tales como los de Yhun, Emil Sase y Paul Voigt, sobre los ebanistas

---

146 El fundamento de esta creencia se halla contenido en uno de los últimos capítulos del Capital, de Marx (el penúltimo), en el que el autor habla de la concentración del capital, en lo cual ve «la fatalidad de una ley natural». En el «cuarenta», casi todos los socialistas participan en esta idea, a la que recurrirían con frecuencia en sus escritos. Pero Marx era demasiado importante como pensador, para no haberse fijado en el posterior desarrollo de la vida industrial, no previsto en 1848; si hubiera vivido hasta nuestros días, de seguro no habría cerrado los ojos ante el formidable aumento de pequeños capitalistas y fortunas de la clase media, creadas de mil modos a la sombra de los «millonarios» modernos; siendo más que probable que hubiese fijado su atención en la extremada lentitud con que va desapareciendo la pequeña industria; cosa que no podía predecirse hace cuarenta o cincuenta años, porque nadie se hallaba en condiciones de poder prever en aquella época las facilidades que de entonces acá han alcanzado los transportes, las crecientes variedades en la demanda, y los medios económicos que ahora de emplean para suministrar fuerza motriz en pequeña escala. Siendo, como era, un pensador, hubiera estudiado estos hechos, y es más que probable que hubiese mitigado la rigidez de su primera fórmula, como en verdad hizo una vez refiriéndose a la comunidad, rural de Rusia. Mucho sería de desear que sus partidarios confiasen menos en fórmulas abstractas -por muchas ventajas que ofrezcan como bandera de partido en las luchas políticas- e intentaran imitar al maestro en sus análisis de fenómenos económicos concretos.

de Berlín, etc.), en los que se por completo la clase de vida
que hacen esos trabajadores, las dificultades que tienen que
vencer y las condiciones técnicas de la industria, encontrado
en ellos todos los elementos necesarios para poder formar un
juicio imparcial en la materia.

Es evidente que algunas pequeñas industrias están ya
condenadas a desaparecer; pero hay otras, por el contrario,
que se hallan dotadas de una gran vitalidad, y todo indica
que cuentan con recursos para existir y aun para desarrollarse
más todavía durante muchos años. En la fabricación de esos
textiles que se tejen por millones de yardas, y se producen
mejor con ayuda de una maquinaria complicada, la
competencia entre el telar de mano y el mecánico no es más
que un resorte del pasado, que podrá durar algún tiempo,
debido a ciertas condiciones locales, pero que, finalmente,
tienen que desaparecer.

Y otro tanto puede decirse respecto a muchas ramas de
la ferretería, fabricación de quincalla, alfarería, etcétera; pero
donde quiera que se necesita la intervención directa del gusto
y la inventiva. Donde haga falta un cambio frecuente en los
dibujos que exija una renovación continua de máquinas y
herramientas, a fin de hacer frente a las nuevas necesidades,
como ocurre con los textiles de fantasía, aunque se fabriquen
para el consumo general; donde quiere que una gran variedad
de artículos va unida a la no interrumpida invención de
otros nuevos, como pasa en la industria juguetera, en la
de instrumentos, relojeros, biciclos y otras; y, finalmente,
donde quiera que el sentido artístico del obrero entra por
mucho en la producción, como ocurre en una multitud de
ramos pequeños artículos de lujo. Allí hay un ancho campo
abierto a la pequeña industria, tanto doméstica como rural,

o de otra clase. En ellas, es indudable que se necesita más aire respirable, más ideas, más concepciones generales; pero donde quiera que el espíritu de iniciativa ha sido despertado de uno u otro modo, notamos que la pequeña industria toma un nuevo vuelo en Alemania, como, según hemos visto, ha pasado en Francia.

Ahora, en casi toda la pequeña industria alemana, la situación es unánime considerada como terrible y miserable, y los muchos admiradores de la centralización, que encontramos en aquel país, siempre se apoyan en ese mismo estado de miseria para predecir y demandar la desaparición de esos «recuerdos del pasado», que la centralización capitalista debe suplantar en beneficio del trabajador. La verdad es, sin embargo, que cuando comparamos las miserables condiciones de los trabajadores en la pequeña industria, con las de los asalariados de las fábricas en las mismas regiones y las mimas industrias, vemos que tan deplorable situación alcanza por igual a todos. Los últimos viven de jornales que no pasan de 11.25 a 13.75 francos a la semana, teniendo por morada los tugurios de las ciudades en vez del campo. Trabajan once horas al día y se hallan sujetos también a la extra-miseria, que pesa sobre ellos durante esas crisis que se repiten con tanta frecuencia. Sólo después de haber pasado por toda clase de sufrimientos, luchando contra los patronos, es cuando los operarios de algunos fábricas consiguen, más o menos aquí y allá, obtener de aquéllos un jornal con que poder vivir; pero esto sólo ocurre en industrias determinadas.

El recibir con los brazos abiertos todos estos dolores, viendo en ellos la acción de una *«ley natural»* y un paso obligado hacia la *necesaria* concentración de la industria, sería verdaderamente absurdo. Mientras que sostener que

el pauperismo de todos los trabajadores y la ruina de toda
industria rural son un paso *necesario* hacia una forma más
elevada de organización industrial, sería, no sólo afirmar
mucho más de lo que se puede, bajo el presente e imperfecto
estado del conocimiento económico, sino demostrar una
carencia completa de comprensión del sentido de las leyes,
tanto naturales como económicas. Por el contrario, todo
el que ha estudiado la cuestión del crecimiento de las
grandes industrias, debido a causas naturales, convendrá,
indudablemente, con Horold Rogers, quien considera que el
sufrimiento impuesto a la clase trabajadora con tal propósito,
de ningún modo era *necesario*, no habiendo tenido otra
misión que la de satisfacer los intereses temporales de los
menos, y no los de la nación entera[147].

Además, todos saben hasta qué punto se apela al trabajo
de niños y muchachas aun en las fábricas más en auge, lo que
ocurre hasta en Inglaterra, que figura en primera línea en el
desenvolvimiento industrial. Algunas cifras relativas a este
particular presentamos en el anterior capítulo. Y este hecho
no es un accidente que pueda removerse con facilidad, como
pretende Maurice Block, gran admirador, por descontado,
del sistema de fábricas[148].

Los bajos salarios pagados a jóvenes y niños son uno
de los elementos que contribuyen a la baratura de todos
los productos textiles de las fábricas, siendo consecuencia
también de la competencia misma de la fábrica con la
pequeña industria. Además, he mencionado, al hablar
de Francia, cuáles son los efectos de la «concentración»

---

147 *The Economic Interpretation of History.* (Hay traducción española).

148 *Les progrès de la Science économique depuis Adam Smith*; París, 1890, t. I, págs.
460 y 461.

industrial en la vida de la aldea. En la obra de Thun, así como en otras también, se puede encontrar tristes ejemplos de lo que son los efectos de la acumulación de los jóvenes en las fábricas. El idealizar la moderna fábrica, a fin de deprimir las llamadas formas ««medievales»» de la pequeña industria, es, por consiguiente, juzgando lo más benignamente posible, tan irrazonable como idealizar a la última e intentar hacernos retroceder al hilado y tejido domésticos en todas las casas de los agricultores.

Hay un hecho que domina en todas las investigaciones que se han efectuado respecto a las condiciones de la pequeña industria: lo encontramos en Alemania, lo mismo que en Francia o en Rusia. En un inmenso número de industrias, no es la superioridad de su organización técnica en la fábrica, ni las economías realizadas en la fuerza motriz lo que milita contra la pequeña industria en favor de la grande, sino las más ventajosas condiciones para *vender* los productos y *comprar* la primera materia, de que tan fácilmente pueden disponer los acaudalados industriales. Donde quiera que tal dificultad ha sido vencida, bien sea por medio de la asociación o a consecuencia de haber podido asegurarse un mercado para la venta del producto, se ha visto siempre: primero, que las condiciones del trabajador o el artesano han mejorado inmediatamente; y después, que se ha realizado un rápido progreso en el aspecto técnico de cada industria respectiva, introduciéndose nuevos procedimientos para mejorar el producto o aumentar la rapidez de su fabricación, ya inventándose nuevas herramientas mecánicas, bien apelando a nuevos motores, o acudiendo a reorganizar la industria con objeto de disminuir el costo de la producción. Por el contrario, en todas partes donde el indefenso y aislado artesano o trabajador continúa estando a merced del comprador al por mayor, quien siempre, desde los tiempos de Adam Smith, «abierta o tácticamente» procura por todos los medios rebajar los precios hasta el último límite, lo que ocurre en la gran mayoría de la pequeña y doméstica industria, sus condiciones son tan malas, que sólo el deseo del trabajador de conservar su relativa independiente y el conocimiento de lo que le espera en la fábrica, es lo que le impide ingresar en esta última. Sabiendo que en los más de los casos el establecimiento de la fábrica sería la falta de trabajo para la mayor parte de las personas, y la entrada en aquélla de las jóvenes y los niños, hacen todo lo posible por impedir aparezca en las poblaciones pequeñas.

Respecto a las combinaciones en los pueblos rurales, como cooperación y otras parecidas, no debe nunca olvidarse con qué rigor los Gobiernos de Alemania, Francia, Rusia y Austria han evitado hasta ahora que los trabajadores, y *en particular los del campo*, pudieran ponerse de acuerdo sobre asuntos de carácter económico. El conservar a los trabajadores rurales en el nivel más bajo posible por medio de impuestos, servidumbre y otras cosas por el estilo, ha sido, y es aún, la política de la mayoría de los Estados continentales.

Sólo desde hace catorce años se ha concebido alguna extensión a los derechos de asociación en Alemania, y aún ahora una asociación puramente cooperativa, dedicada a la venta del trabajo de los artesanos, es el momento considerada como «asociación política» y sometida como tal a alas limitaciones usuales, tales como la exclusión de mujeres y otras parecidas. Un ejemplo notable de esa política, con relación a las asociaciones rurales, lo presenta el profesor Issaieff, quien también menciona las severas medidas tomadas por los compradores al por mayor en la industria juguetera, para impedir que los obreros se pusieran en relación directa con los compradores extranjeros.

Cuando se examina con algo más de atención superficial la vida de las pequeñas industrias y su lucha por la existencia, se ve que, si sucumben no lo hacen debido a que «se pueda realizar una economía al usar un motor de cien caballos de fuerza en vez de cien motores pequeños», inconveniente del que siempre se hace mención, por más que con facilidad es obviado en Sheffield, en París y otras muchas partes, alquilando talleres con fuerza de vapor; y también, como con tanta razón observó el profesor W. Unwin, utilizando la transmisión de fuerza eléctrica. No perecen porque pueda realizarse una economía substancial en la producción en grande, -en muchos más casos de los que generalmente se cree sucede lo contrario-, sino porque el capitalista que monta una fábrica se emancipa de los comerciante al por mayor y menor de la primera materia, y especialmente porque se emancipa también de los compradores al por menor y le es posible entenderse directamente con los exportadores y comerciantes que operan en alta escala, o porque puede concentrar en un mismo negocio los diferentes trabajos de fabricación de un artículo determinado. Las páginas que Schulze-Gawernitz ha dedicado a la organización de la industria algodonera en Inglaterra, y a las dificultades con que tiene que luchar los fabricantes alemanes en tanto que dependan de Liverpool para el algodón en rama, dan mucha luz en esta dirección, y lo que caracteriza a esta industria prevalece igualmente en todas las demás.

Si el cuchillero de Sheffield, que ahora trabaja en su pequeño taller, en uno de los edificios antes mencionados provistos de tornos mecánicos, ingresa en una gran fábrica, la principal ventaja no sería una economía en el costo de la producción, en comparación con la calidad del producto; pues si se tratara de una compañía por acciones, pudiera hasta suceder lo contrario. Y, sin embargo, las utilidades (incluyendo los salarios) serían mucho mayores que el total de lo que antes ganaban los trabajadores, a causa de la economía realizada en las compras de hierro y carbón, y las mayores facilidades para la venta de los productos. Los grandes establecimientos hallarían su superioridad, no en tales factores, como los que resultan impuestos por las necesidades técnicas de la industria en un momento determinado, sino en aquellos que pudieran eliminarse por una organización cooperativa. Todas estas son nociones elementales entre las personas prácticos; inútil es agregar que, otra de las ventajas que tiene el fabricante es, que les es posible hallar salida, aun para los productos de las clases más inferiores, con tal de que pueda ofrecer para la venta una cantidad importante. Todos los que están familiarizados con el comercio, saben desde luego, que parte tan importante del comercio general, representa la «jerga», lo hecho de trapos viejos, manta para los indios y otras telas análogas, enviadas a lejanas tierras: hay ciudades enteras -como hace poco vimos- que no producen otra cosa.

En resumen: puede considerarse como uno de los hechos fundamentales de la vida económica de Europa, que el fracaso de varias pequeñas industrias, obradores e industrias domésticas, fue debido a la imposibilidad de poder organizar la venta de sus productos, y no a consecuencia de la producción misma. Todo lo cual se encuentra en cada página de los historia de la Economía. La falta de medios de organizar la venta, sin verse esclavizados por el comerciante, fue el rasgo más distintivo de la ciudad medieval, que cayó gradualmente bajo el yugo económico de los comerciantes municipales, sencillamente porque no podía mantener la venta de sus manufacturas realizadas por cuenta de toda la comunidad, ni organizar la de un nuevo producto en interés de aquélla. Y cuando el mercado de tales artículos vino a ser Asia de una parte, y el Nuevo Mundo de la otra, esa era fatalmente la situación aun en estos días, al ver a las sociedades cooperativas empezar a obtener algún éxito en sus talleres de producción, cuando hace veinte años fracasaban en dicho sentido, podemos deducir que la causa de sus anteriores contratiempos no residía en su incapacidad de organizar propia y económicamente la producción, sino en la imposibilidad que tenían los obreros de actuar como vendedores y exportadores de los productos por ellos fabricados. Sus éxitos actuales, por el contrario, se hallan plenamente justificados por el trabajo combinado de las múltiples sociedades comprendidas en su organización: se ha simplificado la venta, y la producción se ha hecho posible por la previa organización del mercado.

Tales son algunas conclusiones que pueden deducirse del estudio de la pequeña industria, tanto en Alemania como en otras partes; pudiéndose decir, sin temor, respecto a Alemania, que si no se toman medidas encaminadas a arrojar a los agricultores de los campos, en las mismas proporciones que se ha hecho en Inglaterra; si, por el contrario, se multiplica el número de los pequeños propietarios del suelo, es indudable que han de recurrir a varias industrias pequeñas, además de la agricultura, como han hecho y continúan haciendo en Francia. Cada paso que pueda darse, ya sea para despertar la vida intelectual en la aldea, o para asegurar los derechos del campesino o del pueblo a la tierra, aumentará necesariamente el crecimiento de las industrias rurales[149].

---

149   Véase Apéndice Q.

LA PEQUEÑA INDUSTRIA EN OTROS PAÍSES

Si conviniera extender nuestra investigación a otros países, encontraríamos en Suiza un vasto campo para las más interesantes observaciones: allí veríamos la misma vitalidad en una variedad de pequeñas industrias, y podríamos mencionar lo que se ha hecho en los diferentes cantones para mantener la pequeña industria por tres diferentes clases de medios. La extensión de la cooperación, una amplia extensión de la educación técnica en las escuelas y la introducción de nuevas ramas de producción semi-artísticas en diferentes puntos del país, así como el suministro de la principal fuerza motriz a las casas, por medio de transmisiones hidráulicas o eléctricas, de fuerzas engendradas en los saltos de aguas. Una obra separada, del mayor interés y valor, pudiera escribirse sobre este particular, especialmente en lo que se refiere al impulso dado a un número de pequeñas industrias, viejas y nuevas, por medio de la fuerza motriz.

Bélgica ofrecería también igual interés: es un país donde la industria está centralizada, y en el que la productividad del obrero se encuentra en un nivel elevado, siendo el término medio de la facultad productora de cada trabajador industrial -hombres, mujeres y niños- la de la importante cantidad de 5.660 francos por cabeza. Minas de carbón en que trabajan más de 1.000 trabajadores son cosa corriente, y hay un número muy regular de fábricas textiles, en cada una de las cuales hay empleados de 300 a 700 operarios.

Y, sin embargo, si excluimos de la población industrial de Bélgica, que se componía de 384.065 personas en 1880 (423.755 con los dependientes de comercio, viajantes, inspectores, etc.), a cerca de 100.000 trabajadores (94.757)

que están empleados en las minas de carbón, encontramos
que los restantes 290.308, casi la mitad, esto es, 132.840
personas trabajan en talleres en los que no llegan a 50 las
personas empleadas, mientras que 84.500 de estas últimas
se hallan repartidas entre 25.959 talleres, lo que da un
término medio de tres trabajadores por taller [150]. Podemos,
pues, decir que -sin contar las minas- más de la cuarta parte
de los trabajadores industriales belgas (tres décimas) están
distribuidos en pequeños talleres que tienen por término
medio menos de tres operarios cada uno, además del
maestro[151].

Y todavía es más notable que el número de pequeños
talleres, en los que el maestro sólo tiene empleados de uno
a tres oficiales, alcanza en la industria textiles la importante
cantidad de 2.293, a pesar de la gran concentración de
dichas industrias, siendo un hecho, como ya se hizo notar
anteriormente, que fábricas que acostumbraban a dar
ocupación a 500 o 600 tejedores de paño, están paradas,
mientras que en las casas se sigue tejiendo dicha tela.
Respecto a las industrias de maquinaria y quincallería, los
pequeños talleres en donde trabaja el maestro con dos, tres
o cuatro oficiales son muy numerosos, sin mencionar la
industria de armas, que es una de las pequeñas *par excellence*
(265 talleres con menos de tres operarios), y la de muebles,
que ha tomado últimamente un gran desarrollo.

---

150   Aparte de esto, 16.226 talleres ocupan 58.545, habiendo además 5.075 artesanos.

151   ¿Cuándo tendremos para el Reino Unido un censo tan completo como el de
Francia y Bélgica? Esto es, uno en que los trabajadores y los patronos se cuentan separadamente, en vez de englobar al dueño de la fábrica, encargados, ingenieros y trabajadores.

Una industria muy concentrada y una gran productibilidad, así como un comercio de exportación considerable (225 francos por cabeza de población), todo lo cual da testimonios del elevado desarrollo industrial del país, marcha, sin embargo, paralelamente con un alto desenvolvimiento de la pequeña industria.

En cuanto a Austria, Hungría, Italia y los Estados Unidos, consideramos superfluo decir que allí la pequeña industria ocupa una posición preeminente, representando en el conjunto de la actividad industrial una parte mucho mayor aún que la correspondiente a Francia, Bélgica o Alemania. Pero Rusia es donde especialmente podemos apreciar en todo su valor de importancia de la industria rural y los terribles sufrimientos que se harían pasar inútilmente el país si el Estado siguiera la política aconsejada por algunos economistas ultra-reaccionarios de la Escuela de la *Moscú Gazette*, y echase su tremendo influjo a favor de la pauperización de los campesinos y un aniquilamiento artificial de la industria rural, a fin de crear una gran industria centralizada.

En Rusia se han hecho muy detenidas investigaciones sobre el estado actual, crecimiento y desarrollo técnico de la industria rural y las dificultades con que lucha: se han realizado visitas domiciliarias, llegando el número de los reconocimientos a 1 millón en varias provincias, cuyo resultados ya representan 450 volúmenes, publicados por diferentes Consejos provinciales (Zemstvos). Además, en los 15 volúmenes dados a la estampa por el Comité de la Pequeña Industria, y aún más en los trabajos del Comité de la Estadística de Moscú y de muchas asambleas provinciales, encontramos listas detalladas en las que se consigna el nombre de cada trabajador, la extensión y el estado de sus campos, su ganado, el valor de su producción agrícola e industrial, la utilidad que rinde ambas y su presupuesto anual, al mismo tiempo que centeneras de industrias separadas han sido descritas en diferentes monografías bajo los aspectos técnico, económico y sanitario.

Los resultados que tales investigaciones han producido son realmente importantes, pues de ellas se desprende que, de los 80 millones de habitantes de la Rusia Europea no bajan de 7.500.000 los ocupados en la industria doméstica, alcanzando su producción, estimada por lo bajo, a más de 3.750 millones de francos, llegando probablemente a 5.000 millones(2 millones de rublos) todos los años[152]; lo que la coloca sobre la producción total de la gran industria. Y en cuanto a la relativa importancia de ambas, con relación a las clases trabajadoras, baste decir que hasta los gobiernos de Moscú, que es la principal región manufacturera de Rusia (sus fábricas dan más de una quinta parte del valor de toda la producción reunida de la Rusia europea), el conjunto de la renta que percibe la población rural de la industria doméstica es tres veces mayor que el total de jornales ganados en las fabricas.

El rasgo más característico de la industria doméstica rusa es que el rápido adelanto hecho últimamente por la fabril no ha perjudicado a la primera. Por el contrario, le dio un nuevo impulso a su extensión, haciéndola crecer y desarrollarse al

---

152   Según las investigaciones domiciliares, que comprenden 855.000 trabajadores, aparecen que el valor anual del producto que acostumbran a manufacturar se eleva a 527 millones de francos, esto es, n término medio de cerca de 625 francos por traba-jador. Otro de 500 francos por las 7,5 millones de personas ocupadas en las industrias domésticas, daría ya cantidad de 3,7 millones por el conjunto de su producción; y sin embargo, opiniones autorizadas consideran esa cantidad inferior a la verdadera.

mismo tiempo que la fábrica. Otro rasgo muy sugestivo es el
siguiente: aunque las estériles provincias de la Rusia central
han sido desde tiempo inmemorial el asiento de toda clase de
industrias pequeñas, varias domésticas, en origen moderno,
se están desarrollando en la actualidad de las provincias más
favorables por su clima y suelo. De este modo, el gobierno
de Stavropol, del Cáucaso del Norte, donde los campesinos
tienen un suelo fértil, se ha convertido repetidamente en
el centro de una industria de tejido de seda, floreciente y
desarrollada, que se halla establecida en la casa del agricultor,
y surte ahora al país de una seda barata que ha logrado
expulsar del mercado a la extranjera. La fabricación por la
pequeña industria de maquinaria agrícola en Orenburgo y
el Mar Negro, que se ha desarrollado últimamente, es otro
ejemplo de lo mismo.

Las aptitudes de los trabajadores rusos dedicados a
la industria doméstica, para la organización cooperativa,
merecerían algo más que una simple mención. En cuanto a
lo barato del producto manufacturado en la ladea, que es, en
realidad, admirable, no puede ser explicado únicamente por el
exceso de horas de trabajo y lo reducido de la utilidad, porque
esto mismo ocurre en la industria fabril, en la que se trabaja
de doce a diez y seis horas y los jornales son muy reducidos.
Dependiendo también de las circunstancias que el agricultor,
que, a pesar de todo, siempre sufre una constante carencia
de recursos, venda el producto de su trabajo industrial a
cualquier precio. Así que todos los géneros manufactureros
que usa la población rural rusa, menos el algodón estampado,
son el producto de la manufactura rural, haciéndose además
en las aldeas muchos artículos de lujo, especialmente en las
cercanías de Moscú, por campesinos, que no por eso dejan

de cultivar el suelo.

Los sombreros de seda que se venden en las mejores
tiendas de dicha ciudad y llevan la marca de *Nouveautés
Parisiennes*, están hechos por los campesinos de la localidad;
y otro tanto sucede con los muebles de «Viena» de los
establecimientos acreditados, aunque sean los que surten a
los palacios. Y lo más digno de llamar la atención no es sólo
la destreza del trabajador rural, pues las faenas agrícolas no
son un obstáculo para que se adquiera habilidad industrial,
sino la rapidez con que se ha extendido la fabricación de
objetos delicados, allí donde antes sólo se producían géneros
de las clases más inferiores[153].

Respecto a las relaciones entre la agricultura y la industria,
no es posible hojear los documentos acumulados por los
estadísticos rusos, sin convenir en que, lejos de perjudicar
a la agricultura, la industria doméstica, por el contrario, es
el mejor medio de mejorarla; con tanto más motivo, cuanto
durante varios meses el agricultor ruso no tiene nada que
hacer en el campo. Es verdad que hay lugares donde la
agricultura ha sido totalmente abandonada por la industria;
pero esto ha ocurrido en regiones donde los terrenos
concedidos a siervos libertados, no sólo eran muy reducidos,
sino de mala calidad, faltos de praderas, y la miseria de los
campesinos muy grande, agravada, ésta con lo elevado de
los impuestos. Más allí donde la amplitud del terreno ha
sido razonable, y en las contribuciones menos gravosas, se ha
seguido cultivando la tierra, y los campos presentan mejor
aspecto; siendo mayor el número de las cabezas de ganado

---

153   Algunos de los productos de la industria rural rusa se ha introducido últimamente en este país y han encontrado buena salida.

en donde la agricultura va asociada a la industria doméstica: aun aquellos cuyas parcelas son pequeñas, hallan medios de arrendar más terrenos, si consiguen ganar algo con su trabajo industrial. Y respecto al bienestar relativo, creo inútil decir que siempre se encuentra inclinado a favor de aquellas poblaciones que saben combinar ambos trabajos. Vorsma y Paulovo -dos pueblos dedicados a la cuchillería, uno de los cuales es puramente industrial, mientras que los habitantes del otro continúan cultivando el suelo- podría citarse como notable ejemplo de tal comparación[154].

Mucho más pudiera decirse referente a las industrias rurales de Rusia, especialmente para demostrar la facilidad con que los campesinos se asocian con el fin de comparar nueva maquinaria, o suprimir al intermediario en la compra de la materia prima, siempre que la miseria no lo impide. Podría citarse también a Bélgica y especialmente a Suiza, como ejemplo de lo mismo; pero con lo anterior basta para dar una idea general de la industria, fuerza vital y grado de perfectibilidad de las industrias rurales.

---

154   Prugavin, en el *Vyestnik Promyshleunosti*, Julio, 1884.

CONCLUSION

Los hechos que acabamos de enumerar brevemente, muestran, hasta cierto punto, los beneficios que pudieran derivarse de una combinación de la agricultura con la industria, si a la última fuera dable florecer en el pueblo, no bajo su presente forma de fábrica capitalista, sino en la de una producción industrial socialmente organizada, contando con la completa ayuda de la maquinaria y el conocimiento técnico. En suma: el rasgo más característico de la pequeña industria, es el de que un relativo bienestar sólo se encuentra donde se halla combinada con la agricultura, donde los trabajadores no han perdido la posesión desuelo y siguen cultivándolo. Aun entre los tejedores de Francia o de Moscú, que tienen que hacer frente a la competencia de la fábrica, se observa un bienestar relativo en tanto no se ven obligado a desprenderse de sus tierras. Y, al contrario, desde el momento que lo elevado de los impuestos o la miseria, a consecuencia de una crisis, ha forzado al trabajador doméstico a deshacerse de su última parcela, dejándola en las manos del usurero, la ruina se le entra por las puertas. El explotador se hace omnipotente, se apela a un trabajo excesivo, y la industria entera, a menudo sufre las consecuencias.

Tales hechos, así como la marcada tendencia de las fábricas a emigrar a los pueblos, son muy sugestivos. Claro es que sería un gran error imaginar que la industria debería volver a su estado de trabajo manual, a fin de combinarse con la agricultura; pues donde quiera que la máquina venga a economizar el trabajo humano, debe acudirse a ella y recibirla con los brazos abiertos, y apenas hay una sola rama de la industria en la que el trabajo mecánico no pueda introducirse ventajosamente, al menos en algunos de los períodos de la fabricación. En el presente estado caótico de la industria, se pueden hacer a mano clavos y cortaplumas de poco precio, y en los telares de mano tejerse la muselina morena; pero tales anomalías no pueden durar mucho tiempo. La máquina tiene que suplantar al trabajo manual en la manufactura de géneros corrientes, mientras que el arte es probable extienda su dominio en el afinamiento artístico de muchas cosas que ahora se hacen por completo en la fábrica, así como en infinidad de nuevas y recientes industrias.

De las anteriores consideraciones, surge, naturalmente, esta interrogación: ¿Por qué no se habían de tejer a máquina en los pueblos el algodón, la lana y la seda que ahora se tejen allí a mano, sin que por esto el trabajo del campo fuera desatendido? ¿Por qué no habían de acudir a la máquina centenares de pequeñas industrias que hoy viven de la mano, como ya lo hacen la de punto y otras muchas? No hay razón para que los motores pequeños no se generalicen más de lo que están, en donde la fábrica no sea necesaria; ni motivo para que ésta no exista en el pueblo donde se juzgue necesario, como vemos ocurre algunas veces en varias poblaciones de Francia.

Pero ocurre más todavía: no hay nada que justifique el que la fábrica, con su fuerza motriz y maquinaria, no pertenezca a la comunidad, como ya sucede con la fuerza motriz de los talleres y pequeñas fábricas, antes mencionados, en la parte francesa de la sierra del Jura. Es evidente que, en la actualidad, bajo el sistema capitalista, la fábrica es una calamidad para el pueblo, viniendo a sobrecargar de trabajo a los niños y a sembrar el pauperismo entre sus habitantes; siendo, por consiguiente, muy natural que los trabajadores la rechacen

por todos los medios posibles, cuando han conseguido
mantener sus antiguas organizaciones industriales, como
en Sheffield o Salingen, o si aún no se han visto reducidos
a la última miseria, como pasa en el Jura. Pero, bajo una
organización social más en armonía con la razón, la fábrica
no hallaría tales resistencias, pues se convertiría en un
beneficio para el pueblo, y ya hay pruebas incuestionables
que demuestran que se han dado pasos en esta dirección en
algunas comunidades rurales.

Las ventajas morales y físicas que los humanos pudieran
derivar de dividir de su trabajo entre el campo y el taller, son
bien patentes. Pero se nos dice que la dificultad estriba en
la necesaria centralización de la moderna industria: ¡en ésta,
como en la política, la centralización cuenta con numerosos
admiradores! Sin embargo, en ambas esferas las ideas de
los centralistas van a tierra con facilidad. Si analizamos las
industrias modernas, pronto descubrimos que, para algunas
de ellas, la cooperación de centenares o aun miles de obreros
reunidos en un mismo lugar es realmente necesaria. Las
grandes fábricas de fundación y trabajos de minas pertenecen
indudablemente a esta categoría; los grandes trasatlánticos
no pueden construirse en talleres de pueblos. Pero muchas
de nuestras grandes fábricas no son más que aglomeraciones,
bajo una dirección central, de varias industrias distintas; en
tanto que otras no son más que un conjunto de centenares
de copias de la misma máquina, como ocurre con nuestras
grandes filaturas y fábricas de tejidos.

Siendo la fábrica un negocio puramente particular,
sus dueños hallan ventajoso el tener todas las ramas de
una industria determinada bajo su dirección, pudiendo
de ese modo acumular las utilidades de las sucesivas

transformaciones de la materia prima. Y cuando varios miles de telares mecánicos están combinados en una fábrica, el dueño saca de ello partido para dominar el mercado: pero visto en su aspecto técnico, las ventajas de tal sistema son insignificantes, y a veces problemáticas. Ni aun la industria algodonera, que es de las más centralizadas, se resiente lo más mínimo por la división de la producción de una clase de géneros, determinada en sus diferentes períodos, entre varias fábricas separadas: lo vemos en Manchester y pueblos de sus inmediaciones. Y en cuanto a la pequeña industria, en nada la perjudica que aumente la subdivisión de los talleres, lo mismo en la relojería que en otros ramos.

Oímos decir con frecuencia que un caballo de vapor cuesta tanto en un motor pequeño, y tanto menos en otro diez veces mayor; y que la libra de torzal de algodón cuesta mucho menos, cuando la fábrica es más grande. Pero, según la opinión de las primeras autoridades en ingeniería, como, por ejemplo, la del profesor W. Unwin, la distribución de fuerza hidráulica, y especialmente eléctrica, desde una estación central, deja sin valor la primera parte del argumento; y en cuanto a la segunda, esa clase de cálculos sólo tienen aplicación en aquellas industrias que preparan el producto a medio manufacturar para nuevas transformaciones. Respecto a los innumerables artículos que derivan su valor principalmente de la intervención de la mano de obra, se pueden producir en fábricas pequeñas, que sólo emplean algunos centenares o docenas de operarios. Aun en el estado actual, las fábricas gigantes ofrecen graves inconvenientes; pues no pueden reformar su maquinaria con rapidez, a fin de satisfacer las demandas constantes distintas de los consumidores. ¡Cuántos fracasos de grandes firmas, demasiado conocidas en Inglaterra para que haya necesidad de nombrarlas, han sido debidos a esta causa! Y respecto a las nuevas ramas de la industria, que he mencionado al principio de capítulos precedentes, siempre necesitan empezar en pequeña escala, y lo mismo puede prosperar en las pequeñas poblaciones que en las grandes, si los pequeños se hallan amparados por instituciones que estimulen el gusto artístico y favorezcan las disposiciones del inventor.

El progreso realizado últimamente en la industria juguetera, así como la elevada perfección alcanzada en la fabricación de instrumentos ópticos y matemáticos, en la ebanistería, en la de pequeños artículos de lujo y otras parecidas, son ejemplo de lo que decimos. El arte y la ciencia no son ya monopolizados por las grandes ciudades, y a medida que el progreso avance, más y más se irán extendiendo por el país.

La distribución geográfica de la industria en un país determinado es indudable que depende, hasta cierto punto, de un conjunto de condiciones naturales; pues no cabe duda de que hay lugares más favorablemente situados que otros para el desarrollo de industrias determinadas. Las riberas del Clyde y del Tyne son ciertamente muy apropiadas para astilleros, y éstos necesitan hallarse rodeados de una multitud de fábricas y talleres. Siempre encontrarán las industrias algunas ventajas en su agrupación, dentro de ciertos límites, según los rasgos naturales de cada región. Pero debemos reconocer que hoy no están asociadas con relación a este principio. Causas históricas, principalmente las guerras religiosas y rivalidades entre las naciones, han representado una parte importante en su desenvolvimiento y su actual distribución, así como otras consideraciones relacionadas con las mayores o menores facilidades para la venta y la exportación, las cuales ya van perdiendo su importancia con el aumento en las facilidades de transporte, y perderán más todavía cuando los productores produzcan para sí y no para consumidores lejanos. ¿Por qué, en una sociedad racionalmente organizada, habría de seguir siendo Londres un gran centro de conservas y paraguas, del que se surten casi todo el país? ¿Por qué las innumerables pequeñas industrias de Whitechapel, en vez de seguir reconcentradas, no habían de extenderse por toda la nación?

No hay razón alguna para que los mantos que usan las señoras inglesas sean confeccionados en Berlín o en Whitechapel, y no en el condado de Devón o Derby. ¿Por qué ha de refinar azúcar París para casi toda Francia? ¿Por qué se han de fabricar en los 1.500 talleres de Massachussets la mitad del calzado que se usa en los Estados Unidos? No hay absolutamente motivo alguno para que persistan semejantes anomalías. Las industrias deben extenderse por el mundo entero, a lo que seguirá imprescindiblemente un movimiento análogo de las fábricas en el interior de cada nación.

Es tanta la ayuda que necesita la agricultura de los habitantes de la ciudad, que todos los veranos miles de trabajadores dejan sus tugurios de las poblaciones y se van al campo a hacer la siega. Los pobres de Londres van en gran número a Kent y Sussex durante la recolección, calculándose que sólo el primero necesita 80.000 personas forasteras para llevarla a cabo. En Francia se despueblan comarcas enteras durante ese tiempo, y sus habitantes emigran a las regiones más fértiles del país. En los Estados Unidos, se trasladan en dicho tiempo también, todos los años, centenares de miles de criaturas a las praderas de Manitoba y Dacota; y en Rusia, hay anualmente un éxodo de varios millones de personas que bajan del monte a segar en los prados del Mediodía, en tanto que algunos fabricantes de San Petersburgo acortan su producción en el verano, porque los operarios se vuelven a sus pueblos para cultivar sus parcelas. La agricultura no puede pasarse sin ese aumento de brazos en verano, y aún necesita más ayuda todavía para mejorar el suelo y multiplicar sus fuerzas productivas. Labranza a vapor, desagüe y abonos, convertirían los terrenos de arcillas del Nordeste de Londres en una suelo más rico que el de las praderas americanas. Para hacerse fértiles esos barros sólo necesitan ser tratados convenientemente, como ya se ha dicho, y ese trabajo lo realizarían con gusto los trabajadores de las fábricas si se hallase debidamente organizado en una comunidad libre en interés de toda sociedad. El suelo reclama esa ayuda, y la tendría bajo una organización conveniente, aunque para ello hubiera necesidad de parar el trabajo de muchas fábricas durante el verano. Es indudable que los actuales dueños de las fábricas considerarían ruinoso el tener que suspender anualmente el trabajo durante algunos meses, porque el capital empleado en la fábrica debe producir dinero cada día y cada hora si es posible. Pero esto es en el sistema capitalista y no de la comunidad. En cuanto a las trabajadores, quines deberían ser los verdaderos directores de la industria, encontrarán de seguro más saludable el no hacer el mismo monótono trabajo el año entero y lo abandonarán durante el verano, a menos de que hallen el medio de lograr que no se pare la fábrica, valiéndose del relevo por grupos.

El esparcimiento de la industria por todo el país, a fin de ponerla en contacto con la agricultura y hacer que ésta derive de esa combinación todas las ventajas posibles (véanse los Estados orientales de Norte América), es indudable el primer paso que se ha de dar, desde el momento que sea posible una reorganización del actual sistema. Lo que ya se ha hecho, como hemos visto en las páginas anteriores; ese paso se impone, por la necesidad misma de producir para los mismos productores; se impone también, por la precisión que tienen todas las personas que deseen conservar la salud, de dedicar una parte de su tiempo a un trabajo manual al aire libre; lo que se hará más imprescindible cuando los grandes movimientos sociales, que ahora se han hecho inevitables, vengan a perturbar el estado industrial presente, obligando a cada nación a recurrir a sus propios recursos para su sostenimiento. La humanidad en general, así como cada individuo separado en particular, todos ganarán con el cambio, y éste se ha de realizar sin remedio.

Además, semejante variación supone también una profunda modificación de nuestro actual sistema de educación: implica una sociedad compuesta de hombres y mujeres, cada uno de los cuales puede trabajar lo mismo con sus brazos que con su inteligencia, en las direcciones que quieran. Esta «integración de las capacidades» es lo que voy ahora a analizar.

TRABAJO CEREBRAL Y
TRABAJO MANUAL

CAPÍTULO OCTAVO

TRABAJO CEREBRAL Y TRABAJO MANUAL

Divorcio entre la ciencia y el oficio. –Educación técnica. –Educación completa. –El sistema de Moscú aplicada en Chicago, Boston y Aberdeen. –Enseñanza concreta. – Pérdida de tiempo actual. –Ciencia y práctica. –Ventajas que puede derivar la ciencia de una combinación de trabajo intelectual con el manual.

En los antiguos tiempos, los hombres de ciencia, y en particular aquellos que más han hecho a favor del crecimiento de la filosofía natural, no despreciaron el trabajo manual: Galileo, se hizo con sus propias manos sus telescopios; Newton, aprendió en su juventud el arte de manejar herramientas, ejercitando su infantil imaginación en la construcción de aparatos muy ingeniosos, y cuando empezó sus investigaciones en óptica estaba en condiciones de poder pulimentar los lentes de sus instrumentos y hacer por sí mismo el gran telescopio, que, dada aquella época, era un obra de mérito; Leibnitz, era muy aficionado a inventar mecanismos: los molinos de viento y los carruajes que pudieran moverse sin caballo preocupaban su imaginación, tanto como la especulación matemática y filosófica; Linneo se hizo botánico, al mismo tiempo que ayudaba diariamente a su padre, que era jardinero. En suma, para nuestros genios, las artes mecánicas no han sido un obstáculo para la investigaciones abstractas, pudiendo decirse que más bien las han favorecido. Por otra parte, si los trabajadores de otros tiempos hallaron pocas oportunidades para dominar la ciencia, muchos, al menos, tuvieron estimuladas sus inteligencias por la misma variedad de trabajos que se realizaban en aquellos talleres, donde aún no había penetrado la especialización, teniendo muchos de ellos la ventaja de hallarse familiarmente relacionados con hombres de ciencia. Watt y Rennie eran amigos del profesor Robinson; Brindley, el peón caminero, a pesar de su jornal de 1.50 francos, tenía relaciones con personas cultas, lo que permitió desarrollar sus notables facultades en ingeniería; otros pasaron su juventud en tiendas y talleres, para convertirse más tarde en un Smeaton o un Stephenson.

Nosotros hemos cambiado todo eso: con el pretexto de la división del trabajo, hemos separado violentamente el trabajo intelectual del manual. La masa de los trabajadores no reciben más educación científica que sus abuelos, y, además, se ven privados de la poca que podían adquirir en los pequeños obradores, mientras que sus hijos, tanto hombres como mujeres, estando condenados a vivir en la mina o la fábrica desde la edad de trece años, donde pronto olvidan lo poco que aprendieron en la escuela. Los hombres de ciencia, por su parte, deprecian el trabajo manual. ¿Cuántos podrían hacer un telescopio u otro instrumento menos complicado todavía? La mayoría no son capaces ni aun de dibujar un aparato científico, y cuando dan una vaga idea al constructor, dejan al cuidado de éste el inventar lo que ellos necesitan. Pero hay más aún: han elevado sus menosprecio por el trabajo manual a la altura de una teoría: «El hombre de ciencia -dicen- debe descubrir las leyes de la naturaleza, el ingeniero, aplicarlas y el obrero ejecutar en madera o acero, en hierro o en piedra, los dibujos y formas trazadas por aquél; debiendo trabajar con máquinas inventadas para que las use, pero no por él. Nada importa que no las entienda ni pueda mejorarlas; el hombre de ciencia y el ingeniero científico cuidarán del progreso de la ciencia y la industria».

A esto puedo objetarse que, sin embargo, hay una clase de personas que no pertenecen a ninguna de las tres categorías indicadas: en su juventud fueron trabajadores manuales, y algunos de ellos siguen siéndolo todavía; pero, debido a algún acontecimiento feliz, han conseguido adquirir cierto conocimiento científico, y de ese modo han logrado combinar la ciencia con el arte mecánico. Es verdad que existen tales gentes, y no es poca suerte que exista un núcleo de personas que haya podido escaparse de la tan apoderada especialización del trabajo, siendo precisamente a ellos a quien la industria debe sus principales y recientes inventos. Pero en la vieja Europa, al menos, constituyen una excepción, lo irregular, los soldados que, separándose de las filas, han asaltado la barrera con tanto interés levantadas entre las clases. Y son tan pocos, comparados con las constantemente crecientes necesidades de la industria -y también de la ciencia- como demostraré a continuación, que en todo el mundo se lamenta la gente de los mucho que escasean.

¿Qué significa, sino, ese grito que se levanta al mismo

tiempo en Inglaterra, Francia, Alemania, Estados Unidos y Rusia, pidiendo la educación técnica, como no sea el disgusto general que produce la división actual en científicos, ingenieros y trabajadores? Escuchad a los que conocen la industria, y vereis que la base de sus quejas es ésta: «El obrero cuyo trabajo ha sido especializado por la división permanente de la faena, ha perdido todo interés intelectual en ella, lo que principalmente ocurre en la gran industria, así como sus facultades inventivas. En otro tiempo inventaba mucho; los trabajadores manuales, y no los hombres de ciencia, ni los ingenieros, son los que han descubierto o perfeccionado los primeros motores y toda esa masa de maquinaria que ha transformado la industria durante los últimos cien años; pero desde que la gran fábrica se ha entronizado, el obrero, deprimido por la monotonía del trabajo, ha dejado de inventar. ¿Qué puede inventar el tejedor que tiene a su cargo cuatro telares, sin saber una palabra respecto a sus complicados movimientos, ni de qué modo ha de progresar el mecanismo hasta alcanzar su estado actual? ¿Qué puede aprender una persona condenada por toda su vida a enlazar los extremos de dos hilos con la mayor celeridad, y no sabe más que hacer un nudo?».

«En los comienzos de la industria moderna, tres generaciones de obreros inventaron; pero ahora han dejado de hacerlo. Y en cuanto a los adelantos introducidos por los ingenieros, instruidos especialmente para idear máquinas, o les falta el ingenio o resultan poco prácticos. Esos, casi nada, de los que una vez habló sir Frederich Bramwell, en Baht, faltan en sus inventos; esas insignificaciones, que sólo pueden aprenderse en el obrador, y que permitieron a Murdoch y a los trabajadores de Soho hacer una máquina completa del engendro de Watt. Únicamente el que conoce la máquina, no sólo en el dibujo y el modelo, sino en su constante trabajo y funcionamiento, y que sin querer piensa en ellas mientras se halla a su lado, es quien verdaderamente puede mejorarla. Smeaton y Newcomen, es indudable que eran excelentes ingenieros, y sin embargo, en sus máquinas un muchacho tenía que abrir la válvula del vapor a cada golpe del pistón, siendo uno de estos niños quien ideó el relacionar la válvula con el resto de la máquina para que se abriera automáticamente, y él pudiera irse a jugar con sus compañeros. Más en la maquinaria moderna no ha quedado espacio para inocentes descubrimientos de esa clase. Una educación científica en escala elevada se ha hecho necesaria para poder realizar nuevos adelantos, y ésta se le niega a los trabajadores: así que no hay medio de salir del atolladero, a menos que no se combinen juntas la educación científica y el arte mecánico; a menos que la integración de los conocimientos vengan a reemplazar la actual división».

Tal es, en substancia, el verdadero significado del presente movimiento a favor de la educación técnica; pero en vez de presentar a la consideración pública las causas, tal vez inconscientes del descontento actual, en lugar de elevar la discusión y prestar a la cuestión toda la amplitud que merece, los porta-estandartes del movimiento no la sacan de los límites más reducidos. Algunos de ellos hacen uso de un lenguaje con pretensiones de patriótico y en realidad ridículo, hablando de dejar fuera de combate toda industria extranjera, mientras los demás no ven en la educación técnica más que el medio de mejorar algo a la máquina humana de la fábrica, y permitir que algunos obreros puedan ascender a una clase superior.

Semejante ideal puede satisfacer a tales gentes, pero no a aquellos que no pierden de vista los intereses combinados de la ciencia y la industria, y consideran a ambas como un medio de elevar a la humanidad a más alto nivel. Nosotros sostenemos, pues, que en interés de las dos, así como de la sociedad en general, todo ser humano, sin diferencia de nacimiento, debiera recibir una educación que le permitiera, ya fuera hombre o mujer, combinar un verdadero conocimiento científico con otro, igualmente profundo, del arte mecánico. Reconocemos sin reservas la necesidad de la especialización de los conocimientos; pero mantenemos que ésta debe venir después de la educación general, la cual debe comprender tanto a la ciencia como al trabajo manual. A la división de la sociedad en trabajadores intelectuales y manuales, nosotros oponemos la combinación de ambas clases de actividades; y en vez de «la educación técnica», que impone el mantenimiento de la presente división entre dos clases de trabajos referidos, proclamamos la educación integral o completa, lo que significa la desaparición de esa distinción tan perniciosa. Claramente expresada, la aspiración de la escuela bajo este sistema debería ser la siguiente: dar una educación tal, que al dejar las aulas a la edad de diez y ocho o veinte años, los jóvenes de ambos sexos se hallaran dotados de un capital de conocimientos científicos que les permitiera trabajar con provecho para la ciencia, dándoles al mismo tiempo un conocimiento general de lo que constituyen las bases de la enseñanza técnica, y la habilidad necesaria en cualquier industria especial para poder ocupar su puesto dignamente en el gran mundo de la producción manual de la riqueza. Sé que muchos encontrarán semejante aspiración demasiado amplia o imposible de alcanzar; pero confío que, si tienen la paciencia de leer la páginas siguientes, verán que, para ella, no necesitamos más que lo que se puede obtener con facilidad, o mejor dicho, *lo que se ha obtenido*. Y lo que ha podido hacerse en pequeña escala, pudiera realizarse en otra mayor, a no ser por las causas económicas y sociales que impiden se lleve a cabo ninguna reforma de importancia en nuestra sociedad, tan miserablemente organizada.

El experimento se ha hecho en la Escuela Técnica de Moscú, durante veinte años consecutivos, con muchos centenares de niños; y según el testimonio de los más competentes jurados de las exposiciones de Bruselas, Filadelfia, Viena y París, el ensayo ha dado un resultado satisfactorio. La escuela de Moscú admite jóvenes que no pasen de quince años, y no se les exige a tal edad más que un conocimiento general de geometría y álgebra, unido al corriente de la lengua del país, recibiéndose alumnos más jóvenes en las clases preparatorias. La escuela está dividida en dos secciones, la mecánica y la química; pero como yo conozco personalmente mejor la primera, y como es también la más importante con referencia a la cuestión de que venimos ocupándonos, limitaré mis observaciones a la educación que se da en la sección mecánica.

Después de haber estado cinco o seis años en la escuela, el estudiante la deja con un profundo conocimiento de matemáticas superior, física, mecánica y ciencias relacionadas con éstas; tan completo, en verdad, que no tienen nada que envidiar al que se adquiere en las mejores Facultades matemáticas de las más eminentes universidades europeas. Cuando yo estudiaba las matemáticas en la Universidad de San Petersburgo, pude comparar la instrucción de los estudiantes de la Escuela Técnica de Moscú con la nuestra, y vi los cursos de geometría superior que algunos de ellos habían recopilado para que sirvieran a sus compañeros; admiré la facilidad con que aplicaban el cálculo integral a los problemas dinámicos, llegando a la conclusión de que mientras nosotros, estudiantes de la Universidad, apenas sabíamos servirnos de las manos, los alumnos de la Escuela Técnica fabricaban *con la suyas*, y sin ayuda de obreros profesionales, hermosas máquinas de vapor, desde la pesada caldera hasta el último tornillo; maquinaria agrícola y aparatos científicos, todo para la industria; recibiendo los primeros premios por su trabajo manual en las Exposiciones Internacionales. Eran hábiles artesanos educados científicamente -trabajadores con educación universitaria,- altamente apreciados hasta por los fabricantes rusos, que tanto desconfían de la ciencia.

Ahora bien; el método seguido para obtener tan maravillosos resultados fue el siguiente. En lo referente a la ciencia, el aprender de memoria era poco apreciado, mientras que la investigación independiente se estimulaba por todos los medios posibles: la ciencia se enseñaba a la par que sus aplicaciones, y lo que se aprendía en la clase se aplicaba en el taller, dedicándose una gran atención a las más elevadas abstracciones de la geometría, como medio de desarrollar la inteligencia y el amor a la investigación. En cuanto a la enseñanza del arte mecánico, el sistema seguido era muy diferente del que fracasó en la Universidad de Cornell, siendo verdaderamente distinto de los usados en la mayoría de las escuelas técnicas. No se mandaba al estudiante a un taller a aprender un oficio determinado y ganarse con él la vida lo más pronto posible, sino que su enseñanza se realizaba según el plan elaborado por el fundador de la escuela, M. Dellavos, y que ahora se aplica también en Chicago y en Boston, del mismo modo sistemático que se usa para enseñar el trabajo de laboratorio en las Universidades.

El dibujo, como es natural, se consideraba como el primer paso en la educación técnica; después se conducía al discípulo, primero al taller de carpintería, o mejor dicho, laboratorio, donde se le enseñaba por completo el oficio, no economizándose esfuerzo alguno por alcanzar tal resultado, pues se le consideraba, y con razón, la verdadera base de toda industria; más tarde, se le trasladaba al taller de torneo, en el que aprendía a construir en madera los modelos de aquellas cosas que tendría que hacer de metal en los talleres siguientes. Luego seguía la fundición, donde se le enseñaba a fundir las partes de las máquinas que había preparado en madera; y sólo después de haber pasado por los tres primeros estados, era cuando se le admitía en los talleres de herrería y maquinaría. Tal es el sistema que los lectores ingleses encontrarán detalladamente descrito en una obra de Mr. Ch. H. Ham[155]. En cuanto a la perfección del trabajo mecánico de los estudiantes, no veo cosa mejor que referirme a las Memorias de los jurados de las mencionadas Exposiciones.

En América se ha introducido el mismo sistema en su parte técnica, primero, en la Escuela de Artes y Oficios de Chicago, y más tarde en la de Boston, que según me han asegurado, es la más perfecta de todas; y en Inglaterra, o mejor dicho en Escocia, encontré el sistema aplicado con muy buen éxito, durante algunos años, bajo la dirección del

---

155 *Manual Training: the Solution of social and Industrial. Problems*, por Ch. H. Ham, London: , Blockie, and son, 1886. Y puedo agregar que idénticos resultados se han obtenido igualmente en la Krasmoufimrk Realschule, en la provincia de Orenburgo, especialmente con relación a la agricultura y maquinaria agrícola. Lo realizado por la escuela es, sin embargo, tan interesante, que merece algo más que una ligera mención.

Dr. Ogilvie, en el colegio de Gordon, en Aberdeen, en una escala más limitada. A la par que se le da al alumno una profunda educación científica, se le diestra en el taller; pero no en un oficio especial, como desgraciadamente ocurre con frecuencia: pasa por el taller de carpintería, el de fundición y el de maquinaria, en cada uno de los cuales aprende los fundamente de los tres oficios, lo bastante bien para poder surtir a la escuela con una multitud de cosas útiles. Además, según lo que puede observar en las clases de geografía y física, así como también en el laboratorio químico, el sistema «de la mano al cerebro», y *viceversa*, se halla completamente en acción, viéndose coronado por el éxito. Los niños *trabajan* con los instrumentos físicos, y estudian geografía en el campo, con instrumentos de mano, lo mismo que en la clase; algunos de los trabajos topográficos llenaron mi corazón, como viejo geógrafo, de alegría. Es evidente que el Departamento Industrial del colegio de Gordon, no es una mera copia de ninguna escuela extranjera; por el contrario, no puedo por menos creer, que si Aberdeen a dado tan excelente paso hacia la combinación de la ciencia y el oficio, ha sido como consecuencia natural de lo que venía practicándose en pequeña escala en las escuelas de dicha ciudad.

La Escuela Técnica de Moscú no es, sin embargo, una escuela ideal[156]. Desatiende por completo la educación humanitaria de los jóvenes; pero, no obstante, debemos reconocer que ese experimento, sin hablar de centenares de otros parciales, ha demostrado de modo incontestable la posibilidad de combinar una elevada educación científica

---

156   Lo que sea actualmente no lo sé; en los últimos años de Alejandro II se hallaba en un estado deplorable, como otras muchas buenas instituciones de la primera parte de su reinado; pero la semilla no se perdió; fue trasladada a América

con la que hace falta para llegar a ser un hábil artesano; habiendo probado, además, que el mejor medio de producir artesanos verdaderamente hábiles, era tomar la cosa por su base, abarcando el problema de la instrucción en toda su extensión, en lugar de pretender dar algunos conocimientos en un oficio determinado, y alguna instrucción en una rama particular de alguna ciencia. Esto ha hecho ver también, lo que puede obtenerse sin apretar demasiado a los alumnos, si se tiene siempre cuidado de aplicar una economía racional a la cuestión del tiempo que éste debe dedicar al trabajo, la teoría marcha siempre acompañada de la práctica. Considerados bajo este punto de vista, los resultados de Moscú no ofrecen nada extraordinario, y aun pudieran obtenerse mejores si los mismo principios se aplicasen desde los primeros años de la educación. La pérdida del tiempo es el rasgo más característico de nuestro sistema actual; no sólo se nos enseña una multitud de cosas inútiles, sino que, hasta lo que no lo es, se nos enseña de tal modo, que es causa de que empleemos en aprenderlo mucho más tiempo del necesario. Nuestro presente sistema de enseñanza tiene su origen en una época en que, lo que se exigía a una persona bien instruida era muy limitado; y en esto no se ha variado, a pesar del considerable aumento de conocimientos de que hay que dotar al estudiante desde que la ciencia ha traspasado tanto sus antiguos límites; de lo que proviene el aumento de presión en las escuelas, así como también la urgente necesidad de modificar, tanto el texto como el sistema, según las nuevas necesidades y los ejemplos que aquí y allá nos dan distintas escuelas y maestros.

Es indudable que los años de la niñez no debieran emplearse tan inútilmente como hoy sucede; habiendo demostrado los maestros alemanes hasta qué punto los juegos de los niños pueden servir de instrumentos para dar a su entendimiento algún conocimiento concreto, lo mismo en geometría que en matemáticas. Los niños que han hecho los cuadros del teorema de Pitágoras con pedacitos de cartón de colores, no lo mirarán cuando lleguen a él en geometría como un simple instrumento de tortura ideado por el maestro para martirizarlos, y con tanto menos motivo, si lo aplican en la forma que lo hacen los carpinteros. Problemas muy complicados de aritmética, que tanto nos fatigan en la infancia, se resuelven fácilmente por criaturas de siete y ocho años, si se les presenta bajo una forma atractiva e interesante. Y si el *Kindergarten*, del cual los maestros alemanes hacen a menudo una especie de barraca en la que cada movimiento del niño está regulado de antemano, se ha convertido con frecuencia en una pequeña prisión para los pequeñuelos, la idea que precedió a su fundación es, sin embargo, verdadera. En suma, es casi imposible imaginar, sin haberlo experimentado, cuantos conocimientos útiles, hábitos de clasificación y gusto por las ciencias naturales pueden inculcarse en la mente del niño; y si una serie de cursos concéntricos adaptados a las varias fases del desarrollo del ser humano se aceptaran generalmente en la educación, los primeros conocimientos en todas las ciencias, exceptuando la sociología, podrían enseñarse antes de la edad de diez o doce años, de modo que se diera una idea general del universo, de la Tierra y sus habitantes, y de los principales fenómenos físicos, químicos, sociológicos y botánicos. Dejando el descubrimiento de las leyes de aquéllos a una nueva clase de estudios más profundos y especiales. Por otra parte, todos sabemos lo que les gusto a los niños hacer por sí mismos sus juguetes, y con qué placer imitan el trabajo de las personas mayores, si las ven ocupadas en el taller o en la obra; pero los padres, o estúpidamente paralizan esa pasión o no saben cómo utilizarla. La mayor parte de ellos desprecian el trabajo manual, y prefieren enviar a sus hijos a estudiar historia romana o el método de Franklin, para hacer dinero, antes de verlos dedicados a un trabajo que sólo es propio de «las clases inferiores». Así hacen lo posible para aumentar las dificultades de los estudios posteriores.

Después vienen los años de colegio, y de nuevo se vuelve a perder el tiempo de un modo increíble. Tomemos, por ejemplo, las matemáticas, que todos deberían saber, porque es la base de toda educación ulterior, y que tan pocos aprenden en nuestras escuelas. En geometría se pierde lastimosamente el tiempo, usando un sistema que tan sólo consiste en confiarlo todo a la memoria; en los más de los casos, el niño lee una y otra vez la prueba de un teorema hasta que su memoria ha retenido la sucesión de los razonamientos. Por cuya razón nueve niños de cada diez si se les pregunta que prueben un teorema elemental dos años después de haber salido de la escuela no podrán hacerlo, a menos que se hayan dedicado especialmente a las matemáticas: olvidarían qué líneas auxiliares hay que trazar, no habiendo aprendido nunca a *descubrir* las pruebas por sí mismos. No debemos admirarnos, pues, que más adelante encuentren tantas dificultades en aplicar la geometría a la física, progresen tan penosamente, y sean tan pocos los que dominen los altos estudios matemáticos. Y, sin embargo, hay otro método que facilita el adelanto en general con mucha rapidez, y con el cual, el que una vez aprendió geometría no la olvidará nunca: en este sistema, cada teorema se presenta como un problema; jamás se da una solución de antemano, y el alumno se ve obligado a buscarla por sí mismo. De este modo, si se han hecho antes algunos ejercicios preliminares con la regla y el compás, no se encontrará un niño o niña entre veinte o treinta, que no pueda hallar el medio de trazar un ángulo que sea igual a otro dado, y demostrar que son iguales, tan sólo con algunas indicaciones por parte del maestro. Y si los problemas posteriores se presentan en una sucesión sistemática (hay excelentes libros de texto dedicados a tal propósitos), y el profesor no apura a sus discípulos tratando que avancen con más de la posible en un principio, pasarán de un problema a otro con sorprendente facilidad, no habiendo más dificultad que la de hacer que el alumno resuelva el primer problema, y de ese modo adquiera confianza en su modo de razonar.

Además, cada verdad geométrica abstracta debe imprimirse igualmente en el entendimiento en su forma concreta: tan pronto como los alumnos hayan resuelto algunos problemas en el papel, deben hacer lo mismo en el terreno dedicado al recreo, con unos palos y una cuerda, y luego aplicar sus conocimientos en el taller. Sólo entonces, las líneas geométricas adquirirán un significado concreto en la mente de los niños; sólo entonces verán que el maestro no bromea, cuando les dice que resuelvan los problemas con la regla y el compás, sin necesidad de acudir a otros medios; sólo entonces *sabrán* geometría. «De los ojos y la mano al cerebro», éste es el verdadero principio de la economía del tiempo en la enseñanza. Me acuerdo, como si fuera ayer, de qué modo tan rápido se me presentó la geometría bajo un aspecto nuevo, y lo que esto contribuyó a facilitar todos los estudios ulteriores. Se trataba de fabricar un globo

Montgolfier[157], y yo hice la observación de que los ángulos de la parte superior de cada una de las tiras de papel que se había de componer el globo, debían cubrir menos de la quinta parte de un ángulo recto cada una. Recuerdo, después, de qué modo las rayitas y tangentes dejaron de ser meros signos cabalísticos, desde el momento que nos permitían calcular la altura de un palo en el perfil de la obra de una fortaleza, y de qué modo se hacía sencilla la geometría aplicada al espacio, cuando empezábamos a hacer en pequeña escala un bastión con troneras y barbetas; ocupación que, como era de esperar, fue pronto prohibida, a causa del estado en que poníamos los vestidos. «Parecen trabajadores», era el reproche que nos dirigían nuestros inteligentes maestros; cuando precisamente eso, y el desenvolvimiento del uso de la geometría, era para nosotros una verdadera satisfacción.

Al obligar a nuestros hijos a estudiar cosas reales, de meras representaciones gráficas, en vez de procurar que las *hagan* ellos mismos, somos causa de que pierdan un tiempo muy precioso; fatigamos inútilmente su imaginación; los acostumbramos al sistema más malo de aprender; matamos en flor la independencia del pensamiento, y rara vez conseguimos dar un verdadero conocimiento de lo que nos proponemos enseñar. Un carácter superficial, el repetir como loros, y la postración e inercia del entendimiento, son el resultado de nuestro método de educación: no los enseñamos el modo de aprender; y hasta los principios mismos de la ciencia se les dan a conocer por medio del sistema tan

---

157 El globo de aire caliente de los hermanos Montgolfier. Joseph-Michel Montgolfier y Jacques-Étienne Montgolfier fueron dos hermanos franceses conocidos por ser considerados los inventores del globo aerostático

pernicioso, habiendo muchas escuelas en las que se enseña hasta la aritmética en su forma más abstracta, llenándose las cabezas de las pobres criaturas solamente de reglas.

La idea de unidad, que es arbitraria y puede cambiarse a voluntad en nuestro modo de medir (la cerilla, la caja de las mismas, la docena de estás o la gruesa; el metro, el centímetro, el kilómetro y así sucesivamente) no se imprime en la mente, y por eso, cuando los niños llegan a las fracciones decimales se ven imposibilitados de comprenderlas. Mientras que en Francia, donde el sistema es cosa corriente, tanto en las medidas como en las monedas, aun aquellos obreros que sólo han recibido una educación puramente elemental, están muy familiarizados con los decimales. Para representar veinticinco céntimos, escriben «cero veinticinco», cuando la mayoría de mis lectores recordarán, indudablemente, de qué modo ese mismo cero, puesto a la cabeza de una fila de números, les confundía en su niñez. Procuramos también, por nuestra parte, hacer el álgebra incomprensible, y nuestros hijos pasan un año entero sin haber comprendido, no ya el álgebra, sino un simple sistema de abreviaturas que se pudiera estudiar fácilmente si se enseñarse a la par de la aritmética.

El tiempo que se pierde en la física es verdaderamente deplorable: en tanto que los jóvenes entienden con mucha facilidad los principios de la química y sus fórmulas, desde el momento que hacen por si mismos los primeros experimentos con algunos vasos y tubos, la mayoría encuentra las mayores dificultades en hacerse cargo de la parte mecánica de la física, debido, en primer lugar, a que no saben geometría, y en particular, porqué sólo se les presentan costosas máquinas, en lugar de inducirlos a hacerse sencillos aparatos para ilustrar los fenómenos que les sirven de estudio. En vez de aprender las leyes de las fuerzas con instrumentos poco complicados, que pudiera hacer con facilidad un muchacho de quince años, los estudian sólo por medio de dibujos, en una forma puramente abstracta; en vez de construir por sí mismos una máquina Atwood con el palo de una escoba y la rueda de un reloj viejo, o comprobar las leyes de la caída de los cuerpos con una llave, deslizándose por una cuerda diagonal, se les muestra un aparato complicado, ocurriendo a veces que el maestro mismo no sabe de qué modo explicarles los principios sobre los que aquél se halla fundado, lo que le obliga algunas ocasiones a incurrir en errores, marchando así todas las cosas, desde el principio al fin, con muy pocas honrosas excepciones[158].

Si la pérdida de tiempo es un rasgo característico de nuestros métodos de enseñar la ciencia, lo es igualmente de

---

158 Tómese, por ejemplo, la descripción de la máquina de Atwood en cualquier curso de física elemental, se verá la importancia que se le da a las ruedas en que descansa el eje de la polea: se hará mención de las cajas vacías, planchas, círculos, el reloj y otros accesorios, antes de que se diga una palabra sobre la idea fundamental de la máquina, que es el de amortiguar el movimiento de caída de un cuerpo, haciendo que uno de poco peso, que cae, pueda mover otro de más pesado en estado de inercia, sobre el cual influye la gravedad en dos opuestas direcciones. Esta fue la idea del inventor, y si se presenta con claridad, los discípulos ven, desde luego, que el suspender dos cuerpos de igual peso sobre una polea, y el hacerlos mover, agregándoles un peso pequeño a uno de ellos, es uno de los medios (y tal vez el mejor) de amortiguar el movimiento de descenso durante la caída; comprender que la fricción de la polea debe reducirse al mínimo, ya sea usando los dos pares de ruedas que tanto preocupan a los que hacen libros de texto, o por otro procedimiento cualquiera; que el reloj es cuestión de lujo, y las «planchas y anillos» meros accesorios: en una palabra, que la idea de Atwood puede llevarse a cabo con la rueda de un reloj sujeta, como una polea, a una pared, o en el extremo de un palo de escoba, fijo en posición vertical. De este modo, los alumnos entenderán la idea de la máquina y de su inventor, acostumbrándose a separar lo fundamental de lo accesorio, mientras que en otro caso sólo miran con curiosidad a lo que hace el maestro con una máquina complicada, y los pocos que llegan a comprenderla han perdido en conseguirlo mucho tiempo. En suma, todos los aparatos usados para ilustrar las leyes fundamentales de la física deberían estar hechos por los niños mismos.

los usados para enseñar un arte. Sabemos de qué modo se pierden los años, cuando un muchacho hace su aprendizaje en un taller; y el mismo cargo puede hacerse, hasta cierto punto, a esos colegios técnicos que procuran enseñar desde luego un oficio determinado, en lugar de recurrir a los más amplios y seguros métodos de la enseñanza sistemática. Así como hay en ciencias algunas nociones y sistemas, que sirven de preparación para el estudio de todas, así también las hay que sirven de fundamento al estudio especial de cualquier oficio. Reuleaux ha demostrado en un interesante libro, la *Theorestische Kinematik*, que hay, por decirlo así, una filosofía de toda clase de maquinaria: cada máquina, por complicada que sea, puede reducirse a un número limitado de elementos -planchas, cilindros, discos, conos, etc.,- así como a pocas herramientas; cinceles, sierras, rodillos, martillos, etc.; y por muy complicados que sean sus movimientos, pueden descomponerse en un reducido número de modificaciones de la acción, tales como la transformación del movimiento circular en rectilíneo, y otras por el estilo, con ciertos números de eslabones intermediarios. Así, también, cada oficio puede descomponerse en una cantidad de elementos: en cada uno hay que saber hacer una plancha con superficies paralelas, un cilindro, un disco, un cuadro y un agujero redondo; de qué modo han de manejarse un número limitado de herramientas, no siendo todas más que meras modificaciones de menos de una docena de tipos; y cómo se han de trasformar los movimientos. Este es el fundamento de todo el arte mecánico; así que el conocimiento de cómo se han de hacer en madera esos elementos primordiales, cómo han de manejarse las principales herramientas de carpintero, y de qué modo pueden transformarse varias clases de movimientos, deberían considerarse como la verdadera base de todo conocimiento de arte mecánico.

Además, nadie puede ser buen estudiante de ciencias, sin tener conocimiento de los medios adecuados de investigación científica; a menos de no haber aprendido a observar, a describir con exactitud, a descubrir mutuas relaciones entre hechos al parecer independientes, a hacer hipótesis y comprobarlas, a razonar sobre la causa y el efecto, y así sucesivamente.

Y nadie podrá ser un buen artesano, a menos de no hallarse familiarizados con un buen método de arte mecánico. Es necesario que cada uno se acostumbre a concebir el objeto de su pensamiento en una forma concreta, dibujarlo o moldearlo, huir de tener las herramientas descuidadas y de los malos sistemas de trabajar, dar a todo un buen toque de efecto final, sacando un placer artístico de la contemplación de formas airosas y combinación de colores, y mirando con disgusto todo lo feo. Ya se trate de arte mecánico, ciencia o bellas artes, la principal aspiración de la enseñanza no debe ser la de hacer un especialista del principiante, sino el enseñarle los elementos fundamentales y buenos sistemas de trabajar; y, sobre todo, a darle esa inspiración general, que más tarde le inducirá a poner en todo lo que realiza un ardiente amor a la verdad, a mirar con placer todo lo que es hermoso, lo mismo en la forma que en el fondo, a sentir la necesidad de ser una unidad útil entre los demás seres humanos, y conseguir que lata su corazón al unísono con el resto de sus semejantes.

En cuanto a evitar la monotonía del trabajo, que resultaría de que el discípulo no hiciera más que cilindros y discos, y no máquinas completas u otros objetos útiles, hay una infinidad de medios para impedir que tal suceda, y uno de ellos, usado en Moscú, es digno de mención. No es darle trabajo solamente como mero ejercicio, sino utilizar todo el que hace desde el primer momento. ¿No recordarán qué placer les causaba en su juventud, al ver que el trabajo que hacían se aprovechaba, aunque no fuera más que en parte, en cualquier cosa útil? Pues eso se práctica en Moscú: cada pieza que construye el alumno, se utiliza como parte de alguna máquina en cualquiera de los otros talleres. Cuando un estudiante entra en uno de maquinaria y se le pone a hacer un bloque cuadrangular de hierro con superficies paralelas y perpendiculares, este trabajo no carece de interés a sus ojos, porque sabe que una vez concluido, y después de haber comprobado sus ángulos y superficies y corregido sus defectos, no se arrojará bajo el banco, sino que se le dará a otro que esté más adelantado, quien le hará un remate, lo pintara, y lo mandará a la tienda del colegio como un pisapapeles es, recibiendo de este modo la enseñanza sistemática, el carácter atractivo que necesita[159].

Es evidente que la celeridad en el trabajo es un factor importante en la producción; así que, hay motivo para preguntar si bajo tal sistema se obtendría la necesaria velocidad. A esto contestaremos que hay dos clases de celeridades: la que vi en una fábrica de cintas en Nottingham, donde personas adultas, con manos y cabezas temblorosas trabajan de un modo febril, uniendo los extremos de dos hilos procedentes del resto que quedan en las bovinas, no siendo posible seguir

---

159   La venta de la obra de los alumnos no es insignificante, especialmente cuando han llegado a las clases superiores, y hacen máquinas de vapor. Por cuya razón, la escuela de Moscú, cuando yo la conocí, era un de las más baratas del mundo: daba casa, comida y educación, por poca cosa. Pero imaginar una escuela semejante relacionada con otra agrícola que cultivase el suelo y cambiara los productos a precio de coste. ¿Qué habría de gastar entonces en la educación?

con la vista la rapidez de sus movimientos. Pero el hecho mismo de que se necesite un trabajo tan violento, es la mayor condena del sistema de la gran industria. ¿Qué ha quedado del ser humano en esos cuerpos temblorosos? ¿Cuáles serán sus componentes? ¿A qué tal derroche de fuerza humana, cuando ella podría producir diez veces el valor del resto del hilo que se pretende aprovechar? Esta clase de celeridad sólo hace falta por razón de lo económico que resulta el trabajo del esclavo de la fábrica; por cuyo motivo debemos esperar que ningún colegio aspire a una rapidez semejante en el trabajo. Pero también existe la celeridad que representa una economía de tiempo de los obreros diestros, la que se obtiene mejor por medio de la educación que nosotros preconizamos.

Por sencillo que sea el trabajo, el obrero instruido lo hará mejor y más pronto que el que carezca de instrucción. Obsérvese, por ejemplo, de qué modo procede un buen operario para cortar cualquier cosa; supongamos que se trate de un pedazo de cartón, y compárense sus movimientos con los de otro que no esté adiestrado. Este tomará el cartón, cogerá la herramienta sin mirarla, trazará una línea torpemente y empezará a cortar; se encontrará cansado a la mitad de la faena, y cuando la haya terminado, resultará que lo que ha hecho carece de valor; en tanto que aquél empezará por examinar los útiles de que haya de servirse, arreglándolos si es necesario; trazará la línea con exactitud, sujetará al mismo tiempo el cartón y la regla, cogerá hábilmente la herramientas, cortará con facilidad y presentará una obra bien hecha. Esta es la clase de celeridad que economiza tiempo, la mejor para hacer lo mismo con el trabajo humano, y el mas seguro medio de obtenerla es una instrucción que sea la mejor posible. Los grandes maestros pintaban con sorprendente rapidez; peri eso era el resultado de su gran desarrollo de inteligencia e imaginación, de una delicada concepción de lo bello y de una fina percepción de los colores. Y esta es la clase de trabajo rápido que le hace falta a la humanidad.

Mucho más pudiera agregarse con relación a los deberes de la escuela, pero me limitaré sólo a decir algunas palabras más respecto a la conveniencia de establecer el sistema de educación ligeramente bosquejado en las páginas precedentes. Inútil sería el exponer que no acaricio la ilusión de que se haga no en educación ni en ninguno de los particulares tratados en los capítulos anteriores, ninguna reforma de verdadera importancia, mientras que las naciones civilizadas permanezcan bajo el presente estrecho y egoísta sistema de consumo y producción. Todo lo que podemos esperar, en tanto duren las actuales condiciones, es intentar, aquí y allá, en forma microscópica, hacer alguna mejora en una escala limitada; intentos que, por necesidad, han de hallarse muy por debajo de los resultados apetecidos a causa de la imposibilidad de reformar en pequeña escala, cuando es tan íntima la conexión que existe entre las múltiples funciones de una nación civilizada. Pero la energía del genio constructivo de la sociedad depende, principalmente, de la profundidad de sus concepciones respecto a lo que debiera hacerse y de qué modo; y la necesidad de reconstruir la enseñanza, es una de aquellas que se hallan más al alcance de todos, y es de las más adecuadas para inspirar a la sociedad esos ideales, sin los que el estancamiento y aun la decadencia son inevitables. Supongamos, pues, que una comunidad -una ciudad o un territorio que cuente, por lo menos, algunos millones de habitantes- diera la clase de instrucciones que hemos reseñado a todos sus hijos, sin distinción de nacimiento (y *somos* lo bastante ricos para permitirnos ese lujo), sin pedirles nada en cambio, sino lo que darán cuando se hayan convertido en productores de la riqueza; supóngase que se ha dado tal educación, y analícense sus probables consecuencias.

No insistiré sobre el aumento de riqueza que resultaría de tener un joven ejército de instruidos y bien adiestrados productores; ni lo haré tampoco sobre los beneficios sociales que se derivarían de borrar las presentes distinciones entre los trabajadores intelectuales y manuales, y de llegar así a la concordia y armonía de intereses tan necesarias en nuestros tiempos de luchas sociales. Nada diré del complemento de vida que todos disfrutarían, desde el momento que pudieran gozar del uso de sus facultades mentales y corporales, ni de las ventajas que resultarían de elevar el trabajo mecánico al puesto de honor que de derecho lo corresponde en la sociedad, en el lugar de ser, como hoy sucede, un signo de inferioridad. Ni insistiré tampoco sobre la necesidad de que desparezca la miseria y degradación presente, con si cortejo de vicios, crímenes, prisiones y todo género de indignidades, que son sus naturales consecuencias. En fin, no tocaré ahora la gran cuestión social, sobre la que tanto se ha escrito y tanto falta aun que escribir: sólo me propongo llamar la atención en estás páginas sobre los beneficios que la ciencia misma reportaría del cambio.

No faltará quien diga, por supuesto, que el reducir a los hombres de ciencia a la *categoría* de trabajadores manuales, representaría la decadencia de aquélla y del genio; pero los que se hagan cargo de las siguientes consideraciones, es más que probable que convengan en que lo contrario es precisamente lo que deberían suceder, esto es, un proceso tal de la ciencias y las artes, y tan gran adelanto en la industria, que apenas lo podríamos prever comparándolo con la época del Renacimiento. Se ha hecho una vulgaridad hablar con énfasis de los progresos de la ciencia en este siglo; y, sin embargo, es evidente que, si se le compara con los pasados, tiene mucho de que enorgullecerse. Pero si tenemos presente que la mayor parte de los problemas que nuestro siglo ha resuelto, ya habían sido planteados, y previstas sus soluciones hace cien años, tenemos que admitir que el adelanto no ha sido tan rápido como debiera haberse esperado, y que, indudablemente, hay algo que lo dificulta.

La teoría mecánica del calor, fue perfectamente prevista el siglo pasado por Rumford y Humphrey Davy, y aun en Rusia fue preconizada por Somonoraff[160]. Y, sin embargo, pasó mucho más de medio siglo, antes de que la teoría reapareciera en la ciencia. Lamarck, y aun Linneo, Geoffroy Saint-Hilaire, Erasmo, Darwin y otros muchos, tenían perfecto conocimiento de la variabilidad de las especies: ellos abrieron el camino que conduce a la constitución de la biología sobre los principios de la diferenciación; pero en este caso, también se dejó pasar medio siglo antes de que la cuestión de variabilidad de las especies volviera a ponerse a la orden del día, y todos sabemos de qué modo las ideas de Darwin se propagaron e impusieron a la atención de la juventud universitaria, en general, por personas que no pertenecían al profesorado, y eso que en las manos de Darwin la teoría de la evolución resultaba estrecha, debido a la excesiva importancia dada a un sólo factor de la evolución, la competencia.

---

160 En una Memoria, muy notable también por otros conceptos, sobre las regiones árticas.

Desde hace muchos años, la astronomía ha necesitado una detenida revisión de las hipótesis de Kant y Laplace, pero todavía no se ha presentado ninguna teoría que se imponga a la aceptación general. La geología hecho indudablemente maravillosos progresos en la reconstitución de los conocimientos paleontológicos, más la geología dinámica encauza, en cambio, con una lentitud asombrosa; en tanto que, todo adelanto ulterior en la gran cuestión relacionada con las leyes de la distribución de los organismos vivos sobre la superficie de la tierra, queda entorpecido por la falta de conocimientos respecto a la extensión del período glaciar durante la época cuaternaria[161]. Por último, en cada rama de la ciencia, se impone una revisión de las teorías corrientes, así como una nueva y amplia generalización; y si la primera requiera de alguna de esa inspiración del genio que impulsó Galileo Y Newton, y que depende en apariencia de causas generales del desarrollo humano,

---

[161] La velocidad con que se progresaba en la cuestión, no ha mucho también tan popular, del período glaciario, era notablemente pequeña. Ya Venetz, en 1821, y Ermack, en 1823m habían explicado los fenómenos erráticos por la glaciación de Europa. Ayarriz. Presentó su teoría de glaciación de la Alpes, los montes jurásicos y Escocia, sobre 1840; y cinco años más tarde, Guyot publicó sus mapas indicando el camino seguido por los glaciarios alpinos. Pero pasaron cuarenta y dos años, desde que Venezt emitió su teoría hasta que un geólogo de importancia (Lyell) se atrevió tímidamente a aceptarla, con algunas limitaciones; siendo lo más interesante de esto, que los mapas de Guyot, consideramos sin importancia en 1845, fueron reconocidos como concluyentes desde 1863 en adelante. Aun hoy día, después de medio siglo de la publicación de la primera obra de Ayarriz, su doctrina no ha sido refutada ni aceptada por la generalidad: y otro tanto ocurre con la de Forbes sobre la plasticidad del hielo. Permitirme que agregue de camino, que todas las polémicas respecto a la viscosidad del hielo son una muestra significativa de cómo, los que en ellas tomaron parte, ignoraban hechos, términos científicos y métodos experimentales muy conocidos en mecánica: si éstos hubieran sido tomados en consideración, no hubieran durado tanto las primeras, sin ningún resultado aparente. Ejemplos semejantes, encaminados a demostrar lo que sufre la ciencia por no conocer bien los hechos y métodos de experimentación muy familiares a los mecánicos, floricultores, ganaderos, etc., pudieran citarse a cada paso.

reclama, igualmente, un aumento también en el número de los trabajadores científicos. Cuando los hechos contrarios a las teorías corrientes se hacen numerosos, hay que revisar éstas (lo vimos en el caso de Darwin), y para ello se necesitan muchos trabajadores científicos.

Inmensas regiones de la tierra están aún para explorar; el estudio de la distribución geografía de los animales, y las plantas encuentran serias dificultades a cada paso. Los exploradores atraviesan los continentes sin saber ni aun cómo se determina la latitud ni cómo se maneja el barómetro. La fisiología, tanto de las plantas como de los animales; la psico-fisiología y las facultades psicológicas de los humanos y de los animales, son otras tantas ramas del saber humano que reclaman más antecedentes que robustezcan su fundación. La historia continúa siendo una *fable convennue*, principalmente por la falta de nuevas ideas, y también porque necesita obreros que piensen de un modo científico para reconstruir la vida de los pasados siglos, del mismo modo que Horold, Rogers o Augustin Kierry lo han hecho respecto a una época determinada. En suma, no hay ninguna ciencia que no sufra en su desarrollo por la falta de un personal que posea una concepción filosófica del universo, dispuesto a aplicar sus facultades de investigación en un terreno dado, por limitado que sea, y disponiendo de todo el tiempo necesario para ocuparse en las especulaciones científicas.

En una comunidad tal como la que hemos imaginado habría miles de trabajadores dispuestos siempre a responder al primer llamamiento. Darwin empleó cerca de treinta años en reunir y analizar hechos para la elaboración de la teoría del origen de las especies; pero si hubiera vivido en una sociedad como la que hemos supuesto, con que sólo hubiese hecho un llamamiento solicitando el concurso de los demás en cuanto a datos y exploraciones parciales, hubiera encontrando miles que respondieran a su excitación. Una multitud de sociedades habrían surgido para discutir y resolver cada uno de los problemas parciales comprendidos en la teoría, y en menos de diez años se hubiera hecho la comprobación; todos esos factores de la evolución, que ahora solamente es cuando empiezan a ser objeto de una atención preferente, hubieran aparecido desde luego en toda su magnitud. La rapidez del progreso científico se hubiera muchas veces multiplicado; y si el individuo aislado no hubiese tenido los mismos títulos a la gratitud de la posteridad, como sucede hoy día, la masa anónima hubiera hecho el trabajo con más velocidad y con más probabilidades de adelantos ulteriores, de las que una persona sola hubiese podido disponer en toda su vida. El diccionario de Murray es un ejemplo de esa clase de trabajo, de la cual es el porvenir.

Además, hay otro rasgo de la ciencia moderna que habla con más fuerza todavía en favor del cambio que proponemos. Mientras que la industria, especialmente desde fines del siglo pasado y durante la primera parte del presente, ha estado inventando en tal escala, que bien puede decirse ha transformado la faz misma de la tierra entera, la ciencia ha ido perdiendo sus facultades inventivas: los hombres científicos han dejado de inventar, o lo hacen en muy pequeña escala. ¿No es verdaderamente notable que la máquina de vapor, aún en sus principios fundamentales; la locomotora, el buque de vapor, el teléfono, el fonógrafo, el telar mecánico, la fotografía en negro y en colores, y miles de otras cosas menos importantes, *no* hayan sido inventadas por científicos de profesión, aun cuando ninguno de ellos hubiera tenido inconveniente en asociar su nombre a cualquiera de esas invenciones?

Personas que apenas habían recibido alguna instrucción en la escuela y sólo recogido las migajas del saber de la mesa del rico, teniendo que valerse para hacer sus ensayos de los medios más primitivos; el oficial de notario Smeaton, el instrumentista Watt, el constructor de carruajes Stephenson, el aprendiz de platero Fulton, el constructor de molinos Rennie, el albañil Telford, y centenares de otros de quienes ni aun las personas se conocen, fueron, como con razón dice Smiles, «los verdaderos autores de la civilización moderna», en tanto que los científicos de profesión, provistos de todos los medios de adquirir conocimientos y de experimentar, representan una parte insignificante del cúmulo de instrumentos, máquinas y primeros motores que han mostrado a la humanidad el modo de utilizar y manejar las fuerzas de la naturaleza[162]. El hecho es significativo, y, sin embargo, su explicación es bien sencilla: aquellas personas -los Watts y los Stephenson- sabían algo que los *sabios* ignoran; sabían valerse de sus manos; el medio en que vivían estimulaba sus facultades inventivas; conocían las máquinas, sus fundamentos y su acción; habían respirado la atmósfera del taller y de la obra.

Sabemos lo que contestarán a esto los hombres de ciencia. Ellos dirán: «Nosotros descubrimos las leyes de la naturaleza; que otros las apliquen; la cuestión no es más

---

162   La química es, en gran parte, una excepción de esta regla. ¿Será acaso porque el químico es, hasta cierto punto, un trabajador manual? Además, durante los últimos diez años presenciamos una verdadera resurrección en las invenciones científicas, especialmente en física; esto es, en una rama en que el mecánico y el hombre de ciencia se ven con tanta frecuencia reunidos.

que una simple división del trabajo.» Pero esta respuesta no
estaría basadas en la verdad: lo contrario precisamente es lo
que sucede; pues de cada cien casos contra uno, el invento
mecánico vienen antes que el descubrimiento de la ley
científica. La teoría dinámica del calor no vino antes que la
máquina de vapor, sino después. Cuando miles de máquinas
transformaban ya el calor en movimiento, ante la vista de
centenares de profesores, durante medio siglo o más; cuando
miles de trenes, detenidos por poderosos frenos, desprendían
calor y lanzaban numerosas chispas sobre los rails al acercarse
a las estaciones; cuando en todo el mundo civilizado los
pesados martillos y las perforadoras daban un ardiente calor
a las masas de hierro, sobre las cuales actuaban, entonces, y
sólo entonces, un doctor, Mayer se aventuró a anunciar la
teoría mecánica del calor, con todas sus consecuencias; y sin
embargo, los científicos poco menos que lo volvieron loco,
aferrándose obstinadamente al misterioso fluido calórico,
calificando al libro de Joule, sobre la equivalencia mecánica
del calor, de «poco científico».

Cuando todas las máquinas demostraban la imposibilidad
de utilizar todo el calor emitido por una cantidad determinada
de combustible quemado, vino entonces la ley de Clausius[163].
Y cuando en todo el mundo ya la industria transformaba
el movimiento del calor, sonido, luz y electricidad, y
recíprocamente, fue sólo cuando apareció la teoría de Grave
sobre la «Correlación de las fuerzas físicas». No fue la teoría

---

163 La segunda ley de la termodinámica ha sido expresada de muchas maneras diferentes. Clausius fue el primero, basándose en los resultados de Carnot: *Es imposible
que una máquina, sin ayuda mecánica externa, transfiera calor de un cuerpo a otro más
caliente.*

de la electricidad la que nos dio el telégrafo: cuando éste se inventó no conocíamos respecto a ella más que dos o tres hechos presentados más o menos inexactamente en nuestros libros; su teoría aun no está formulada, y aguarda todavía a su Newton, a pesar de los brillantes esfuerzos de estos últimos años. Aun estaba en su infancia el conocimiento empírico de las leyes en las corrientes eléctricas, cuando algunas personas de valor tendieron un cable en el fondo del Océano Atlántico, a pesar de las críticas de las autoridades científicas.

El nombre de «ciencia aplicada» puede inducir a error, porque en la mayor parte de los casos el invento, lejos de ser una aplicación de la ciencia, hace, por el contrario que se produzcan nuevas ramas. Los puentes americanos no fueron aplicación de la teoría de la elasticidad; fueron anteriores a ella, y todo lo que puede decirse en favor de la ciencia es que, en esta rama especial de teoría y la práctica se desarrollan paralelamente, ayudándose con reciprocidad. No fue la teoría de los explosivos la que condujo al descubrimiento de la pólvora; hacía siglos que ésta se usaba antes que la acción de los gases de un cañón se sometiera a un análisis científico. Y así sucesivamente: el gran proceso de la metalurgia, las aleaciones y las propiedades que estas adquieren por la adición de una pequeña cantidad de algún metal o metaloide; el reciente impulso que ha tomado el alumbrado eléctrico, y aun las predicciones referentes a los cambios del tiempo, que con razón merecieron el calificativo de «anticientíficas» cuando fueron inauguradas por el viejo marino Fitzroy, todo esto podría mencionarse como ejemplo en apoyo de lo manifestado. No por eso se ha de negar que, en algunas ocasiones, el descubrimiento o la invención no ha sido más que la simple aplicación del principio científico, como el descubrimiento del planeta Neptuno, por ejemplo; pero en la inmensa mayoría de los casos, lo contrario precisamente es lo que ha ocurrido. Esta aptitud corresponde mucho más al dominio del arte que al de la ciencia, como demostró Helmholtz en una de sus conferencias populares, y sólo después de haberse el invento realizado es cuando la ciencia viene a darle su interpretación. Es evidente que cada invento se aprovecha de los conocimientos acumulados previamente y formas de su manifestación; pero en general se sobrepone a lo que se sabe; da un salto a lo desconocido, y de ese modo abre una nueva serie de hechos que ofrece a la investigación. Este carácter de la inventiva que consiste en dar un paso más allá de los conocimientos anteriores, en vez de concretarse a aplicar una ley, lo asimila, en cuanto al proceso de la inteligencia se refiere, al descubrimiento; y, por consiguiente, las gentes que tienen dificultad para inventar, la tienen también para descubrir.

En la mayoría de los casos, el inventor, a pesar de hallarse inspirado por el estado general de la ciencia en un momento dado, se pone a trabajar con muy pocos hechos comprobados a su disposición: los datos científicos tenidos en cuenta para la invención de la máquina de vapor, el telégrafo o el fonógrafo, fueron notablemente clementes. Así que, podemos afirmar que lo que sabemos actualmente es ya suficiente para resolver cualquiera de los grandes problemas que se hallan a la orden del día; motores primarios que no necesiten vapor, la acumulación de la energía, la transmisión de fuerza o la máquina voladora. Si estos problemas no se han resuelto todavía, es únicamente debido a la falta de genio inventivo, la escasez de personas ilustradas que lo tengan, y el presente divorcio entre la ciencia y el arte. De una parte, tenemos personas dotadas de facultades inventivas, pero careciendo tanto de los necesarios conocimientos científicos, como de los medios de dedicar largos años a la experimentación; y de la otra, a gentes con conocimiento y facilidad para experimentar, pero desprovistas de genio inventivo, debido a su educación y al medio en que viven, sin hacer mención del sistema de patentes que divide y dispersa los esfuerzos de los inventores, en vez de unirnos y combinarlos.

La llama del genio que caracterizó a los obreros en los primeros tiempos de la industria moderna, ha brillado por su ausencia entre nuestros científicos de profesión, quienes no podrán recobrarla mientras continúen alejados del mundo, entre el polvo de sus bibliotecas; en tanto no se decidan a trabajar también al lado de los demás obreros, al calor de la fragua, en las máquinas de las fábricas, y en el torno del taller mecánico, siendo marineros en el mar y pescadores, leñadores en los bosques y agricultores en los campos. Nuestros profesores artísticos nos han dicho repetidas veces que no podemos esperar una resurrección del arte antiguo, mientras el mecánico siga siendo lo que hoy es; demostrando que el arte griego y medieval fueron hijos de aquél, y de qué modo se alimentaban mutuamente; y otro tanto puede decirse referente a la ciencia: su separación a los dos perjudica. Y respecto a las grandes inspiraciones que desgraciadamente han sido tan desatendidas en la mayor parte de las recientes discusiones sobre artes -pasando lo mismo con respecto a la ciencia- sólo podrán obtenerse cuando la humanidad, rompiendo sus actuales ligaduras, dé un nuevo paso hacia los más elevados principios de la sociología, concluyendo de una vez con el presente dualismo del sentido moral y la filosofía.

Es evidente, sin embargo, que todas las personas no pueden

gozar igualmente en ocupaciones puramente científicas, pues
la variedad de inclinaciones es tal, que muchos encontrarán
más placer en las ciencias, otros en las artes, y otros también
en algunas de las innumerables ramas de la producción de
la riqueza; pero cualquiera que sea la ocupación que prefiera
cada uno, el servicio que cada cual pueda prestar en lo que
haya preferido, será tanto más grande cuanto mayor sea su
conocimiento científico. Así como, ya sea hombre de ciencia
o artista, físico o cirujano, químico o sociólogo, historiador
o poeta, ganará grandemente si empela una parte de su
tiempo en el taller o la granja, si se pusiera en contacto con
la humanidad en su trabajo diario, y tuviera la satisfacción
de saber que él también, sin hacer uso de privilegios de
ninguna clase, desempeñaba su cometido como cualquier
otro productor de la riqueza. ¡Cuánto mejor conocimiento
tendría de la humanidad el historiador y el sociólogo, si
aquel lo obtuviera, no sólo en los libros o en algunos de sus
representantes, sino en su conjunto, en su vida, su trabajo y
sus relaciones diarias! ¡Cuántos más acudiría la Medicina a
la higiene que a la Farmacia, si los jóvenes doctores fueran
al mismo tiempo enfermeros, y éstos, a su vez, recibieran
la misma instrucción que los médicos actuales! ¡Y cuánto
más podría apreciar el poeta la hermosura de la Naturaleza,
y cuánto mejor conocería el corazón humano, si viera salir el
sol entre los trabajadores del campo, siendo él un agricultor
también; si luchase contra la tempestad con los marinos, a
bordo de algún barco; si conociera la poesía de la labor y el
descanso, de la tristeza y la alegría, de la lucha y el triunfo!
¡Greift nur hinein in`s valle Menschenleben! Goethe dijo; *Ein
jeder lebt`s-nicht vielen ist`s bekanut.* ¡Pero qué pocos poetas
siguen su consejo!

La llamada división del trabajo es hija de un sistema que condena a las masas a trabajar todo el día entero y toda la vida en la misma monótona faena; pero si tenemos en cuenta lo limitado del número de los verdaderos productores de la riqueza de nuestra actual sociedad, y de qué modo se malgasta su trabajo, habremos de reconocer que Franklin tenía razón al decir que cinco horas de trabajo diario bastarían, por lo general, para proporcionar a cada individuo, en una nación civilizada, las comodidades de que ahora solo pueden gozar los menos, con tal de que todos tomaran una parte en la producción. Más de entonces acá algo se ha progresado, aun en la rama más atrasada hasta ahora de la producción, como queda indicado en las páginas precedentes; aun en ella, la productibilidad del trabajo puede aumentarse inmensamente, haciéndose éste fácil y atractivo.

Más de la mitad de la jornada de trabajo quedaría así libre para que cada uno la dedicase al estudio de las ciencia y las artes, o cualquiera ocupación a que diera la preferencia; y su labor en este terreno sería tanto más provechosa cuando más productivo fuera el trabajo realizado en el resto del día, si el dedicarse a la ciencia y el arte fuera el producto de la inclinación natural y no cuestión de conveniencia e intereses. Por lo demás, una comunidad organizada bajo el principio de que todos fueran trabajadores, sería lo bastante rica para convenir en que todos sus miembros, lo mismo mujeres que hombres, una vez llegados a cierta edad, por ejemplo, desde los cuarenta en adelante, quedasen libres de la obligación moral de tomar una parte directa en la ejecución del trabajo manual necesario, pudiendo así estar en condición de dedicarse por completo a lo que más le agradara en el terreno de la ciencia, del arte o de un trabajo cualquiera. Y los adelantos de todo género y en todos sentidos, surgirían con seguridad de tal sistema; en una comunidad semejante no se conocería la miseria en medio de la abundancia ni el dualismo de la conciencia que envenena nuestra existencia y ahoga todo noble esfuerzo, pudiéndose libremente emprender el vuelo hacia las más elevadas regiones del progreso compatibles con la naturaleza humana.

CONCLUSION

CAPÍTULO NOVENO

CONCLUSION

Los lectores que hayan tenido la paciencia de seguir los hechos acumulados en este libro, especialmente los que hayan fijado en ellos una detenida atención, se habrán probablemente convencido del inmenso poder que el ser humano ha adquirido sobre las fuerzas productoras de la Naturaleza en el último medio siglo. Y comparando los adelantos indicados en esta obra con el estado actual de la producción, algunos, confío, se harán las preguntas siguientes, las cuales, en adelante, serán el objeto principal de una economía política científica. ¿Son verdaderamente económicos los medios que ahora se usan para satisfacer las necesidades humanas bajo el presente sistema de división permanente de funciones y producción mercantilizada?

¿Conducen realmente a economizar fuerzas humanas, o no son más que restos dispendiosos de un pasado que, sumergido en la oscuridad, la ignorancia y la opresión, nunca se hizo cargo del valor social y económico del ser humano?

En el dominio de la agricultura puede considerarse como probado que, si una pequeña parte del tiempo que ahora dedica al cultivo en cada país o región, se emplease en mejoras permanentes del suelo, bien meditadas y ejecutadas socialmente, la duración del trabajo que después se necesite para producir el pan anual para una familia compuesta, por término medio, de cinco individuos, sería menos de quince días al año, y el trabajo necesario para tal objeto sería beneficioso y agradable para toda persona sana del país.

Se a probado que, siguiendo el sistema de la horticultura intensiva -en parte bajo vidrio- legumbres, verduras y frutas pueden producirse en tal cantidad, que todos las tendrían en gran abundancia tan sólo con dedicar a su cultivo las horas que cada uno decida voluntariamente a trabajar al aire libre, después de haber pasado la mayor parte del día en la fábrica, la mina o el estudio. Con tal que, por supuesto, esto no fuera la obra del individuo aislado, sino la acción combinada y metódica de los productos agrupados.

Se ha probado también -y los que deseen verlo por sí mismos pueden hacerlo fácilmente calculando el verdadero gasto de trabajo empleado últimamente en la edificación de casas para obreros, tanto por los particulares como por los municipios[164]- que en una combinación acertada del trabajo, veinte o veinticuatro meses de labor individual, bastarían para asegurar a perpetuidad a una familia de cinco personas, un departamento o casa provista de todas las comodidades que la moderna higiene y el buen gusto pudiera desear.

Y se ha demostrado igualmente, por medio de experimentos actuales, que, adaptando métodos de educación, preconizan desde hace largo tiempo y aplicados

---

164 Estas cifras pueden encontrarse, por ejemplo en la relación contenida en «La novena Memoria anual del comisario del trabajo de los estados Unidos para el año 1893: Asociación de Edificaciones y Empréstitos».

parcialmente en algunas partes, es muy fácil dar a niños de una mediana inteligencia, antes de que lleguen a la edad de catorce o quince años, un amplio y general conocimiento de la Naturaleza, así como de las sociedades humanas; familiarizar su entendimiento, tanto con buenos métodos, lo mismo de la investigación científica que de trabajo técnico, e inspirar sus corazones en un profundo sentimiento de solidaridad humana y de justicia. Y que es facilísimo el inculcar durante los cuatro o cinco años siguientes un razonado conocimiento científico de las leyes de la Naturaleza, así como razonado y práctico a la vez, del sistema técnico, para poder satisfacer las necesidades materiales del ser humano. Lejos de ser inferior al joven «especializado», producto de nuestras universidades, el ser humano *completo*, educado en el uso de su cerebro y de sus brazos, le aventaja, por el contrario, bajo todos conceptos, especialmente como iniciador e inventor, lo mismo en la ciencia que en el arte.

Todo esto se ha aprobado; es la adquisición del tiempo en que vivimos; adquisición hecha a pesar de los innumerables obstáculos arrojados siempre en el camino de todo pensamiento elevado. Es la obra de los obscuros cultivadores del terruño, de cuyas manos, Estados ambiciosos, propietarios territoriales e intermediarios, arrebatan el producto de su trabajo, aun antes de que esté en sazón; y es la obra también de obreros intelectuales que, muy a menudo, caen aplastados bajo el peso de la Iglesia, del Estado, de la competencia comercial, de la inercia del entendimiento y de las preocupación de todas clases.

Y hoy, en presencia de todas estas conquistas, ¿Cuál es el verdadero estado de cosas?

Las nuevas décimas partes del total de la población de

países exportadores de grano, como Rusia, la mitad de la misma en otros, como Francia, que se alimenta de su suelo, labran la tierra, en gran mayoría, casi como lo hacían los esclavos de la antigüedad; sólo para obtener una cosecha mezquina de un terreno, porque los impuestos, la renta y la usura los tienen siempre al borde de la miseria negra.

Al fin de este siglo, pueblos enteros aran con el mismo arado que sus antecesores medievales, viven en la misma incertidumbre respecto al mañana, negándoseles igualmente con empeño la educación también; y si quieren reclamar su derecho a la vida, tienen que marchar con sus mujeres y sus pequeñuelos contra las bayonetas de sus propios hijos, como hicieron sus abuelos ciento y trescientos años ha.

En países desarrollados industrialmente, un par de meses de trabajo, o aun mucho menos de eso, sería suficiente para producir a una familia una buena y variada alimentación vegetal y animal. Y, sin embargo, las investigaciones de Engels (en Berlín) y sus partidarios, muestran que la familia del trabajador tiene que gastar la mitad, por lo menos de su salario anual; esto es, dar seis meses de trabajo, y con frecuencia más, para proporcionarse el alimento. ¡Y de qué clase! ¿Acaso no es el pan, y algunas grasa, el principal alimento de más de la mitad de los niños ingleses?

Un mes de trabajo anual, bastaría para proveer al obrero de una morada saludable, y no obstante, tiene que gastar de 25 a 40 por 100 de su salario anual; esto es, de tres a cinco meses del tiempo que trabaja al año, para tener una habitación que, en la mayoría de los casos, es insalubre y demasiado reducida; la cual nunca llegará a ser suya, a pesar de que a la edad de cuarenta y cinco o cincuenta años tiene la seguridad de que será despedido de la fábrica, porque para entonces, el trabajo que él hacía lo ejecutará una máquina y un niño.

Todos sabemos que el joven debería, por lo menos, estar familiarizado con las fuerzas de la Naturaleza, que algún día tendrá que utilizar; que necesitaría estar preparado a ver sin prevención el constante progreso de la ciencia y el arte; que le convendría estudiar ciencias y aprender un oficio. Todo el mundo estará conforme por lo menos en esto, pero en la práctica, ¿qué es lo que se hace? Desde la edad de diez años, y aun de nueve, mandamos al niño a empujar una vagoneta en una mina, o atar con la agilidad de un monito los dos extremos del hilo roto en la hilandera. Desde la edad de trece, obligamos a la muchacha, que todavía no es más que una criatura, a trabajar como una «mujer» en el telar de mano, o a consumirse en el ambienté envenenado y caliginoso de una fábrica de algodón, o a perder la salud en las mortíferas salas de una alfarería del condado de Stafford. En cuanto a los que han tenido la relativa buena suerte de recibir alguna educación, mas fatigamos su inteligencia con un trabajo excesivo, les privamos conscientemente de toda educación, fatigamos su inteligencia con un trabajo excesivo, les privamos conscientemente de toda posibilidad de hacerse productores, y bajo un sistema de educación cuyo objetivo es la «utilidad», y los medios la «especialización», hacemos trabajar hasta el aniquilamiento a los pobres maestros que toman a pecho su labor. ¡Qué torrentes de inútiles sufrimientos derraman sobre el mundo esos pueblos que se llaman civilizados!

Cuando volvemos la vista a los siglos pasados y vemos en ellos los mismo sufrimientos, podemos disculparlos, suponiendo que entonces, tal vez eran inevitables a causa de la ignorancia que en aquella época prevalecía; pero hoy el genio del ser humano, estimulado por nuestro moderno renacimiento, ha indicado ya el nuevo camino que hay que seguir.

Durante miles y miles de años la producción del alimento era una carga, casi un castigo para la humanidad. Pero ya eso no es necesario. Si os hacéis vosotros el suelo, y en parte la temperatura y la humanidad que cada cosecha requiere, veréis que la producción del alimento anual de una familia, en condiciones racionales de cultivo, necesita tan poco trabajo, que casi puede hacerse como un mero cambio de ejercicio. Si os ocupáis en labrar con ayuda de vuestros vecinos, en vez de levantar altas tapias para ocultaros a su vista; si utilizarais lo que ya nos ha enseñado la experiencia y llamáis a vuestra ayuda a los inventos de la ciencia y el arte, que jamás dejan de responder el llamamiento (mirad, si no, lo que se ha hecho en el ramo de la guerra), os quedareis sorprendidos ante la facilidad con la que podéis extraer del suelo un alimento rico y variado. Admiraran la cantidad de conocimientos útiles que los hijos adquirirán al lado de sus padres, el rápido crecimiento de su inteligencia y la facilidad con que se harán cargo de las leyes de la Naturaleza animada e inanimada.

Tenedlas fábricas y los talleres cerca de las huertas y tierras de labor, y trabajad en unas y otras alternativamente. No me refiero a esos vastos establecimientos donde se funden los metales en grande escala y que deben situarse en lugares determinados, sino a la innumerable variedad de talleres y fábricas que son necesarios para satisfacer la infinita diversidad de gustos de los pueblos civilizados. No a esas fábricas en las que los niños pierden hasta su apariencia de seres humanos en la atmósfera de un infierno industrial, sino a aquellas ventiladas, higiénicas, y, por consecuencia, económicas, en las cuales la vida humana se tiene en más valor que las máquinas o el deseo de aumentar las utilidades, y cuyos modelos, aunque limitados, se van ya encontrando en varias partes: fábricas y talleres, hacia los que los hombres, las mujeres y los niños no se verán arrastrados por el hambre, sino atraídos por el deseo de encontrar una ocupación en armonía con sus inclinaciones, y en donde, ayudados por el motor y la máquina, elegirán el ramo de actividad que más les satisfaga.

Que estas fábricas y talleres se construyan, no para hacer negocio vendiendo cosas inútiles y nocivas a los esclavizados africanos, sino para satisfacer a las necesidades desatendidas de millones de europeos; y entonces los maravillará el ver con que facilidad y en qué poco tiempo pueden cubrirse nuestras exigencias de vestidos y de miles de artículos de lujo, desde el momento en que la producción se encamine a satisfacer verdaderas necesidades y no a engordar a los accionistas con crecidos dividendos, o a derramar el oro en el bolsillo de los iniciadores o directores en grande. Pronto os sentiréis interesados en ese trabajo, y tendréis ocasión de admirar en vuestros hijos su vivo deseo de conocer la Naturaleza y sus fuerzas, sus insistentes preguntas respecto al poder de la maquinaria, y la rapidez con que se desarrolla en ellos su genio inventivo.

Tal es el porvenir, ya posible, ya realizable; tal es el presente, ya condenado y próximo a desaparecer. Y lo que nos impide volverle la espalda a este presente y marchar hacia el porvenir, o al menos dar los primeros pasos hacia él, no es la «deficiencia científicas», sino, lo primero, nuestra estúpida

ambición -la del hombre que mató la gallina que ponía
huevos de oro;- después, nuestra inercia mental, esa cobardía
del entendimiento tan cuidadosamente amamantada en
tiempos pasados.

Durante siglos, la ciencia y los llamados conocimientos
de la vida práctica le han dicho al ser humano:

«Conviene que seas rico para poder satisfacer tus
necesidades materiales; pero el único medio de alcanzarlo es
el de educar de tal modo tu inteligencia y tus aptitudes, que
permitan obligar a otros seres esclavos, siervos o asalariados,
a producir esa riqueza para ti».

»No hay más remedio que elegir: o te conformas con
formar parte de los campesinos o de los artesanos, que por
muchos que los economistas y moralistas les prometan para
el otro mundo, están ahora condenados periódicamente a
morirse de hambre después de cada mala cosecha o durante
sus enfermedades, y a ser ametrallados por sus propios
hijos en el momento que pierdan la paciencia; o tienes que
desenvolver tus facultades de manera que llegues a ser un jefe
militar, o una de esas personas que se convierten en rueda de
la máquina gubernamental del Estado, o que especulan con
sus semejantes en el comercio o en la industria.

Durante muchos siglos no ha habido otra alternativa, y
los seres humanos han seguido ese consejo, sin encontrar en
él la felicidad ni para ellos ni para sus hijos, o para aquellos
a quienes han pretendido preservar de mayores infortunios.

Pero la civilización moderna tiene otra cosa que ofrecer a
los seres pensadores. Les dice que para ser ricos no necesitan
quitarles el pan de la boca a los demás, sino que lo más
racional sería establecer una sociedad en la que las personas,
con el trabajo de sus brazos y de su inteligencia, y ayudados

por las máquinas ya inventadas y por inventar creasen ellos mismos toda la riqueza imaginable. No serían las ciencias y las artes las que se quedasen retrasadas si la producción se dirigiese por tal vía. Guiadas por la observación, el análisis y la experiencia, responderían a todas las exigencias posibles. Reducirían el tiempo que se necesitase para producir de todo hasta donde se quisiere, a fin de dejar a cada uno, hombre o mujer, todo el tiempo libre que pudiera desear. No estaría en sus manos, seguramente, garantizar la felicidad, porque ésta depende tanto, o tal vez más, del individuo mismo que del medio en que vive. Pero, al menos, garantizarán la que puede encontrarse en el completo y variado ejercicio de las distintas facultades del ser humano, en un trabajo que no necesitaría ser exagerado, y en la conciencia de que cada uno no procuraría basar su propia felicidad sobre la miseria de sus semejantes.

Estos son los horizontes que estas investigaciones abren ante las inteligencias desprovistas de toda prejuicio.

Piotr Kroptkin

APENDICES

APÉNDICES

A. —IMPORTACION FRANCESA

Sobre una décima parte de los cereales que se consumen en Francia es aún importada; pero como se verá en uno de los capítulos siguientes, el progreso en agricultura ha sido tan rápido últimamente, que, aun sin contar con Argelia, Francia tendrá pronto un excedente de cereales. El vino se importa, pero casi otro tanto se exporta también: así que, el café y las semillas oleosas son los únicos artículos de alimentación cuya introducción es de importancia y permanente. En cuanto al carbón y el cok, Francia es todavía tributaria de Bélgica y Inglaterra; pero esto se desprende casi principalmente de la inferioridad en el modo de organizar su extracción, lo que impide se baste a sí misma. Los demás artículos de valor que se importan, son, algodón en rama (sobre 200.000 de francos); lana en bruto, en cantidad igual y seda ídem (sobre 125 millones de francos), así como pieles y pelo. Las exportaciones de género manufacturados fueron 2.000 millones de francos en 1890 y sobre 1.850 millones en los años siguientes. La exportación de textiles, excluyendo el hilado y tejido, fue de 745 millones de francos en 1890, y en 1891-94 de 637 millones francos. La importancia de toda clase de textiles, 272 millonesde francos en 1890, y 126 millones de francos en 1891-94.

B. —DESARROLLO DE LA INDUSTRIA EN RUSIA

El aumento de la industria en Rusia se verá mejor por lo siguiente.

	1880-81 Q. m.	1893-94 Q. m.
Hierro fundido......................	8.810.000	25.450.000
Hierro..........................	5.770.000	9.700.000
Acero............................	6.030.000	9.610.000
Rails de ferrocarriles...............	3.960.000	4.400.000
Carbón..........................	64.770.000	160.000.000
Nafta...........................	6.900.000	108.700.000
Azúcar..........................	5.030.000	11.470.000
Algodón en rama del país............	293.000	1.225.000

		1889 Francos
Algodón hilado.....................	195.350.000	469.000.000
» tejido.....................	249.250.000	555.750.000

C. —INDUSTRIA DEL HIERRO EN ALEMANIA

Las industrias siguientes darán alguna idea del aumento de la minería y metalurgia en Alemania.

La extracción de minerales en el Imperio alemán, en toneladas métricas, fue:

	1883 Toneladas	1893 Toneladas
Carbón..........................	55.943.000	76.773.000
Lignita........................	14.481.000	22.103.000
Hierro	8.616.000	12.404.000
Zinc	678.000	729.000
Sales minerales (principalmente potasa)...........................	1.526.000	2.379.000

	1874	1894
Hierro en lingotes..............	1.906.260	5.382.170
Hierro y acero á medio refinar y refinado......................	489.000	5.825.000
Importación de hierro y acero.....	757.700	349.169
Exportación de los mismos........	546.900	2.008.760
Consumo total en el país de hierro en lingotes, hierro y acero......	2.117.080	3.772.570
	Kilos	Kilos
Idem por cabeza de población.....	52,900	74,60
Producción de lo mismo por cabeza de población....................	47,380	110,720

Respecto al gran Ducado de Luxemburgo la proporción es aún más significativa:

	1868 Toneladas	1893 Toneladas
Hierro extraído..	722.000	3.352.000
» en lingote producido (1871)...	93.400	558.300
Acero, que sólo se empezó á producir en 1886.............................	20.554	129.120
Trabajadores ocupados.............	3.508	7.087

(Del *Journal of the Iron and Steel Institute*, vol XVIII, páginas 6, 1895)

D. —MAQUINARIA EN ALEMANIA

El desarrollo de las facultades productoras de Alemania se ve más patente en el aumento de la maquinaria. En 1879 tenía Rusia 29.985 máquinas de vapor fijas (887.780 caballos), 5.442 móviles (47.100 caballos) y 623 en la navegación (50.310 caballos); total, 35.960 máquinas (985.190 caballos). Quince años después, esas cantidades eran: 57.224 fijas (2,1 millones de caballos), 14.425 móviles (147.130 caballos) y 1.726 a bordo de los buques (219.770 caballos); total, 73.375 máquinas (2,5 millones de caballos).

En Baviera, el aumento fue igual. En 1879, 2.411 máquinas fijas (70.680 caballos); total, 3.401 máquinas (79.060 caballos). En 1889 había 3.819 fijas (124.680 caballos), 2.020 móviles (13.730 caballos) y 38 abordo (4.370 caballos); total, 5.868 máquinas (142.750 caballos).

En cuanto al Imperio alemán, el profesor Lexis aprecia el total de todas las máquinas en 1879, en 65.170, y fuerza de 4.,5 millones de caballos. En 1879, ésta se había elevado a 7,2 millones, o sean 2,5 millones en los buques (Yahrbuck de Schmoller, XIX, i, pág. 275)

La rapidez con que ha progresado la fabricación de maquinaria en Alemania se ve más claramente fijándose en el aumento de exportación que aparece en la tabla siguiente.

	1890	1895
Máquinas y piezas de las mismas....	60.250.000	80.375.000
Máquinas de coser é ídem íd........	7.875.000	10.750.000
Locomotoras y locomóviles..........	7.000.000	10.500.000

Todo el mundo sabe que una parte de las máquinas de coser alemanas y un número considerable de herramientas se abren camino hasta en Inglaterra, hallándose las últimas eficazmente recomendada hasta en libros ingleses.

E. —INDUSTRIA ALGODONERA EN ALEMANIA

El dr. G Schulze Gaewernitz, en su excelente obra *The Cotton Trade in England and on the Continent* (traducción inglesa por Oscar S. Hall, Londres, 1895), llama la atención sobre el hecho de que Alemania no ha alcanzado aún ciertamente en su industria algodonera el alto nivel de desarrollo técnico de que goza Inglaterra; pero al mismo tiempo pone de manifiesto el progreso realizado últimamente. El costo de cada yarda de tejido común, a pesar de lo reducido de los salarios y lo prolongado de la jornada de trabajo, sigue siendo mayor en Alemania que en Inglaterra, según se ve en las tablas siguientes. Tomando como tipo una clase de tejido corriente en ambos países, presente (pág. 151, edición alemana) las siguientes cantidades comparativas.

	Inglaterra.	Alemania.
Duración de la jornada.	9 horas.	12 horas.
Término medio del salario semanal.........	20,30 pesetas.	14,55 pesetas.
Yardas tejidas á la semana por cada operario..	706 yardas.	466 yardas.
Costo de la yarda de algodón.............	0,011 francos.	0,012 francos.

Haciendo también la observación de que en toda clase de algodón estampado en que el gusto, el color, y el

dibujo representan un papel importante, la ventaja está
complemente de parte de las pequeñas fábricas alemanas.

En las filaturas por el contrario, aquélla continúa a favor
de Inglaterra, siendo el número de operarios por cada 1.000
husos como sigue (pág. 91, edición inglesa):

	Por 1.000 husos.	
Bombay	25	operarios.
Italia	13	»
Alsacia	9 ½	»
Mulhouse	7 ½	»
Alemania, 1861	20	»
» 1882	8 á 9	»
Inglaterra, 1837	7	»

Durante los últimos diez años, considerables mejoras
han tenido lugar. «India nos muestra desde 1884 un
extraordinario desarrollo -observa Schulze-Gaewernitz,- y
es indudable que Alemania también ha reducido el número
de operarios por cada 1.000 husos desde el último censo».
«De la respetable cantidad de datos que tengo ante mi vista
–agrega,- tomo los siguientes, que, sin embargo, sólo se
refieren a las principales y más notables filaturas».

	Por cada 1.000 husos.	
Suiza	6,2	operarios.
Mulhouse	5,8	»
Baden y Wurtenberg	6,2	»
Baviera	6,8	»
Sajonia (fábricas nuevas y magníficas)	7,2	»
Vosges, Francia (fábricas antiguas)	8,9	»
Rusia	16,6	»

El término medio del rendimiento de hilo de todo esto fluctúa entre 20 y 30 partidas.

El progreso realizado en Ausburgo, de 1875 a 1891, es como sigue:

	1875	1891
Libras de hilo por huso..........	32,6	35,9
Partidas.......................	34	34
Libras de algodón por huso......	39,3	42,4
Operarios por cada mil husos.....	9,7	7,8
Horas de trabajo á la semana....	72	66

Los jornales se han elevado en todas partes.

F. —MINERÍA Y TEXTILES EN AUSTRIA

Para dar una idea del desarrollo industrial de Austria-Hungría, es suficiente mencionar el aumento de su industria minera y el estado actual de la textil.

El valor de la extracción anual de carbón y hierro, es como sigue:

	1880	1893
	Francos.	*Francos.*
Carbón (Austria)................	40.275,000	69.900.000
» moreno (Idem)............	32.031.500	70.935.000
Hierro en bruto (Austria-Hungría).	43.725.000	15.079.000

Actualmente la exportación de carbón iguala por completo su importación.

Respecto a la industria textil, sólo Austria tenía ya en 1890, 1.970 máquinas de vapor, de 113.280 caballos,

empleadas en dicha fabricación. Poseían 153 filaturas, con
2.392.360 husos, ocupando a 33.815 trabajadores, y 194
fábricas de algodón, con 47.902 telares mecánicos.

Las importaciones de algodón en rama, alcanzaron en
1894 la respetable cantidad de 108.325.000 francos (algodón
hilado: 44.375.000); de seda, 39 millones; compensándose
la exportación de los géneros de lana con la importación de
los mismos.

G. —DATOS PRESENTADOS POR LOS SRES. GIFFEN Y FLUX, REFERENTES A LA POSICION OCUPADA POR EL REINO UNIDO EN LA INDUSTRIA INTERNACIONAL

Algunas observaciones respecto a los mismos, pueden ser
de cierta utilidad.

Cuando la bajada repentina que se efectuó en las
exportaciones británicas e irlandesas en los años de 1882-86,
los alarmistas se aprovecharon de la ocasión para levantar una
vez más el antiguo grito de guerra de protección, insistiendo
especialmente en los prejuicios causados a la industria
británica por la «competencia alemana», Mr. Giffen analizó
los antecedentes de la Industria internacional, en sus Estudios
económicos, así como una Memoria leída en 1888 ante la
Comisión de la Cámara de Comercio. Poco después, Mr. A.
W. Flux hizo lo mismo, extendiendo su trabajo a una época
posterior, confirmando las conclusiones de su antecesor, y
tratando de probar que la famosa «competencia alemana» no

es más que una ilusión.

Las conclusiones del primero, citadas por el segundo (La superación comercial de la Gran Bretaña en el *Economical Journal*, 1894, IV, pág. 457), fueron éstas:

«En su totalidad, los datos no son de tal índole que indiquen ningún aumento de verdadera importancia en la exportación alemana comparada con la del Reino Unido. Hay mayor progreso en ciertos ramos, pero considerado en su totalidad, no se ve ningún adelanto exagerado, y en muchos mercados importantes para el Reino Unido, apenas da señales de vida Alemania» En esta forma particular, referente sólo a la competencia alemana, dejando aparte aquellos datos en que no se da importancia a la clase de géneros que constituyen un valor determinado de exportación, y en qué cantidades, es como pueden aceptarse tales informes; pero nada más.

Si nos atenemos, sin embargo, a lo expuesto por dicho señor en extensas tablas (en las páginas 461-467 del trabajo referido), coleccionando cuidadosamente, a fin de demostrar que la importancia alemana en varios países europeos, tales como Rusia, Italia, Servia, etcétera, decayó lo mismo que en el Reino Unido; todo lo que de ello podemos deducir, es que hay, además de Alemania, otras naciones, como son los Estados Unidos y Bélgica, que compiten de un modo efectivo con Inglaterra, Francia y Alemania en el suministro de géneros manufacturados que toman aun del exterior, Rusia, Italia, Servia y otras.

Además, esas cifras nada dicen referente al hecho de que, allí donde antes se enviaban artículos de metal manufactureros, se importa ahora carbón y mineral en bruto para su fabricación en su interior; y que donde se importaban

algodones pintados y estampados, sólo se introduce el hilo.
La cuestión, considerada en su totalidad, es infinitamente
mucho más complicada que lo que se desprende de los
cálculos de dicho señor; y aparte del valor que su trabajo
haya podido tener para apaciguar exagerados temores,
no responde de ningún modo a las muchas cuestiones
económicas comprendidas en la materia que Mr. Giffen ha
tratado.

H. —MANUFACTURA DE ALGODON EN LA INDIA

Las ideas manifestadas en el texto respecto al desarrollo
industrial de la India, han sido confirmadas por una multitud
de hechos: uno de los cuales, procediendo de autorizado
origen, merece atención especial. En un artículo sobre el
progreso de la manufacturera algodonera en la India, dice el
Textile Recorder (15 de octubre, 1888):

«Nadie que esté relacionado con la industria algodonera
ignorará la rapidez con que ha progresado en la India; y
aunque se han presentado estadísticas de todas clases ante
el público, haciendo ver la importancia de la cuestión, aun
hay quien no comprende claramente que este aumento en la
producción de géneros de algodón ha de afectar de un modo
serio a las fabricas del condado de Lancaster, y nada tendría
de particular que la India, en un porvenir no lejano, se halle,
en lo que a este particular se refiere, a la altura en que están
hoy los Estados Unidos.

»En otros tiempos, los géneros de Manchester se
encontraban en las más remotas aldeas de las orillas de
Ganges y del Brahmaputra, y aun en los lejanos bazares de

Asma, Sylhet y Cachar. En tanto que ahora se está operando un cambio: los géneros de algodón del país van reemplazando a aquellos

»Las personas imparciales que conocen a fondo los recursos del país y han seguido atentamente el crecimiento de dicha industria durante los diez últimos años, no vacilan en afirmar que en un período limitado de tiempo la producción de los géneros de clase corrientes hará frente a las necesidades del interior, sin que haya que recurrir a los procedentes del condado de Lancaster».

Me parece innecesario agregar a qué precio los fabricantes de la india obtienen un producto económico. La Memoria de la Bombay Factory Commission, presentada ante el Parlamento, en agosto de 1888, contienen hechos de tan horrible crueldad y de la rapacidad tan grande, que apenas podrían ser imaginados por los que no hayan olvidado al resultado de la investigación que se efectuó en este país en los años 1840-42. Las máquinas de las fábricas están en acción, por regla general, desde las cinco de la mañana hasta las siete, ocho o nueve de la noche, y los operarios trabajan doce, trece y catorce horas seguidas, relevándose unos a otros para comer. En épocas de mucha demanda, ocurre que el mismo personal permanece trabajando noche y día, con sólo media hora de descanso. En algunas fábricas comen obreros sin dejar la faena, y se encuentran tan exhaustos después de ocho o diez días de semejante trabajo, que lo hacen mecánicamente y «poco menos que dormidos»

«Es un lamentable espectáculo, en el que resalta una espantosa miseria de una parte y una cruel rapacidad de la otra», -dice el documento referido. Sin embargo, sería completamente erróneo el deducir que la manufactura india

sólo puede competir con la británica por la continuación
de la terrible explotación de trabajo humano que en ella
vemos actualmente. Hace cuarenta años sucedía otro tanto
en Inglaterra. Tiempo vendrá en que los trabajadores indios
pongan un freno a las ambiciones capitalistas, sin que por
esto los fabricantes de Bombay tengan que dejar de competir
con los de la Gran Bretaña.

I. —PRADOS ARTIFICIALES EN ITALIA

En el Journal de L'agriculture (2 de febrero de 1889)
encontramos lo siguiente sobre los marcites de Milán.

«En parte de estos prados corre el agua constantemente,
y en otros sólo diez horas por semana. Los primeros dan
seis cosechas al año; desde Febrero se obtienen de 80 a 100
toneladas de forraje, equivalentes a veinte o veinticinco
toneladas de heno seco de cada hectárea. En otros sitios se
llegan a coger hasta treinta y dos, como cosa corriente. Un
terreno bien situado dará cincuenta y seis toneladas de forraje
verde por hectárea, esto es, catorce toneladas de pasto seco,
o sea el alimento de tres vacas de leche por hectárea, siendo
la renta de tales prados de 500 a 575 francos por hectárea».

Las ventajas de la irrigación respecto al maíz son
igualmente apreciables. En terrenos de regadío se obtienen
cosechas desde setenta y ocho a ochenta y nueve fanegas por
acre, mientras que en los de secano no pasan de cincuenta
y seis a sesenta y siete; esto en Italia; que en Francia no van
más allá de veintiocho a treinta y tres. (Garola, Les Cereals)

En cuanto al modo de arruinarse la agricultura en
Italia, puede apreciarse esto mejor consultado la obra de

M. Beauclerch (Rural Italy, Londres, 1888). Hablando de la provincia de Milán, hace notar que allí se encuentra «una de las poblaciones agrícolas más densas del mundo, aglomerada en un país cuya mitad está representada por montes estériles» (416 habitantes por milla cuadrada). Sólo Flandes iguala a Milán en densidad de población. El suelo no es fértil por naturaleza, y sólo un gasto enorme de capital y de trabajo ha conseguido hacerlo rico.» Pero «los impuestos son fabulosamente elevados», alcanzando a 2.620 francos por kilómetro cuadrado del área cultivable. En suma, M. Beauclerk estima que, la Italia rural paga 300 millones de francos de contribución directas, de rendimiento que no exceden de 1.000 millones francos, sin mencionar la de la sal, la de la propiedad personal y la indirecta.

J. —LAS ISLAS DEL CANAL

Como a menudo se hace referencia tanto en las obras que tratan de agricultura como en las de carácter general al excelente estado de ella en Jersey y Guernsey, me bastará referirme a las de M. W. E. Bear (*Journal oj the Agricultural Society,* 1888; Cuarterly Review, 188; Britisch. Farmer, etc.), y al minucioso trabajo de D. H. Ansted, y R. G.Latham, The Channel Islands, tercera edición, revisada por E. Toulmin Nicolle (Londres, Allen, 1893).

Muchos escritores ingleses, aunque no ciertamente los que acabamos de mencionar, se encuentran inclinados a explicarse esos éxitos por la bondad del clima de las islas y lo fértil del suelo. En cuanto a lo primero, es indudable que, según las estadísticas, hay más días de sol en ellas

que en cualquier población de Inglaterra, llegando desde
1.842 horas anuales (1890), a 2.300 (1893); sobrepujando
a lo alcanzado en aquéllas en 168 a 336 horas al año, no
incluyendo el elevado máximo de 1894; siendo, al parecer,
los meses de Mayo y Agosto los más favorecidos[165]. Pero
dejemos la palabra a los mencionados Ansted y Latham:

«Hay indudablemente en las islas, y especialmente en
Guernsey, una ausencia de calor solar y de la acción directa
de los rayos del sol en el verano, que debe influir así como la
notable persistencia de viento Levante, seco y frío, hacia fines
de la primavera, en retrasar la vegetación (pág. 407). Todo el
que haya pasado, aunque no sea más que dos o tres semanas,
ya entrada la primavera en Jersey, sabrá por experiencia la
verdad de esta observación. Además, existen las condiciones
neblinas de Guernsey, y debido también a la lluvia y a la
humedad, los árboles padecen varias enfermedades». Los
mismos autores hacen notar que el nectarino no se da en
Jersey al aire libre «debido a la ausencia de calor otoñal»; y
que los otoños húmedos y los veranos fríos, no sientan bien
a los albaricoqueros, y así sucesivamente.

Si las patatas de Jersey son, por lo general, tres semanas
más tempranas que las de Cornwall, el hecho se explica
completamente por las continuas mejoras que allí se hacen,
a fin de obtener, por pequeñas que sean, algunas cantidades
de aquéllas con varios días de anticipación, ya sea por el
cuidado especial con que han plantado lo antes posible,
protegiéndolas al mismo tiempo de los vientos fríos, o por
la elección de parcelas pequeñas naturalmente defendidas de
aquéllos o mejor orientadas. Y como la diferencia de precios

---

165   Ten years of Sunshine in the British Isles` 1881-1890.

entre las patatas tempranas y tardías es inmensa, se hacen los mayores esfuerzos por obtener una cosecha de las primeras, notándose que cada vez se van adelantado más, de tal modo, que en los últimos diez años se han anticipado la recolección unas tres semanas o tal vez cuatro.

La tabla siguiente demuestra cuándo empieza la estación de exportación, y los precios obtenidos por Cabot (= 1/56 de toneladas) en su primer día:

		francos.			francos.
1883 Mayo 22..	15,0 á 17,50	1889 » 14..	10 á 12,50
1884 » 6..	8,13 á 10 »	1890 » 6..	11,25 á 12.50
1885 » 19..	» 7,50	1891 » 1..	15 á 18,75
1886 Junio 2..	7,50 á 9 »	1892 » 17..	15 á 17,50
1887 Mayo 24..	10 á 12,50	1894 Abril 24..	10,30 á 10,63
1888 » 29..	10 á 12,50	» 26..	14,38

El descenso de precio por tonelada, se apreciará mejor por lo que sigue:

TÉRMINO DE SEMANA	1°87	1888	1889	1891
				Francos.
Mayo 5...............	»	»	»	453,13
» 12...............	»	»	»	286,45
» 19...............	»	»	»	229,15
» 26-28............	563,20	515,63	433,30	161,45
Junio 2...............	»	»	»	197,90
» 9-11............	268,20	268,20	167,90	166,65
» 16...............	»	»	»	169,25
» 23...............	»	»	»	208,30
» 30...............	»	»	»	»
Julio 2...............	244,35	109,35	146,25	171,85
» 7...............	»	»	»	229,15
» 14-16............	140,70	62,50	73,10	171,85
» 30...............	164,65	61,10	65,00	»
Agosto 20...........	159,35	62,50	65,00	»

En cuanto a lo fértil del suelo, el fundamento es aún menos, porque no hay en el Reino unido ningún área de iguales dimensiones que sea tan abonada como lo es la de Jersey y Guernsey. En el siglo XVII. Como puede verse en la primera edición del Jersey, de Falle, publicada en 1694, la isla «no producía lo necesario para el sostenimiento de sus habitantes, quienes tenían que surtirse de Inglaterra en tiempo de paz, o de Danlzio en Polonia» En los *Groans of the Inhabitans of Jersey*, publicado en Londres en 1709, hallamos la misma lamentación. Y Quayle, que escribió en 1812 y cita las dos obras que acabamos de mencionar, se queja a su vez de lo mismo en estos términos: «Lo que hoy se cosecha es completamente insuficiente para el sostenimiento del país, aparte de la guarnición» (General View of the Agriculture and the present State of the Island on the coast of Normandy. Londres, 1815, pág. 77). Y agrega: «Por sensible que sea, no debe ocultarse la verdad; las cosechas de granos son aquí detestables, y algunas veces en grado superlativo.» Y cuando consultamos a los escritores modernos, como Ansted, Latham y Nicolle, nos informamos de que el suelo no es, por ningún concepto, rico; está formado de granito descompuesto, fácil de cultivar, pero «no contiene ninguna materia orgánica, aparte de la que el ser humano le ha agregado».

Esta será, indudablemente, la opinión de todo el que visite la isla y observe con atención su suelo, sin mencionar a Quenvais, donde, en tiempos de Quayle, había «un desierto árabe» de arena y cascajo de unos 70 acres de extensión, con solo una parte algo mejor, pero, sin embargo, muy pobre, hacia el Norte y Poniente. La fertilidad del suelo se ha formado por completo, primero con el uraic (plantas marinas), sobre las cuales los habitantes han mantenido derechos comunales;

más tarde, importando considerables cargamentos de abono que vinieron a aumentar el importante producido por el mucho ganado que se cría en la isla, y finalmente, por el admirable cultivo del terreno.

Mucho más que la luz solar y la bondad del suelo, fueron las condiciones del arrendamiento y lo moderado del impuesto lo que contribuyó al notable desarrollo de la agricultura en Jersey. En primer lugar, las gentes del país tienen pocas relaciones con los que cobran la contribución. Mientras que los ingleses pagan, por término medio, 12.50 francos por cabeza de población, el agricultor francés se halla agobiado con impuestos de todas clases, y el de Milán tiene que dar a la Hacienda el 30 por 100 de su renta, todo lo que se paga en las islas del Canal no pasa de 12.50 francos por cabeza en las parroquias de las poblaciones y mucho menos en las rurales. Además, de impuestos indirectos sólo se conocen el de 3.10 francos, pagado por cada galón de aguardiente importado, y el de 90 céntimos por el de vino.

Respecto a las condiciones del arrendamiento, el país se ha escapado felizmente de la acción del Derecho Romano y continúa viviendo bajo la Cautumier de Normandie (antigua ley común normanda). Por la cual, más de la mitad de la tierra está en poder de los que la cultivaran; no habiendo propietarios que vigilen la cosecha y eleven el arrendamiento antes de que el agricultor haya podido recoger el fruto de las mejoras introducidas, ni hay nadie que cargue tanto o cuanto por cada carro de plantas marinas o arena que se traiga de la playa: cada uno toma la que necesita, con tal de que corte la primera en su estación determinada, y saque la segunda a 60 yardas de distancia del sitio señalado por la pleamar. Los que compran tierra para el cultivo pueden hacerlo sin verse esclavizados por los usureros. Sólo una cuarta parte de la renta permanente que el comprador se compromete a pagar se capitaliza, y hay que abordarla en el acto, en efectivo (con frecuencia menos); el resto se convierte en un censo, pagadero en trigo, que se evalúa en Jersey en 50 a 54 *sous de france* por Cabot. El embargo por deudas está tan lleno de dificultades, que es muy raro se recurra a él (*Quayle, General View,* págs. 41- 46). Las transferencias de tierra se efectúan únicamente por el juramente de ambas partes, y cuestan casi nada. Y las leyes respecto a la herencia son tales, que ponen el patrimonio a salvo de las deudas anteriormente contraídas. (Ídem, págs. 35-41)

Después de haber mostrado lo pequeñas que son las granjas en las islas (de 25 acres, y muchas ni aun eso), habiendo «menos de 100 granjas en cada isla que excedan de 25 acres, y de éstas sólo existe media docena en Jersey que pasen de 40», son los Sres. Amted, Latham y Nicolle dicen:

«En ninguna parte encontramos una gente tan relativamente feliz como en estas islas...» «El sistema de propiedad territorial ha contribuido también, en no pequeña escala, a su prosperidad...» «El comprador viene a ser el dueño absoluto de la propiedad, sin que su derecho pueda ser menoscabado mientras pague el interés de este censo (trigo), no pudiendo obligársele, como en el caso de la hipoteca, a amortizar el capital. Las ventajas de tal sistema son tan patentes, que no hay necesidad de ponderarlas.» (The channel Islands, 3.ª edición, revisada por E. Toulmin Nicolle, pág. 401; véase también la 443).

Lo siguiente mostrará mejor de qué modo se utiliza el área cultivable en Jersey:

		1893 Acres	1894 Acres
Cultivo de granos.	Trigo	1.526	1.709
	Cebada	109	113
	Avena y centeno	286	499
	Judías y guisantes	12	16
Cultivo de verduras.	Patatas	7.599	7.007
	Nabos	126	111
	» holandeses	219	232
	Otras menudencias	382	447
Plantas forrajeras y prados artificiales.	De heno	2.604	2.842
	No de heno	2.563	2.208
Pastos permanentes.	De heno	989	1.117
	No de heno	3.120	3.057
		21.428	21.252

En 1889 había de:

	Acres
Fruta pequeña	2.487
Arboleda	156
Horticultura	83
Planteles	30

GANADERÍA

	1893	1894
Caballos empleados sólo en la agricultura	2.300	2.252
Potros para domar	103	83
Yeguas sólo para la reproducción	14	16
Ganado caballar	2.417	2.351
Vacas y terneras de leche ó criando	7.04	6.709
Otra clase de ganado:		
De dos años en adelante	760	864
De un año á dos	2.397	2.252
De menos de un año	2.489	2.549
Total de ganado vacuno	12.650	12.374

| Carneros de todas clases............ | 335 | 332 |
| Cerdos, incluyendo los sementales para la reproducción.................... | 5.587 | 6.021 |

EXPORTACION

	1887	1888	1889
Toros y bueyes...................	102	100	92
Vacas y terneras..................	1.395	1.639	1.629

EXPORTACIÓN DE PATATAS

	Toneladas.	Francos.
1887	50.670	10.872.675
1888........................	60.527	6.052.750
1889........................	52.700	6.603.825
1890........................	54.110	7.342.025
1891........................	66.840	12.191.050
1892........................	66.332	9.413.375
1893........................	57.762	8.184.150
1894........................	60.605	11.572.375

Habiendo sido el área dedicada al cultivo de patatas en los dos últimos años, respectivamente de 7.599 y 7.007 acres, el valor de la exportación por dicha unidad alcanzó a francos 675.60 en 1893 y a francos 1.650.25 en 1894.

Respecto al cultivo en invernadero, un amigo mío que ha trabajado como hortelano en Jersey, reunió para mí varias informaciones referentes a esta clase de producción, de las cuales puede tomarse lo siguiente como ilustración digna de crédito, que viene a comprobar las presentadas ya en el texto.

El invernadero del Mr. B. tiene 300 pies de largo y 18 de ancho, lo que hace 5.400 pies cuadrado, de los cuales 900 pertenecen al paso por el centro, quedando así reducida el área del cultivo a 4.500. No hay muros de ladrillo, sino pilares del mismo y bastidores para las paredes. Está provisto de estufas; pero sólo se usan en casos determinados para preservarlos de las heladas de invierno, siendo lo que se cultiva patatas tempranas, las cuales no necesitan calefacción, y a las que siguen los tomates, que son la especialidad de Mr. B., intercalando al mismo tiempo el cultivo de rábanos y otras menudencias. El costo del invernadero, son los aparatos de calefacción, es de 12 francos 50 céntimos por pie corriendo, lo cual constituye 3.750 francos por un octavo de acre bajo vidrio. O sea algo menos de 70 céntimos por pie cuadrado.

Lo cultivado es lo siguientes: patatas, de las cuales se obtienen cuatro cabots por percha; esto es, tres cuartas partes de una tonelada de las clases tempranas; y tomates, en los que Mr. B. logra resultados sorprendentes. Sólo siembra mil plantas, dándose así a cada una más espacio del usual; dedicándose a una variedad de un género algo ordinario, que, aunque se da en gran abundancia, no obtienen los mismos precios naturalmente que el de la clase fina. En 1896 cosechó cuatro toneladas de tomates, y así sería en 1897; dando cada planta, por término medio, veinte libras de fruto, cuando lo corriente es de ocho a doce. La cosecha total fue así, pues, de cuatro a tres cuartos de tonelada; correspondiendo de este modo 85.000 libras por acre, que pasan de 90.000 con el cultivo intercalado. Omitido el ocuparme de otros gastos, y sólo hago mención de que el importe del combustible y el abono fue como de unos 250 francos al año, y que el término medio del personal empleado en Jersey es de tres personas, trabajando cada uno cincuenta y cinco horas por semana, o sean diez horas diarias por cada acre bajo vidrio.

K. —TRIGO PLANTADO —EL DESAFÍO DE ROTHAMSTED

Sir. A. Cotton, pronunció en 1893 ante la sociedad titulada «El Globo», una Conferencia sobre agricultura, en la que defendió calurosamente una labor profunda, y la plantación de la semilla del trigo, bastante separada uno de otra, publicándola luego en un folleto (Lecture on Agricultura, 2ª, edición, con apéndices. Dorking, 1893). Obtuvo de la mejor clase de su trigo un término medio de 55 espigas por planta, con tres onzas de grano de superior calidad; tal vez 63 libras por fanega (pág. 10). Esto corresponde a 90 fanegas por acre, cuyo resultado es muy parecido a los que se obtuvieron en las granjas modelos de Tomblaine y Capelle por Grandeau y F. Dessprez, obras que, al parecer, no conocía sir A. Cotton. Es verdad que los experimentos de éste no se efectuaron, o mejor dicho, no se dieron a conocer en una forma completamente científica, pero, de todos modos, lo mejor hubiese sido el contradecir o confirmar sus observaciones por medio de experimentos realizados detenidamente en alguna granja modelo. Esto es, en verdad, lo que se esperaba de veterano director de la granja modelo de Rothamsted, sir Jhon Lawes, sin embargo de que el autor del folleto hubiera estado algo dura al tratar de las líneas generales, seguidas en los experimentos en ella practicados. Sir Jhon Lawes procedió de manera distinta, e insertó en el Echo una carta reproducida en un Apéndice, referente a la Conferencia de sir A. Cotton, en la que se lee lo que sigue:

«Hay, indudablemente, dos puntos importantes que considerar. Primero: ¿será posible que 100 o 120 fanegas de trigo puedan cosecharse por acre en tierras comunes de sembrar? Y segundo, en caso de que tal cosecha pudiera obtenerse, ¿sería en condiciones que reportara utilidad al labrador? Si Sir A. Cotton, u otro cualquiera, recolecta 1.000 fanegas en 10 acres de una tierra regular de sembrar, gastando en el cultivo lo que quiera, y le daré 6.250 francos. Además, con objeto de averiguar si nuestro país puede producir suficiente trigo para alimentar a sus habitantes, y tal vez aun para exportar también, disponiendo de dos o tres millones de acres, daré 25.000 francos a ser A. Cotton, u otro cualquiera que coseche 100 fanegas de trigo por acre en diez de pan sembrar separados, uno en cada condado de los de Inglaterra recolectando la mayor cantidad de trigo por acre que hasta ahora se haya conseguido; siendo el costo de la producción menor que el de lo recolectado, para probar así que semejante cultivo pudiera ser provechoso a nuestros labradores.»

Reproduzco esta carta casi íntegra (lo señalado con cursiva es mío), porque ya he recibido varias de algunos corresponsales, y visto que de público se afirma que sir John Lawes ha ofrecido 25.000 francos a la persona que cogiera 100 fanegas por acre, a lo cual nadie ha contestado. Todos pueden ver ahora que, de un modo concreto, semejante reto no se ha verificado.

Lo ocurrido es esto: todos los experimentos de Rothamsted se efectuaron en parcelas de dos tercios y de uno de acre, y en ensayos realizados en esa escala, se llegó a la conclusión tan deseada en agricultura, respecto a los límites de abonar la tierra sin que deje de rendir utilidad. El término medio mayor de las cosechas obtenidas en dicha población en esas condiciones, y por abono de todo género, fue de 36 y cuarto fanegas, y el máximum, en la estación más favorable, fue de 56. Ahora sir A. Cotton pretende que hasta 80 o 100 fanegas por acre pueden recolectarse por medio de un cultivo profundo y plantación separada, además de un abono apropiado; esto es, cerca de tres veces tanto como lo obtenido, por término medio, en Rothamsted en los terrenos más beneficiados. El único reto justo que pudiera hacerse con referencia a tal afirmación sería, en mi concepto, el proponer cosechar 80 o 100 fanegas (en vez de las 36 y cuarto Rothamsted), durante varios años sucesivos, lo mismo buenos que malos, en parcelas de las mismas dimensiones que las del pueblo mencionado; esto es, de uno y dos tercios de acre, bajo la condición, por supuesto, de que se lleve una contabilidad como se hizo en dicho punto, del abono empleado y el trabajo hecho. Pero tal reto no se efectuó, proponiéndose en su lugar el cosechar 1.000 fanegas en 10 acres en otros tantos condados como se indicaba en la segunda parte de aquel. Hacer un reto en tales condiciones, como sir John Lawes debe saber perfectamente, equivale a no hacer reto alguno. Esperemos, sin embargo, que algún día los experimentos de Hallet, Cotton, Grandeau y Dessprez, se repetirán igualmente en Rothamsted, y que sir John Lawes les dé una confirmación tan brillante como la que otorgó hace algún tiempo a la obra de Hellriegel sobre nitrificación.

L. —TRIGO REPLANTADO

Algunas palabras sobre este procedimiento que ahora reclama la atención de las granjas modelos, tal vez no carezcan de interés.

En el Japón siempre se cultiva el arroz del mismo modo que nuestros hortelanos lo hacen respecto de las lechugas y la berza, esto es, dejando primero que germine, sembrándolo después en parajes abrigados, bien inundados de agua y protegidos de los pájaros por medio de cuerdas tendidas sobre el suelo. Treinta y cinco o cincuenta y cinco días después, las plantas nuevas, ya completamente desarrolladas y provistas de una red espesa de arcilla, son replantadas en campo abierto. De este modo, el japonés obtiene de 20 a 35 fanegas de arroz limpio por acre en las provincias pobres, 40 en las buenas, y de 60 a 77 en las tierras de primera. El término medio en los seis Estados norteamericanos arroceros es, mientras tanto, sólo de nueve fanegas y media[166].

En China, el replantar es también de uso corriente, lo que ha dado lugar a que en Francia Mr. Eugéne Simon y el difunto Mr. Toubeau hicieran circular la idea de que el trigo replantado podría convertirse en un medio poderoso para aumentar las cosechas en el occidente de Europa[167]. Y según mis noticias, la idea no ha sido todavía sometida a una prueba práctica; pero cuando se piensa en los notables resultados obtenidos por el sistema de la plantación de Hallet, en lo conseguido por los hortelanos al replantar una y aun dos veces, y la rapidez con que se hace ese trabajo por los de Jersey, hay que convenir que en la replantación del trigo se presenta un nuevo horizonte digno de la más detenida consideración. Aún no se han hecho ningunos ensayos en esta dirección; pero el profesor Grandeau, a quien pedí su opinión sobre el particular, me contestó diciendo que lo creía de un gran

---

166   Dr. M. Fesca, Betragüe sur Kenntniss der Japanesischen Landwirthchaft, part. II, pág. 33 (Berlin, 1893). La economía de semilla es también considerable: mientras que en Italia se siembra 250 kilogramos por hectárea y 160 en la Carolina del Sur, el japonés sólo necesita 60 para la mismo extensión de terreno. (Semler, tropische Agrikultur, Bd. III, págs. 20-28).

167   Mr. Eugéne Simon, La cité chinoise ; ToubeaU, La repartition métrique des impòts.,París (Guillaumin, 1890)

porvenir. Hortelanos prácticos (París maraichers) a quienes
he preguntado sobre el mismo asunto, no ven, por supuesto,
nada extravagante en la idea. Con plantas que dieran 1.000
granos cada una -y en el experimento de Capelle el término
medio fue de 600 -la alimentación anual de trigo por cada
individuo (5,65 fanegas o 265 libras), que está representada
por 5 millones a 5.500.000 granos, podría recolectarse en
un espacio de 250 yardas cuadradas, en tanto que, para una
mano experimentada, la replantación no representaría más
que diez o doce horas de trabajo, lo cual, con máquinas y
herramientas convenientes, podría reducirse en extremo.
En el Japón, dos hombres y dos mujeres plantan de arroz
tres cuartos de acre en un día (Ronna, *Les irrigations,* vols.
III, 1890, págs. 67 y siguientes). Lo que quiere decir (*Fesca,
Japanesische Landwirthschaft,* pág. 33), de 33.000 a 66.000
plantas, o sea un mínimum de 8.250 al día por persona. El
hortelano de Jersey, planta unas 600 por hora, y si es práctico
llega hasta 1.000.

M. —IMPORTACION DE HORTALIZAS Y VERDURAS EN EL REINO UNIDO

Que en Inglaterra no se utiliza suficientemente la tierra
para la horticultura, y que la mayor parte de las hortalizas y
verduras que en él se importan pudieran producirse allí, es
cosa que ya se ha repetido una y otra vez durante los últimos
años.

Es verdad que mejoras considerables se han realizado
recientemente, habiéndose aumentado mucho el área

dedicada a la horticultura, y especialmente la destinada al cultivo bajo vidrio para frutas y verduras en general. Así, pues, en lugar de 38.957 acres asignados a la horticultura en la Gran Bretaña en 1875, había en 1894 88.210, sin incluir las cosechas de verduras de las granjas (The Gardener's Chronicle, 20 de abril 1895, pág. 483). Pero ese aumento no es más que una insignificancia, comparado con otros similares realizados en Francia, Bélgica y Estados Unidos. En Francia, el área dedicada a la horticultura fue estimada en 1892 por M. Veltet (L'horticulture dans les cinq parties du monde, París, Hachette, 1895) en 1.075.000 acres, o sea cuatro veces más en proporción del área cultivable que en Inglaterra. Y lo más notable de ello es, que extensiones considerables de terreno, tenidas antes por estériles, han sido reclamadas después para destinarlas a la horticultura y cultivo de frutales.

En el estado actual de este asunto vemos que grandes cantidades de las hortalizas y verduras más comunes, cada una de las cuales pudieran cultivarse en este país, son importantes, sin embargo.

Las lechugas se traen, no sólo de las Azores o del sur de Francia, sino de todo Inglaterra, donde se cultivan mucho, en mayor parte bajo vidrio. Pepinos tempranos, cultivados de igual modo, se importan en grandes cantidades de Holanda, vendiéndose tan baratos, que muchos hortelanos ingleses han dejado de sembrarlos[168]. Hasta remolacha y pepinos en vinagre se traen de allí también; y mientras que las cebollas se cultivaban antes en este país en grande escala, vemos que en 1894, 5.288.512 fanegas de las mismas, valoradas en

---

168 The gardener's Chronicle, 20 de abril 1895 pág. 483.

19.126.225 francos, fueron importadas de Bélgica (principal proveedor), Alemania, Holanda y otros países.

Además, si es natural que las plantas tempranas se traigan de las Azores y del Sur de Francia, no lo es, sin embargo, que más de 50.000 toneladas de patatas (58.060 por término medio, valoradas en 13.028.525 francos, durante los años de 1891-94) fueran importadas de las islas del canal, cuando hay centenares, por no decir miles de acres en el Sur de Devon, y probablemente también en otras partes de la costa Sur, donde la patata temprana pudiera darse tan favorablemente. Pero además de las 88.200 toneladas de patatas tempranas, valoradas en 17 millones de francos, que se importan en Inglaterra, no bajan de 54.100 toneladas las tardías, por las que se paga 11 millones de francos anualmente, importadas igualmente de Holanda, Alemania y Bélgica. Y todavía se recibieron, durante los mismos tres años, toda clase de legumbres, hortalizas y verduras por la suma de francos 25 millones[169]; en tanto que miles de acres permanecen incultos y la población de los campos es arrastrada hacia las ciudades en busca de trabajo, sin poderlo encontrar.

Todo el mundo sabe lo bien que se da la patata en este país y las admirables clases que han obtenido los cultivadores británicos; pero la renta y los intermediarios absorben casi todas las utilidades del agricultor. Pudiera presentar hechos convincentes en prueba de la última parte de mi afirmación; pero son tantos los que se han presentado ya, que sería inútil el aumentar su número para evidenciar lo que resulta suficientemente demostrado[170].

---

169   The Gardener's Chronicle, 20 Abril 1895, pág. 483.
170   Cf. W. Bear's: British Farmer and his Competitors, página 151.

N. –HORTICULTURA EN BÉLGICA

Hace diez años, en 1885, la superficie dedicada en Bélgica a horticultura era de 99.600 acres; y ahora un profesor de agricultura, que bondadosamente me ha favorecido con notas sobre el particular, dice: «El área ha aumentado considerablemente, y creo puede estimarse en 112.000 acres (45.000 hectáreas) cuando menos». Y más adelante añade: «La renta en las inmediaciones de los grandes centros de población como Antwerp, Lieja, Gante y Bruselas se elevó hasta 145 y 200 francos por acre; los gastos de instalación son desde 325 francos a 400-625; el gusto anual de abono alcanza desde 200 francos a 400 el primer año, y de ahí en delante de 125 a 200 anualmente.»

Las huertas son, por lo general, de dos acres y medio, en cada una de las cuales se usan de 200 a 400 armaduras. Respecto a los hortelanos belgas, pueden repetirse las mismas observaciones que se han hecho referentes a los maraîchers franceses. Trabajan con exceso, teniendo que pagar una renta elevadísima y que economizar algo al mismo tiempo, con la esperanza de poder algún día comprar un pedazo de terreno y verse libres de los explotadores que tanto absorben el producto de su trabajo; teniendo, además, que comprar todos los años más y más armaduras con objeto de obtener su producto cada vez más temprano; y a fin de alcanzar precios más elevados por él. Trabajan como esclavos. Pero debe recordarse que, para conseguir la misma cantidad de ese producto bajo vidrio en invernaderos, sólo se necesita el trabajo de tres personas, dedicando a él cincuenta y cinco horas a la semana, para cultivar un acre de terreno bajo vidrio en Jersey.

O. LA PEQUEÑA INDUSTRIA EN LA REGIÒN DE LYON

Las inmediaciones de Saint-Etienne son un gran centro para toda clase de industrias, entre las cuales las pequeñas ocupan un lugar importante. Las fundiciones de hierro y las minas de carbón con sus elevadas y humeantes chimeneas; las ruidosas fábricas; los caminos ennegrecidos por el carbón, y lo pobre de la vegetación, dan a la comarca el aspecto tan conocido del «país negro». En algunas poblaciones, como la de Chamond, de encuentran numerosas y grandes fábricas, en las cuales hay miles de mujeres empleadas en la fabricación de *passementerie*; pero al lado mismo de la gran industria, la pequeña se mantiene a una altura importante. Así, por ejemplo, tenemos la fabricación de las cintas de seda, en la que no bajaban de 50.000 los trabajadores de ambos sexos empleados en el año de 1885. Sólo 3.000 o 4.000 telares había entonces instalados en las fábricas, en tanto que el resto, esto es, de 1.200 a 1.400, pertenecían a los operarios mismos, tanto en Saint-Etienne como en su comarca[171]. Por regla general, las mujeres y las niñas hilan la seda, en tanto que los hombres tejen la cinta. En los alrededores de Saint-

---

171 Debo estos datos y la información siguiente a M. V. Euvert, presidente de la Cámara de Comercio de Saint-Etienne, quien me remitió, cuando yo estaba en la prisión de Clairvaux, en Abril de 1885, una nota muy interesante sobre las varias industrias de la región, en contestación a una carta mía. Aprovechándome ahora de la oportunidad para expresar a Euvert mi profundo agradecimiento por su atención.

Etienne vi estos pequeños talleres, en que se tejían cintas de verdadero mérito y de un gusto y trabajo exquisitos (con una parte intercalada de la elaborada en fábrica), las cuales se hacían por la familia en tres o cuatro telares, mientras que en la habitación inmediata la mujer preparaba la comida y atendía al servicio doméstico.

Hubo un tiempo en que los jornales eran elevados en esta industria (alcanzando a más de diez francos por día) y M. Auvert me escribió, diciendo que la mitad de las casas de los barrios extremos de dicha población habían sido edificadas por los *passementiers* mismos; pero el negocio tomó un aspecto muy sombrío cuando estalló una crisis en 1884. No se recibían órdenes, y los tejedores de cinta tenían que vivir de recursos irrisorios. Pronto desaparecieron todas sus economías. «¡Cuántos -decía M. Auvert- se han visto obligados a vender por algunos centenares de francos el telar por el cual habían pagado hasta mil!» El efecto que esta crisis ha causado en dicha industria no puedo manifestarlo, por no haber tenido posteriormente informaciones respecto a esta región, siendo muy probable que un gran número de tejedores de cinta se hayan concentrado en Saint-Etienne, donde continúa el tejido de carácter artístico, en tanto que las cintas comunes se hacen en la fábrica.

La manufactura de armas ocupa de 5.000 a 6.000 trabajadores, cuya mitad está en Saint- Etienne y el resto en sus inmediaciones: todo el trabajo se hace en pequeños talleres, exceptuando la gran fábrica de armas del Estado, que algunas veces emplea de 10.000 a 15.000 personas, y otras 2.000 solamente.

Otra industria importante de la misma región es la de quincallería, establecida toda en pequeños talleres en las inmediaciones de Saint-Etienne, le Chambon, Firminy, Rive de Gires y St. Bonne le Cheâteau. El trabajo es relativamente normal; pero las utilidades son, por regla general, escasas. Y, sin embargo, los agricultores continúan aferrados a estas industrias por no poder pasar sin ocuparse en algunas de ellas una parte del año.

La producción anual de tejido de seda alcanzó en Francia el año de 1881 una cantidad que no bajaba de 7.558.200 kilogramos[172]; y la mayor parte de los 5 millones a 6 millones de kilogramos de seda en bruto que se manufacturaba en la región de Lyon era tejida a mano[173]. Veinte años antes, esto es, sobre 1885, sólo había de 6.000 a 8.000 telares mecánicos; y cuando tomamos en consideración tanto el período de prosperidad de la industria de la seda allí, hacia los años de 1876, y la crisis que sufrió en los de 1880-86, no podemos por menos de admirarnos de la lentitud con que tal industria se transforma. Tal es también la opinión del presidente de la Cámara de comercio de Lyon, quien me decía que el dominio del telar mecánico aumentaba anualmente, «incluyendo en su trabajo de ciertos géneros que antes se consideraban imposibles de tejerse en él» pero -agregaba- la transformación de los pequeños talleres en fábricas marcha aún con tanta lentitud, que el mismo total de telares mecánicos sólo llega a 20.000 o 25.000, de un total de 100.000 a 110.00». Los rasgos más característicos de la industria de la seda en Lyon

---

172   7,5 millones de kilogramos en 1881, contra 5.134.000 en 1872. *Journal de la societê Statistique* de París, Septiembre de 1883.

173   Tomo estos datos de una carta en que se consignaban, que el Presidente de la Cámara de Comercio de Lyon tuvo la amabilidad de dirigirme a Clairvaux, en Abril de 1885, en contestación a mis preguntas sobre el particular; aprovechando esta ocasión para darle mis más expresivas gracias por su interesantísima comunicación

son los siguientes: el trabajo preparatorio, o sea el devanado en Lyon, en pequeños obradores y en algunos pocos de la misma índole, establecidos en sus inmediaciones. El tinte y refinado se efectúa, por supuesto, en grandes fábricas, invirtiéndose principalmente en los primero de 4.000 a 5.000 brazos, siendo esto lo que ha dado a Lyon su reputación más elevada. No sólo se tiñe allí la seda, sino también el algodón y la lana, y no únicamente para Francia, sino también el algodón y la lana, y no únicamente para Francia, sino, además, hasta cierto punto, para Londres, Manchester, Viena y aun Moscú, siendo en este ramo de la industria en el que se han montado las mejores máquinas[174].

Respecto al tejido, se hacía, como tuvimos ocasión de ver, en unos 20.000 o 25.000 telares mecánicos, y en 75.000 a 90.000 de mano, parte de los cuales están en Lyon (de 15.000 a 18.000), y todos los demás en sus contornos. Los talleres en que antes se solían encontrar varios operarios a las órdenes de un maestro, tienden a desaparecer, siendo, reemplazados por otros con sólo dos o tres telares de mano, y en los que el padre, la madre y los hijos trabajan únicamente. En cada casa, en cada piso de la Croix Rousse se encuentran hasta hoy día esos pequeños obradores. El fabricante de las indicaciones generales respecto a la clase de tela que desea sea tejida, y sus dibujantes hacen el modelo; pero el mismo trabajador es quien tiene que buscar el medio de tejer con hilos de todos colores lo que aquéllos hicieron en el papel. De este modo, él siempre crea algo nuevo, siendo muchos los adelantos y descubrimientos efectuados por obreros de

---

174 La fabrique Lyonnaise de soieries. Son paseé, son présent. Impreso por orden de la Cámara de Comercio de Lyon, 1873. (publicado cuando se celebró la Exposición de Viena).

quienes hasta los nombres permanecen desconocidos[175].

Los tejedores de Lyon han mantenido hasta ahora la reputación de ser los más adelantados de su industria en lo referente a trabajos artísticos y delicados en tejidos de seda. Los mejores y realmente más artísticos brocados, satenes y terciopelos, se tejen en los más pequeños obradores, donde no hay más que uno o dos telares. Desgraciadamente la irregularidad en la demanda de esas clases más superiores, es a menudo causa de malestar y de miseria. Anteriormente, cuando empezaron a escasear las órdenes para los géneros referidos, los tejedores de Lyon recurrieron a la manufactura de telas más inferiores, como foulars, crêpes y tulles, de los cuales Lyon tenía el monopolio de Europa. Pero ahora los artículos comunes se manufacturan por millones, una parte por las fábricas de Lyon, Sajonia, Rusia y Gran Bretaña, y la otra por los campesinos de los inmediatos departamentos franceses, así como por los habitantes de los pueblos suizos de los cantones de Rasel y Zurich, y los de las poblaciones de las provincias renanas, Italia y Rusia.

La emigración de la industria de la seda francesa desde las grandes poblaciones a las pequeñas, empezó hace tiempo; esto es, sobre 1807; pero fue especialmente en el año 1816 cuando este movimiento alcanzó un gran desarrollo. Por el de 1872, cerca de 90.000 telares de mano se hallaban esparcidos, no sólo en el departamento del Rhône, sino también en los deAin, Isére, Loire, Saône-y-Loire, y hasta en los de Drôme, Ardêche y Savoir. Algunas veces los comerciantes suministran los telares, pero, en general, los compraban los tejedores

---

175 Marius Morand: l'organisation ouvrière de la fabrique lyonnaise, trabajo leído ante la Asociación Francesa, para el adelanto de las ciencias. En 1873.

mismos, siendo en particular las mujeres y los jóvenes quienes trabajan en ellos en las horas que la agricultura les dejaba libres. Pero ya desde 1835, dicha emigración tomó carácter de creación de grandes fábricas en los pueblos, las cuales continúan extendiéndose por el país, causando un estrago terrible entre las poblaciones rurales. Cuando una nueva fábrica se construye en una pequeña población, atrae desde luego a las jóvenes, y en parte a los niños de los campesinos de la comarca, considerándose siempre las unas y los otros muy felices al encontrar un modo independiente de buscarse la vida, que los emancipa de la vida familiar, a causa de lo cual los jornales de las jóvenes son extremadamente reducidos, y como al mismo tiempo la distancia del pueblo a la fábrica es, por lo general, grande, las muchachas no pueden volver a su casa todos los días, con tanto más motivo cuanto que la jornada acostumbra a ser larga; por lo que permanecen en aquella toda la semana alojadas en barracas, y sólo vuelven a su casa el sábado por la tarde, donde están hasta el lunes al amanecer, en que un carruaje las recorre del lugar y las lleva de nuevo a la fábrica. La vida de barraca, sin mencionar sus consecuencias en lo moral, quita a las jóvenes su disposición para los trabajos en el campo, y cuando han crecido, descubre que no pueden mantenerse con los reducidos jornales que les ofrece la fábrica, ni volver tampoco a la vida campestre. Es, pues, muy fácil ver qué estragos causa la fábrica en el pueblo, y qué insegura es la exigencia, basada precisamente en los bajos salarios que ganan las muchachas de las aldeas. La fábrica destruye el hogar del campesino; hace la existencia del trabajador de la ciudad aún más precaria todavía, a causa de la competencia que le hace, y la industria misma se halla en un perfecto estado de inseguridad.

P. −LA PEQUEÑA INDUSTRIA EN PARÍS

Sería imposible enumerar aquí toda la variedad de pequeñas industrias que existen en París. Ni esa enumeración resultaría completa, porque todos los años aparecen industrias nuevas, por lo que sólo mencionaré algunas de las más importantes.

Un gran número de ellas están, por supuesto, relacionadas con los trajes de señora. La confección de las diversas partes de esa clase de vestidos, ocupa unas 22.000 operarias en París, alcanzando su producción anual a 75 millones de francos, en tanto que las batas proporcionan trabajo a 15.000 mujeres, cuya producción anual está valorada en 60 millones. La ropa blanca, el calzado y otras cosas por el estilo son ramas importantes de la pequeña industria y de la industria doméstica de París, y una cuarta parte de los corsés que se confeccionan en Francia (12.500.000 francos, de un total de 50 millones) se hacen en aquella capital.

El grabado, la encuadernación y toda clase de artículos de fantasía, así como la manufactura de instrumentos de música y de matemáticas, son igualmente otros tantos ramos en que los obreros de París sobresalen. La construcción de cestas más superiores únicamente en París, y las restantes en los centros antes mencionados (Haute-Marne, Aisne, etc.), fabricándose también cepillos en pequeños obradores, tanto en París como en el inmediato departamento de Oise, industria evaluada en 20 millones de francos. Respecto a muebles, hay en París sobre 4.340 talleres, en cada uno de los cuales trabajan, por término medio, tres o cuatro operarios. En la industria relojera encontraremos 2.000 talleres con sólo 6.000 obreros, y su producción, que es aproximadamente de

25 millones de francos, alcanza, sin embargo, cerca de una tercera parte del total de aquélla en Francia. La Maroquinerie da la elevada cifra de 12.500.000 francos, aunque sólo ocupa a 1.000 personas repartidas en 280 talleres; cantidad que por sí sola basta para atestiguar el alto valor como en la más económica, es también una de las especialidades de la pequeña industria de aquella capital; y otra especialidad, también muy conocida, es la fabricación de flores artificiales. Finalmente, debemos mencionar las industrias de carruaje y talabartería instaladas en las pequeñas poblaciones que rodean a París, la fabricación de lindos sombreros de paja, la de corte de cristales y pintado en estos y en porcelana, y numerosos obradores de botones de fantasía, objetos de nácar y artículos pequeños de cuerno y hueso.

Q. —LA PEQUEÑA INDUSTRIA EN ALEMANIA

Siendo la literatura de la pequeña industria alemana muy voluminosa, diremos que las principales obras sobre esta materia pueden encontrarse en extenso o extractadas en Jahrbücher, de Schmoller, y en Sammlung national-ökonomischer und statischer Abhandlungen, de Conrad. Si se quiere tener un conocimiento general del asunto y ricas indicaciones bibliográficas, puede consultarse *Volkwùthschoftslehre*, vol. 2.º de Schönberg, que contiene excelentes observaciones respecto a la verdadera importancia de la pequeña industria (págs. 401 y sigs).

Así como las anteriores publicaciones, merece citarse por su gran importancia la de K. Bücher (Untersuchungen ubre die lage des Handwerks in Deutschland.) La obra de O.

Schwarz, Die Betriebsformen der modernen Grossindustrie
(in Zeitschrift für Staatswissenschaft, columen XXV, pág.
535), es interesante por sus análisis de las ventajas respectivas
tanto de la grande como de la pequeña industria, que
inducen al autor a formular los siguientes tres factores a
favor de la primera: 1.º Economía en el coste de la fuerza
motriz; 2.º división del trabajo y su organización armónica
u, 3.º, las ventajas ofrecidas para la venta del producto. De
estos tres factores, el primero se va eliminando más y más
anualmente con el progreso realizado en la transmisión
de fuerzas; el segundo existe igualmente en la pequeña
industria, y en tanta extensión como en la grande (relojería,
juguetería, etc.); así que, sólo el tercero permanece con toda
su fuerza; pero éste, como ya se ha mencionado en el texto del
presente libro, es un factor social que depende enteramente
del grado de desarrollo del espíritu de asociación entre los
productores. En cuanto a las cifras de Schwarz, relativas a
la alta producción de las grandes filaturas comparadas con
las pequeñas, queda por ver si esas grandes que cita no son
más modernas que las otras, y no están, por consiguiente,
provistas de mejor maquinaria. Una de las conclusiones de
Schwarz es, sin embargo, sumamente exacta: las pequeñas
industria, a menos de tener por objeto la producción de
géneros artísticos, como sucede, en París, Lyon, Varsovia,
Viena y otras partes, sólo pueden vivir relacionadas con la
agricultura.

FIN

INDICE

INDICE

Fermín Salvochea, traductor de la presente obra   **5**
Prólogo de 1898   **9**

La descentralización de la indústria   1ªParte   **17**
*División del trabajo e integración. —La difusión
del perfeccionamiento industrial. —Cada nación
tiende a producir las manufacturas que necesita.
—El Reino Unido. —Francia. — Alemania. —Rusia.
—Competencia alemana.*
La descentralización de la indústria   2ªParte   **43**
*Italia y España. —India. —Japón. —Estados Unidos.
—Las industrias de algodón, lana y seda. —La
creciente necesidad, para cada país, de tener como
base el consumo interior.*
Los recursos de la agricultura   1ªParte   **69**
*El desarrollo de la agricultura. —El prejuicio del
exceso de población. —¿Puede el suelo de la Gran
Bretaña alimentar a sus habitantes? —Agricultura
británica comparada con la francesa y la belga.
—Horticultura: sus adelantos. —¿Es provechoso
el cultivo de trigo en Inglaterra? —Agricultura
americana: cultivo intensivo en los Estados.*
Los recursos de la agricultura   2ªParte   **119**
*La doctrina de Malthus. —Progreso en el cultivo
del trigo. —Flandes oriental. —Jersey. — Cultivo de
patatas: su pasado y su presente. —Irrigación. —
Experimentos del Comandante Hallett. —Trigo
plantado.*
Los recursos de la agricultura   3ªParte   **143**

Extensión de la horticultura y cultivo de frutales: en Francia, en los Estados Unidos. – Cultivo bajo cristales. –Huertos bajo cristales. –Cultivo en invernaderos caldeados: en Guernsey, en Bélgica. – Conclusión.

Pequeña industria y pueblos industriales 1ªParte   **169**
Industria y agricultura. –La pequeña industria. –Tipos diferentes. –Pequeña industria en la Gran Bretaña: Sheffield: Distrito del Lago; Birmingham. –Pequeña industria en Francia: Tejido y otras varias. –La región de Lyon. –París, emporio de la pequeña industria.

   La pequeña industria en la Gran Bretaña   179
   La pequeña industria en Francia   188

Pequeña industria y pueblos industriales 2ªParte   **215**
Pequeña industria en Alemania: Discusiones sobre el particular y conclusión que de ellas se desprenden. –Pequeña industria en Rusia. –Conclusiones .

   La pequeña industria en Alemania   215
   La pequeña industria en otros países   227
   Conclusión   234

Trabajo cerebral y trabajo manual   **245**
Divorcio entre la ciencia y el oficio. –Educación técnica. –Educación completa. –El sistema de Moscú aplicada en Chicago, Boston y Aberdeen. – Enseñanza concreta. – Pérdida de tiempo actual. – Ciencia y práctica. –Ventajas que puede derivar la ciencia de una combinación de trabajo intelectual con el manual.

Conclusion   **283**

Apéndices 295

A. –Importacion francesa   295
B. –Desarrollo de la industria en Rusia   296
C. –Industria del hierro en Alemania   296
D. –Maquinaria en Alemania   298
E. –Industria algodonera en Alemania   299
F. –Minería y textiles en Austria   301
G. –Datos presentados por los sres. Giffen y Flux, referentes a la posicion ocupada por el Reino Unido en la industria internacional   302
H. –Manufactura de algodon en la India   304
I. –Prados artificiales en Italia   306
J. –Las Islas del Canal   307
K. –Trigo plantado –el desafío de Rothamsted   315
L. –Trigo replantado   318
M. –Importacion de hortalizas y verduras en el Reino Unido   320
N. –Horticultura en Bélgica   323
O. La pequeña industria en la región de Lyon   324
P. –La pequeña industria en París   330
Q. –La pequeña industria en Alemania   331

Ecología del libro

Cada vez que se comparte un libro, el impacto ecológico de haberlo producido se divide entre dos. Si se comparte de nuevo se divide entre cuatro... Así, hasta el infinito.

Por eso incluimos, en cada una de nuestras ediciones, una hoja de más; para que se anoten las personas que han compartido el mismo libro.

Nombre   **Lugar**   **Fecha**

_____

_____

_____

_____

_____

_____

_____

_____

_____

_____

_____

_____

_____

_____

Mochila económica

En un ejercicio de transparencia, hemos decidido exponer cuáles son los costes que hay detrás de la publicación de cada libro. Creemos totalmente necesaria la accesibilidad a la cultura y la necesidad de generarla desde posiciones críticas. Intentamos que los precios de nuestros libros no sean desorbitados, pero que, al mismo tiempo, sean viables para sostener el proyecto. Esperamos que esto ayude a las lectoras a tomar consciencia de lo que supone. El precio de venta de este libro se divide de la siguiente forma:

Trabajo de impresión y postimpresión:	3,2€
Trabajo de edición y corrección:	0,4€
Recuperació inversió:	3,6€
Autoría:	0,0€
Trabajo de distribución:	2,0€
Librería u otros:	4,2€
IVA:	0,5€
PVP:	14€

Este libro se acabó de maquetar e imprimir
en septiembre del 2025, Barcelona.

A pocos días de que llegue
la Flotilla de la Libertad a Palestina,
viendo como se extiende la revuelta
des de Italia, por todo el mar y el continente.